Oliver Tanzer

ANIMAL SPIRITS

Oliver Tanzer

ANIMAL SPIRITS

Wie uns Fledermäuse, Pantoffeltierchen und Bonobos aus der Krise helfen

Mit einem Vorwort von
Tomáš Sedláček

MOLDEN

Inhalt

Die Animal Spirits der Ökonomie

Vorwort von Tomáš Sedláček

Angeblich setzen sich Ökonomen nicht mit Geistern auseinander. Wenn es irgendwelche Themen gibt, die als das genaue Gegenteil der exakten Ökonomie erscheinen, dann sind es wohl Geister und spirituelle Angelegenheiten. Und doch sprechen Ökonomen ununterbrochen von Geistern. Wenn sie etwa unablässig mit dem Begriff »Animal Spirits« hantieren. Es gibt eine reichhaltige Literatur über diese tierischen Geister, die John Maynard Keynes als Begriff berühmt gemacht hat. Seltsamerweise konzentriert sich die Fachwelt dabei zumeist nicht auf das Wort »Spirit«, sondern auf das Wort »Animal«. Niemand scheint wahrzunehmen, dass im Zentrum der Wortgruppe eigentlich der Spirit, also der Geist, steht. Es ist daher unerheblich, ob es sich um ein gelbes, buntes, sich bewegendes oder mit irgendwelchen anderen Eigenschaften ausgezeichnetes Tier handelt, es geht primär um den Spirit, über den wir uns unterhalten sollten. Dabei ergibt sich unweigerlich die Frage, ob aus einer anderen Perspektive betrachtet die Ökonomie nicht teilweise eine spirituelle Disziplin ist.[1]

Im Verständnis von Keynes ist es der Spirit, der den Körper und die Seele der Wirtschaft bewegt – und unsere Aktionen darin (die Anima). So als würde dieser Geist aus einer anderen Dimension in unseren rationalen Raum eindringen (die Seele) und in Bewegung setzen. Es ist der Wille, der »zur Aktion strebt, lieber als zur Untätigkeit«, den Keynes als Animal Spirits bezeichnet. Der Geist setzt das System in Funktion und Bewegung, er ist der »erste Beweger«, die Essenz der Tat. Ohne diesen Geist wären wir wenig mehr als passive Körper, die sich nach mathematischen Gleichungen bewegen, wir wären Ausformungen physikalischer Gesetzmäßigkeiten und diesen Gesetzen willenlos unterworfen. Aber irgendwann in der Vergangenheit gab es einen Geist, der uns »animiert« hat: den »Animal Spirit«. Für Keynes stand das in keinerlei theologischem Zusammenhang, sondern vielmehr in einem technischen. Seine Theorie von der Ökonomie war zudem abgesichert genug, um den damaligen Mainstream herauszufordern und selbst für Jahrzehnte zum Mainstream zu werden.

Ein nützlicher Weg, um ein wenig Klarheit in das zu bringen, was uns zu Taten animiert und wie man dieses Etwas mit der Ökonomie und der Gesellschaft verbindet, ist, die Wirtschaft als eine Einheit mit drei Dimensionen zu verstehen. Und zwar so, wie wir es beim Menschen machen, indem wir zwischen Geist, Seele und Körper unterscheiden.

Unter »Spirit« verstehen wir dabei die Normativität, die Individualität und möglicherweise auch den Zusammenhalt, der uns als Gesellschaft konstituiert. Der Spirit ist im Besitz dessen, was die Griechen »Telos« nannten, das höhere Ziel, die höhere Bedeutung. Liebe, Hass, Leidenschaft, Zielbewusstsein und Zielgerichtetheit sind jene Teile, aus denen sich der Spirit zusammensetzt. Der Spirit beinhaltet auch instinktive, nicht erklärbare Handlungen. Er ist vage, trübe, wie es ja auch manche Träume sind. Entsprechend vage wird »Animal Spirits« auch in *Investopedia* beschrieben: »›Animal Spirits‹ stammt vom lateinischen Ausdruck ›spiritus animalis‹, der den Atem meint und der den menschlichen Geist erwachen lässt.«[2]

In mythischen Zeiten war die Welt in der menschlichen Vorstellung voll von unberechenbaren Geistern, die taten, was ihnen gefiel. »Enuma elisch«, eine babylonische Erzählung über die Entstehung der Welt, älter noch als die Bibel, spricht ausführlich über das verwirrende Wirken von Geistern. Und zwar in so einem Ausmaß, dass nur vier der insgesamt eintausend Verse dem Menschen gewidmet sind. Da heißt es: »Aus seinem Blut schuf Ea die Menschheit, der er auftrug, den Göttern zu dienen, diese Aufgabe liegt jenseits des Verstehbaren.«[3] Ich zitiere diese Stelle, weil sie mit einer Überraschung endet: Die Aufgabe liegt jenseits des Verstehen-Könnens. Es ist der Ausdruck einer Verwirrung seit Anbeginn der Menschheit. Wir sind unfähig, unseren eigentlichen Zweck zu erfassen. Trotzdem ist die »Enuma elisch« viel klarer als die biblische Genesis, zumindest wissen wir da, *warum* wir geschaffen wurden: um für die Götter zu arbeiten und sie damit zu entlasten.

In der biblischen Genesis wird kein Grund für die Erschaffung des Menschen gegeben. »Denn die Erde war formlos und leer ... und Gottes Geist lag über dem Wasser«, heißt es da.[4] Hier ist der Spirit ein Geist der Absicht: Über dem Chaos der tiefen Dunkelheit des Wassers und der Lüfte sucht der Geist nach einer Richtung. Im weiteren Verlauf findet dieser Geist seine Heimat in den menschlichen Wesen, in die er eingehaucht wurde. Wenn es nach dieser Geschichte geht, dann atmet der Geist noch immer von dort aus. Aber was will er?

Die erste philosophisch-analytische Abschnitt einer Art »Animal Spirit« kommt mit Platons Begriff des »Daimonion«. Darunter kann sowohl Inspiration als auch eine Art leitendes und warnendes Licht verstanden werden. Er ist nicht nur eine Maschine (der Inspiration), sondern er ist auch ein inneres Bremssystem. Sokrates spricht mit und lauscht seiner inneren Stimme, seinem »Daimonion«. Ich kann mich noch an das erste Mal erinnern, als ich dieses Wort gehört hatte. Es war während einer Predigt, in der ein Pastor »Daimonion« als Dämon missverstand und daraus schloss, Sokrates sei in seinen Gedanken von Dämonen geleitet worden.

Ein anderer Begriff, der entfernt an »Animal Spirits« erinnert, könnte Hegels »Weltgeist« sein. Es ist ein »Beweger-im-Großen«, ein Animal Spirit auf einer Makroebene. Er leitet die Geschichte, er gibt ihr einen Sinn. Er hat auch moralische Charaktereigenschaften. Er weist auf einen unsichtbaren Faktor oder eine Macht hin, welche die Merkmale einer gegebenen Epoche der Weltgeschichte dominieren. Ein weiteres Feld, auf dem wir oft von Geist und Spiritus sprechen, ist natürlich der Heilige Geist. Ich glaube, es herrscht Einigkeit darüber, dass wir selbst einen eigenen Geist besitzen, und Gläubige darüber hinaus noch einen weiteren, einen »Extrageist« haben, den sie »Heiliger Geist« nennen. Es ist dieser Geist, dem wir mit unserem persönlichen Geist nachfolgen oder der vielleicht unseren Geist ersetzt. In diesem Sinn ist die letzte Belebung (Animation) nicht mehr in den Händen der Gläubigen, sondern in jenen des Heiligen Geistes.

Der Theologe Rudolf Karl Bultmann unterscheidet zwei Arten, über den Heiligen Geist zu denken: »animistisch« oder »dynamistisch«. Im »animistischen« Denken handelt es sich bei ihm um eine unabhängige Kraft, eine persönliche Macht, die wie ein Dämon über einen Menschen herfallen und Besitz von ihm ergreifen kann, und die ihm wiederum ermöglicht oder ihn zwingt, Manifestationen der Macht auszuüben. In der »dynamistischen« Idee erscheint er als »eine unpersönliche Kraft, die den Menschen wie mit einem Fluidum erfüllt«.

Im Neuen Testament wird der Spirit einem Wind gleichgesetzt, den man nicht sehen kann, dessen Aktionen und Wirkungen aber sehr wohl: »Der Geist weht, wo er will, man kann ihn hören, aber man kann nicht sagen, woher er weht und wohin er geht. So ergeht es jedem, der aus dem Geist geboren ist.«[5] An anderen Stellen der Bibel wird der Geist als Feuer, Wasser, Wind, Atem, Taube, Wolke, Nebel oder Stimme beschrieben. »Ich taufe euch mit Wasser zur Umkehr. Der aber, der nach mir kommt, ist stärker als ich und ich bin es nicht wert, ihm die Sandalen auszuziehen. Er wird euch mit dem Heiligen Geist und mit Feuer taufen«,[6] um nur ein berühmtes Beispiel zu zitieren.

Eine andere Verbindung mit der antiken griechischen Gedankenwelt ist die stoische Vorstellung eines Geistes als »anima mundi«: als Geist, der alle Menschen durchwaltet und miteinander verbindet. Die Stoiker glaubten an diese Lebenskraft des Universums. Östliche Religionen nennen diesen Geist »Brahman«. Es ist der Geist, der sagt: »Erwache«. Im Hebräischen heißt der Geist (oder Atem) Gottes »ruach ha-Elohim«.

In unserer weltlich-humanistischen Tradition übersetzt sich der Geist als Fortschritt, als Verbesserung (und in einem ökologischen Sinn als schützende Erhaltung) der Menschheit. In der Ökonomie ist das der Reichtum der Nationen und Völker, den wir suchen. Wenn man Logik und Empathie folgt, dann ist dies die große Kraft, der große Spirit, der die moderne Gesellschaft vorantreibt. Es gibt hier nicht – wie in den erwähnten religiösen oder transzendentalen Systemen – einen Geist, der seine Kraft aus sich selbst schöpft. Nein, er bezieht sie aus der Wissenschaft der Ökonomie. Die Richtung, die die Welt heute eingeschlagen hat, wird deshalb in großen Teilen von ökonomischen Interessen geprägt. Und jede wissenschaftliche Strömung hat da ihren eigenen

Geist, wenn man so will, und dieser Geist ändert sich laufend, wenn man sich etwa die Themen des Weltwirtschaftsforum oder der UN im Lauf der Zeit ansieht und vergleicht. All diese Dinge kommen einem in den Sinn, wenn es um den Teil »Spirit« der »Animal Spirits« geht.

Die Seele

Ich habe weiter oben von der Unterteilung in Körper, Geist und Seele gesprochen. Was wäre in diesem Zusammenhang die Seele? Die Seele, das sind die Institutionen, das Gesetz, die Erziehung, das neuronale Netzwerk, das den Spirit in den Körper hineinträgt. Es sind die Gesetze, nach denen sich das Management in Unternehmen und Organisationen richtet. Die Seele kann auch als Computerprogramm übersetzt werden, als Algorithmus. Wie der Geist ist die Seele unsichtbar, aber sie hat im Gegensatz zum Spirit eine bewusste und exakte Repräsentation – und eine Struktur. Sie kann manipuliert und angepasst werden. Pensionen und Versicherungssysteme sind Beispiele einer solchen Manipulation. Die Seele organisiert den Willen des Geistes und überträgt ihn auf den Körper. Dieser Körper ist die Wirtschaft.

Die Einheiten der Seele sind gut dokumentiert und kodifiziert in gesetzlichen Begriffen. Die Seele ist das Mittel zur Erreichung eines Ziels. Sie ist der Weg. Diese Einheiten existieren nicht für sich selbst und stellen keinen Eigenwert dar (es sei denn als Symbol oder als Fetisch). Ihre Bestimmung liegt sozusagen außerhalb ihrer selbst. Diese Institutionen oder Einrichtungen deuten auf etwas hin. Sie verbinden den Geist mit dem Realen, mit der Welt. Geld beispielsweise würde unter diesen Begriff der gesellschaftlichen Seele fallen. Es ist das Instrument, das im Netz der Gesellschaft Kommunikation, Austausch und Transfer von Werten ermöglicht. Sprache wäre ein anderes Beispiel für einen Teil der »Seele«. Die Seele ist der Träger für all das. Als Teil des Bruttoinlandsprodukts manifestiert sich die Seele als der Dienstleistungssektor, sie ist als solches messbar. In fortgeschrittenen Volkswirtschaften stellt dieser Seelenteil der Dienstleistungen einen wachsenden Anteil von derzeit bis zu 70 Prozent dar. Die

Mehrheit dieser Dienstleistungen ist nicht materiell, nicht greifbar. Wir arbeiten also hauptsächlich nicht mehr mit Muskelkraft, sondern mit der Energie unserer Gehirne.[7]

Der Körper

Der Körper ist ein wahrhaft materieller Bereich. Er ist das Betriebskapital der Ökonomie und ihre Produkte: Traktoren, Maschinen, Gebäude, Schienen etc. Sie alle werden auf einen gemeinsamen Nenner gebracht, indem man sie in Geldwerten ausdrückt. Die Summe der Geldwerte ergibt einen Teil des Bruttoinlandsproduktes. Grundsätzlich aber gilt, dass das BIP seit mehr als einem Jahrzehnt nicht mehr durch diese materiellen Güter bestimmt wird, sondern durch die »seelischen« Anteile.

Die gleiche Entwicklung ist in Unternehmen beobachtbar. Peter Coy von der *Bloomberg Businessweek* hat das treffend zusammengefasst: »Die USA generieren einen übergroßen Anteil ihres Reichtums mit Dingen wie Patenten, Copyrights, Trademarks, Designs, kulturellem Schaffen. Um die ‚ungreifbare‘ Wirtschaft in Zahlen zu begreifen, reicht ein Blick auf die Bilanz von Apple. Realeigentum, Fabriken und Ausrüstung, diese traditionellen Formen des Reichtums der industriellen und präindustriellen Epoche, machen gerade einmal 15 Milliarden von 400 Milliarden des Marktwertes des Unternehmens aus. Das sind vier Prozent. In der Filmindustrie liegt dieser Wert bei sieben Prozent.«[5]

Der Körper stellt also die Schienen dar, auf denen zunehmend Komponenten und Leistungen der Seele transportiert werden. Die Verkabelung ist so gesehen der Körper des Internets, seine Logistik, das Internet selbst ist Teil der Seele. Das Ziel des Internets aber, nämlich zu kommunizieren, einander näher zu sein, einander zu beeinflussen und Informationen oder Meinungen zu teilen, das ist der Geist, der Spirit.

Der Spirit

Das Weltwirtschaftsforum in Davos, das »Mekka« des Kapitalismus, das einstmals als Treffen zur Selbstwahrnehmung der Unternehmenswelt gegründet wurde, hat sich mittlerweile in eine voll entwickelte Institution für globale Angelegenheiten verwandelt. Die Konferenzen entwickelten sich von eng gefassten Diskussionen zu breitest möglichen Themenkomplexen und von exklusiven Zirkeln (Content nur für Teilnehmer) zur öffentlichen Inklusion (jeder Content ist online verfügbar). Der Grund, dies hier zu erwähnen, ist, dass in Davos jedes Jahr der »Spirit der Ökonomie« diskutiert und wohl auch hervorgerufen werden soll. »Wie kann man eine bessere Welt schaffen?« ist das Motto dieses Spirits. Davos ist nicht nur im Sinne des »Dabeisein ist alles« das »Mekka«, sondern weil hier tatsächlich die Repräsentanten des »Körpers« der Ökonomie über ihre Ausrichtung beraten. Nicht für eine einzelne Firma, sondern für das Ganze. Hier zeigt sich das Streben des Geistes nach dem, was die Gemeinschaft gerne sein würde. 2018 wollte sie »Eine gemeinsame Zukunft in einer zersplitterten Welt schaffen«, 1996 »Globalisierung nachhaltig machen«, 1999 eine »Verantwortliche Weltgemeinschaft« und 2003 »Vertrauen aufbauen«.

Ein anderes Beispiel für ein solches gemeinsames Suchen in einem Spirit sind die UN-Entwicklungsziele oder die Inhalte, die zumeist als Präambel in unseren Verfassungen stehen. Dort steht geschrieben, was wir wollen, glauben und warum wir zusammenstehen. Aber das ist nicht alles, denn eine der wichtigsten Eigenschaften solcher Präambeln und geistiger Entwürfe ist folgende: Wir scheinen diese Dinge zu wollen und anzustreben, aber wir scheinen unfähig, sie auch zu erreichen. Wir wissen nicht, wie wir die Seele und den Körper richtig organisieren sollen. Es gibt eine Trennung. Der Spirit scheint willig, auch der Körper wäre stark genug, uns alle zu versorgen, aber die Seele ist unvollkommen.

Das ist die Aufgabe der Ökonomie. Und auf einer persönlichen Ebene ist es genau das, wovon der Apostel Paulus spricht, wenn er schreibt: »Denn ich begreife mein Handeln nicht [die Seele ist unvollkommen]: Ich tue nicht das, was ich will [was der Geist möchte], sondern das, was ich hasse.«[9] Paulus beklagt nicht einen Mangel an Willen, an Geist, sondern einen Mangel an Intellekt, an Seele. Es gibt dazu einen interessanten Gedanken des US-Religionsphilosophen Alan Watts: »Eines von den vielen unser Denken heimsuchenden Gespenster ist: Wir glauben, dass wir

Getriebene sind, wir glauben, dass unser Tun mysteriöse Ursachen hat. Wir nehmen an, dass es eine treibende Kraft gibt. Aber das bedeutet nur, dass wir die Lage nicht klar genug beschreiben.«[10]

Mit diesem Satz führt uns Watts zu einem Grundproblem der Ökonomie, einem dieser mysteriösen Kräfte, die »hinter den Dingen« stehen: Das Lustprinzip, das im Zentrum des Konzepts vom »Homo oeconomicus« steht. Watts sagt: »Wir wählen Dinge immer in Übereinstimmung mit dem, was wir bevorzugen. Aber was heißt das? Dass wir immer wählen, was wir wählen. Denn es gibt keine Möglichkeit darzustellen, was wir bevorzugen würden, außer eben dem, was wir tatsächlich auswählen.« Wenn wir allerdings die Situation »klar beschreiben, dann werden wir vermutlich das Gespenst zum Verschwinden bringen«.

Anders gesagt, könnten wir einen dämonischen Geist, von dem wir annehmen, dass er uns verfolgt, in eine motivierende Energie umwandeln. Aber dazu müssen wir Klarheit über unsere Situation gewinnen. Unser »Animal Spirit«, das tiefe menschliche Streben, will, dass wir dorthin gehen, wo die Antworten gefunden werden, damit die Dämonengeister, die uns plagen, verschwinden. Das vorliegende Buch bemüht sich darum, diese Orte zu finden und an die Wurzeln zu gehen, aus denen so vielgestaltige Krisen entspringen. Wenn man Oliver Tanzer dorthin folgt, wird man nicht »das Gute« oder »das Böse« finden, sondern manche Klarheit, Einsicht und mögliche Auswege, vor denen wir stehen, die wir aber offenen Auges nicht sehen oder nicht sehen wollen.

**Für wie selbstsüchtig man den Menschen auch halten mag,
es gibt nachweislich einige Grundlagen seines Wesens, die dazu führen, dass er sich für das Schicksal anderer interessiert, obwohl er nichts davon hat außer dem Vergnügen, es zu sehen.**[1]

Adam Smith

Das Schweigen der Mäuse

Wie dieses Buch entstand und was es sagen will

Die erste Ohrfeige, die ich erhielt, hat einen tiefen Eindruck hinterlassen. Denn sie kam tatsächlich aus heiterem Himmel und schlug in eine ebenso heitere Umgebung ein. Ich war etwa sechs Jahre alt und muss irgendwie schon sehr selbstständig gewesen sein. Jedenfalls aber noch vollkommen ungeplagt von Skrupeln des Gehorsams. Der Hauptschauplatz meiner kindlichen Abenteuer war ein großer Garten, der unserem Haus angeschlossen war und den mein Großvater hingebungsvoll pflegte. Ich selbst tummelte mich bevorzugt in den Hecken und Baumkronen, die Amseln und Meisen waren meine dicken Freunde und die kleinen Asphaltwege waren meine Rennbahnen, auf denen ich stundenlang den Niki Lauda in mir herausbrummte, auf einem Dreirad sitzend.

Dieser Art lustvoll dürfte das Leben auch gewesen sein, als ich meinen Großvater an einem Sommertag eifrig Gartenschläuche in die Erde stecken sah. Als ich ihn fragte, was er denn da tue, murmelte er bloß, die Wühlmäuse müssten weg. Tatsächlich gab es einige davon im Garten. Ich wusste aber nicht, was er mit »müssen weg« meinte, bis er das Wasser in die Mauslöcher leitete. In meiner Sandkiste hatte ich ein altes Serviertablett liegen, das eigentlich als Parkplatz für Spielzeugautos diente. An diesem Tag aber wurden die Fahrzeugminiaturen achtlos in den Sand gekippt. Mit dem Tablett bewaffnet, streifte ich über die Wiese und sammelte, bald hier, bald da, die kleinen Mäuse ein, die vor dem Wasser an die Erdoberfläche geflohen waren. Die Mäuse wurden auf das Tablett gesetzt. Ein alter Kartondeckel hinderte sie am Entkommen. Dann schlich ich mich damit an Großvater vorbei in Richtung Haus. Das Manöver gelang, ich stieß mit meinem Schatz bis in die Küche vor, wo eine meiner Tanten mit einem Ribiselkuchen beschäftigt war. Ich glaubte mich und meine Mäuse in Sicherheit und war stolz auf mein Werk: »Schau mal!« Da gab es einen spitzen Schrei, meine Tante stand plötzlich auf einem Schemel und gestikulierte aufgebracht mit einem Tortenheber. Ich sah meine Mäuse an, der nächste Blick fiel auf meinen Großvater, der zur Tür hereinstürzte, dann hob er seine Hand und ich spürte ein brennendes Stechen hinter dem rechten Ohr.

Die Mäuse konnte ich retten, weil mein Großvater über seine Tat wohl ebenso bestürzt war wie ich selbst, und wir beide in Schockstarre verfielen. Ich fing mich schneller und rannte, das Tablett umklammernd, in den Garten, wo ich die Mäuse freiließ und mich versteckte, bis mich die Erwachsenen mit Süßigkeiten hervorlockten und sich unter Umarmungen entschuldigten.

Ich erzähle diese Geschichte, weil ich vor ein paar Monaten unfreiwillig an die Szene erinnert wurde. Ich bin nun Besitzer eines Bauernhofs mit Garten – und Wühlmäusen. Sie sind eine echte Plage, und um mir das Leben zu erleichtern, mir dabei aber nicht selbst die Hände schmutzig zu machen, rief ich einen Entwesungsdienst. Der tut genau das – »Ent-Wesen«. Und während ich also mit dem Schädlingsbekämpfer telefonierte und das Drama meiner Wiese schilderte und die Tötung der Nager bestellen wollte, da – man glaubt es kaum – stach es mich hinter dem rechten Ohr.

Das ist mein kleines »Schweigen-der-Lämmer-Erlebnis«. Ich habe übrigens daraufhin das mit den Wühlmäusen sein lassen. Sie treiben also noch immer ihr Wesen in meiner Wiese. Aber mich haben die Erinnerungen zur Frage getrieben, was mit mir zwischen dem Alter von sechs und dem Alter von 50 Jahren geschehen ist? Dass ich nämlich Tiere, die ich mit sechs Jahren geliebt habe, nun hasse. Was hat also ihren Wert umgedreht, sie von schön in schädlich verwandelt oder ökonomisch verkürzt ihren

Grenznutzen von eins auf minus eins gewendet? Irgendetwas ist passiert und ich glaube, dass es mit dem zu tun hat, was wir Erziehung, Erfahrung und Kultur nennen und welch geringen Stellenwert das Lebendige in der Natur darin hat.

Wertungen statt Werte

Es geht in diesem Buch um den Prozess dieser Herabstufung. Um das Fließen von Überzeugungen und Einstellungen, die unerklärt bleiben und unsere Existenz gleichsam mit einer hauchdünnen Schicht umhüllen, die sich langsam verfestigt, und über die immer weitere Schichten aufgetragen werden, bis wir am Ende, nach Jahren und Jahrzehnten, ganz anders denken und handeln als zu Beginn. Dieses Buch möchte diese Schichten aufbrechen oder zumindest ankratzen – zum Beweis, dass darunter noch etwas existiert. Ich möchte zeigen, dass die an Gefahren reichste Macht im Leben nicht das Böse, das Unglück, die Krise ist, sondern die Macht der Gewohnheit. Sie gibt vor, uns zu helfen, indem sie durch Wiederholung zur Routine führt und so zur Bewältigung des Alltags beizutragen verspricht.

Gewohnheit führt aber auch dazu, Empfindungen und Gefühle einzuebnen. Das funktioniert durch ein unbewusst operierendes System der Ab- und Aufwertung. So wie man in der Ökonomie durch Auf- und Abwertung die Verhältnisse von Geldeinheiten zueinander ändert, so ändert der Mensch auch ständig sein Verhältnis zu den Dingen. Wir geben Objekten unbewusst beständig Wert und Preis. Die Gewohnheit macht uns die Dinge aber zumeist gewöhnlich, sie nimmt ihnen den Wert. Denken wir uns jemanden, der sich das Auto seiner Träume kauft. Er wird es lieben und pflegen, es behutsam fahren und gerne ansehen. Aber nach wenigen Wochen wird es beim täglichen Gebrauch nicht mehr das gleiche Gefühl auslösen und nach einer gewissen Zeit gar keines mehr. Es ist dieser Prozess der »Beziehungs-Abkühlung«, der letztlich in der Löschung des Objekts gipfelt. Er hat mit dem eigentlichen Nutzen des Objekts wenig zu tun – viele Dinge, die wieder verkauft oder weggeworfen werden, haben ihren Nutzen per se nicht verloren. Sie haben aber ihren »Beziehungs-Wert«

eingebüßt. In diesem Sinn wird die moderne Gesellschaft nicht vom Nutzen der Dinge gesteuert, wie Ökonomen nicht müde werden zu behaupten. Sie ist vielmehr »Wertungs-fixiert«. Sie nutzt und verkauft die Dinge auf Basis ihres Stellenwerts. Der Wert der Objekte beruht also nicht so sehr auf Fakten und Materie, sondern zunehmend auf subjektiven Einschätzungen. Und so sehr sich der alte, realwirtschaftliche Materialismus auch mit seiner »Preis-Wert-Theorie« und seinen realwirtschaftlichen Simulationen zur Wehr setzen mag, er ist der Macht der subjektiven Schätzung unterlegen und als ihr »Sub-jekt« unterworfen. Es handelt sich um einen ähnlichen Prozess, wie er sich schon beim Geld in den 1970er-Jahren vollzogen hat: Bis 1972 galt die Bindung nationaler Währungen an den Dollar und des Dollars an Goldreserven. Jeder Dollar hatte damals seine Entsprechung in Edelmetall. Seit das Finanzsystem aus diesem Sicherheitskorsett entlassen wurde, hat sich sein Volumen verhundertfacht. Und so wie dies in der Geldwirtschaft passierte, geschieht es nun auch in der Konsum-Architektur unserer Gesellschaft. Der »Hebel« des wirklichen Nutzens hat keine Kraft verglichen mit jenem der virtuellen Virtuosin – der Fantasie.

> **Der Wert der Objekte beruht also nicht so sehr auf Fakten und Materie, sondern zunehmend auf subjektiven Einschätzungen.**

Wunsch-Beziehungen

Dieser Wechsel der Paradigmen hat schwerwiegende Folgen. Denn die Materie, die den Wünschen gehorchen soll, steht unter ständigem Transformationsdruck. Sie muss sich permanent, der Fantasie der Kunden entsprechend, neu zusammensetzen. Ihre Funktion ist daher großteils dem Design untergeordnet und ihre Lebensdauer gekoppelt an Lust und Unlust, Appetit und Übersättigung der Käuferschaft. William James' Erkenntnis, der Mensch lebe *durch* die Gewohnheit, aber *für* seine Aufregungen und Sensationen, erhält eine erstaunlich aktuelle Schärfe. Die Signaturen dieser Lebensart sind die immer kürzer werdende Generationenabfolge von Smartphones und die wachsenden Müllhalden für

Elektroschrott und Plastikabfall. Während das Wirtschafts- und Gesellschaftssystem seinen Kunden immer neue Möglichkeiten suggeriert, sich an immer neue Waren zu binden, drängt es die negativen Konsequenzen bis an die Peripherie der Wahrnehmung. Es fehlt auch die Zeit, Beziehungen aufzubauen, etwa durch das Sparen »auf etwas hin«. Die Diagnose, die sich daraus ergibt: Diese Gesellschaft leidet unter einer massiven Störung der Objektbeziehung. Diese Beziehungsstörung, die viele Erscheinungsformen des Narzissmus beinhaltet, betrifft unser Verhältnis zu Gegenständen, Pflanzen, Tieren

Während das Wirtschafts- und Gesellschaftssystem seinen Kunden immer neue Möglichkeiten suggeriert, sich an immer neue Waren zu binden, drängt es die negativen Konsequenzen bis an die Peripherie der Wahrnehmung.

und natürlich auch zu anderen Menschen. Um diese verlorene Beziehungsfähigkeit geht es im ersten Teil des Buches. Denn aus diesem gestörten Verhältnis zur Welt entspringen letztlich unsere großen Probleme: das Schema blinden Wachstums, die Ausbeutung von Ressourcen, die Reichtums-Disparität, die Zerstörung von Lebensräumen und das Massensterben der Arten. War das alles von der Politik oder der Ökonomie so geplant? Von den neoliberalen Kräften oder der Verschwörung von Großinvestoren und Hedgefonds? Vermutlich nicht. Der Narzissmus erkennt sich selbst nicht. Er ist einsam in sich vertieft. Gerade jene, die als große Ökonomen gepriesen werden, waren alles andere als Narzissten. Weder Adam Smith noch David Ricardo oder Alfred Marshall hatten auch nur ansatzweise ein System im Sinn, das seine Erfinder gefährdet. Es ging ihnen immer um den Zusammenhalt der Gesellschaft.

Trotzdem gehorcht das System diesen Lehren nicht im Geringsten. Vielmehr scheint es, als würden sich die Menschen weigern, die von ihnen fabrizierten Probleme als solche anzuerkennen und lösen zu wollen, sie relativieren stattdessen die Kompetenz von Forschern und leugnen wissenschaftliche Evidenz, wie etwa beim Klimawandel. Ich meine, dass es das System ist, das uns zu diesem unbewussten Verdrängen verführt, indem es den

Blick auf die großen Probleme durch eine Unzahl von Scheinproblemen verstellt.

Was sollen wir nun mit diesem Befund tun? Gibt es Aussicht auf Heilung? Davon bin ich überzeugt, freilich unter der Voraussetzung, dass wir die seit Jahrhunderten geltende Idee beiseiteschieben, wonach der Mensch allein das Maß aller Dinge ist. Wir müssten gleichsam herabsteigen vom hohen Thron und einmal genauer hinsehen, wie denn das die anderen Lebewesen so machen, das »Probleme-lösen«: also etwa die Amöben, die Ameisen, die Bienen oder die Menschenaffen. Wie sie mit Schwierigkeiten umgehen, wie sie sich organisieren, wie sie einander begegnen. Tatsächlich hüpfen uns die modernen Ingenieurswissenschaften in der Bionik vor, wie die Eigenschaften von Pflanzen und Tieren Vorbilder für Erfindungen in der Technik sein können. Demnach haben wir von den Wespen gelernt, Papier herzustellen, die Fledermaus lieferte Leonardo da Vinci die Inspiration für die Flugmaschine, die Klette erfand den Klettverschluss, die Delfine waren Vorbilder für Sonargeräte, die Blätter der Lotuspflanze dienten als Struktur für wasserabweisende Oberflächen, Katzenpfoten verbesserten die Bremsleistung von Autoreifen, die Augen der Nachtfalter dienten der Entwicklung von Solarzellen und so weiter.

Freilich, bei komplexen Problemen menschlicher Art, also Wachstum, Wirtschaftskrise, Klimaveränderungen oder den Hass in den sozialen Netzen, der Vereinsamung des Menschen oder dem Vertrauensverlust in die Politik, bei all diesen Problemen wird die simple Kopie einer biologischen Vorgabe nicht ausreichen. Aber tierische Inspiration für neue menschliche Verfahren wäre möglich. Ich dachte dabei an John Maynard Keynes' »Animal Spirits«[2], von denen heute meist nur noch die Rede ist, wenn man Gier und Panik im Auge hat. Doch Keynes meinte eigentlich, die Sphäre der Instinkte umfasse auch den natürlichen Altruismus und die instinktive Suche nach einem gemeinsamen Vorteil.

Gesellschafts-Bionik

Also machte ich mich mithilfe von Erkenntnissen der Verhaltensbiologie auf die Suche nach diesen Strategien. Und wirklich finden sich äußerst durchdachte und erfolgreiche Mechanismen von Tieren, Pflanzen und Mikroben, ihr Leben und Zusammenleben erfolgreich zu organisieren. Solche Mechanismen, die auch für die Probleme und Krankheiten der menschlichen Gesellschaft und ihrer Wirtschaft angeraten oder zumindest diskussionswürdig wären, stelle ich im zweiten Teil dieses Buches vor.

Wenn wir die von der Natur entworfenen Strategien genau betrachten, können wir beispielsweise erkennen, dass es kein Sakrileg ist, exponentiell zu wachsen. Im Gegenteil: Die Bäume machen uns vor, wie ungebremstes Wachstum krisenfrei funktionieren kann, ein Wachstum, das selbst einen gierigen Finanzmarktbroker sprachlos machen würde. Wir werden sehen, wie der Regulierungsprozess in Gemeinschaften hin zu weniger Narzissmus und mehr Rücksichtnahme funktionieren kann. Einzeller können uns zeigen, um wie viel bessere Krisenmanager sie sind als die Profis der Zentralbanken. Verfemte Raubtiere, wie etwa die Wölfe, führen die Effizienz einer flachen Führungshierarchie exemplarisch vor. Sie und viele andere Tiere, Pflanzen und Mikroben sind die eigentlichen Helden dieses Buches: Animal Spirits.

Ich meine deshalb, dass das grundlegende Werk der Ökonomie in ferner Zukunft nicht *Reichtum der Völker* heißen muss, sondern »Reichtum der Natur« – oder etwas in der Art. Und so, wie es Adam Smith 1776 um materiellen Wohlstand gegangen ist, könnte es in Zukunft um einen Reichtum gehen, der noch zu erreichen wäre, dessen Vorzüge wir aber heute noch gar nicht erahnen: den Schatz des Lebens.

ERSTER TEIL

Aus dem Gleichgewicht

Hier geht es noch nicht um Tiere, sondern vielmehr um die Gründe ihres Aussterbens und warum der Mensch ihre und seine eigene Umwelt zerstört und nicht aufhören kann, sie zu zerstören.

Es geht um das System, das uns leitet, nicht nur wirtschaftlich, sondern auch im Denken. Dieses System bringt Herrschaftsdenken und Narzissmus hervor. Es ist unauffällig, weil es uns nicht durch Gewalt erzieht, sondern durch die Anziehungskraft seiner Versprechen.

Was bedeutet das gesellschaftlich für jeden Einzelnen und unser Leben miteinander?

Herrschafts- zeiten!

Wie die Ökonomie »erfunden« wurde, wie sich in ihr alte Formen der Herrschaft spiegeln und wie sich die ökonomische Weltsicht in Politik, Gesellschaft und Religion fortpflanzte.

Die Krise der kapitalistisch geordneten Gesellschaft beginnt nicht mit dem Absturz der Finanzmärkte von 2008. Sie wurzelt tief in der Geschichte. Sie basiert auf einer fehlerhaften Auslegung der Ökonomie in der Antike, in der die Wirtschaft dem Prinzip der Herrschaft untergeordnet wurde. Das Prinzip der Dominanz statt jenem der Kooperation prägt unsere Beziehungen zu Dingen und Lebewesen. Es verwirklicht sich in allen Bereichen der Existenz als ein Verhältnis, ähnlich dem von Herr und Knecht. Es hat sich über die Globalisierung und über die Verflechtung der Finanzmärkte Unantastbarkeit verschafft. Deshalb bleibt die Kritik an ihm wirkungslos.

Chaos und Methode

Die Ökonomie des Kapitalismus macht dieser Tage eine traurige Figur – sie macht sogar die traurigste Figur, die ein System machen kann. Sie tut einfach nicht, was ein System tun sollte: eine stabile Ordnung schaffen. Sie schafft vielmehr das Gegenteil: Chaos und Unsicherheit, von den negativen Folgen der Globalisierung bis hin zur Finanzkrise, der Eurokrise, der Schuldenkrise, der Flüchtlingskrise, der Digitalisierung und der Klimakrise. Vor allem aber haben wir es mit einer Krise der Problemlöser zu tun. Politiker, die nicht verstehen, was ihre Entscheidungen im konkreten Leben der Einzelnen anrichten können. Banker, die nicht verstehen, dass ihre Finanzinstrumente Gift für den Rest der Gesellschaft sind, da diese Instrumente das Potenzial von »Massenvernichtungswaffen« erreicht haben (Warren Buffett). Staaten, welche die Freiheit im Wappen führen und nichts lieber zu tun scheinen, als ihre Bürger zu bespitzeln. Und, damit zusammenhängend, wir selbst, die wir unsere Leben Algorithmen in den sozialen Netzwerken unterordnen

> Die Ökonomie des Kapitalismus macht dieser Tage eine traurige Figur – sie macht sogar die traurigste Figur, die ein System machen kann. Sie tut einfach nicht, was ein System tun sollte: eine stabile Ordnung schaffen.

und oft gar nicht wissen wollen, wie uns diese mathematischen Sensoren des Internets »lesen«, unsere Gedanken lenken und kontrollieren. Wir leben also in vielerlei Hinsicht in »vermessenen« Zeiten.

So weit, so bekannt. Es braucht in diesem Sinn kein weiteres Buch, das den Zustand unseres Systems beschreibt und kritisiert. Dazu gibt es bereits umfassende Literatur von hervorragender Qualität, beginnend bei John M. Keynes bis hin in jüngste Zeit zu Thomas Piketty und Stephan Schulmeister. Umso drängender stellt sich aber die Frage, warum trotz der Arbeiten großartiger Ökonomen, Soziologen und Philosophen eine Reform des Ist-Zustandes nicht einmal in Ansätzen erkennbar ist? Warum ist unser System seit den 1970er-Jahren derart resistent gegenüber Kritik geworden?[3] Dieses Buch sucht die Verantwortung dafür nicht allein bei den Ökonomen und auch nicht nur bei der Politik. Es geht vielmehr davon aus, dass ein neutraler Standpunkt eingenommen werden muss, der es ermöglicht, das System und alle seine Teile und Teilnehmer von außen zu betrachten und zu analysieren.[4]

Dieses Beobachten führt zunächst zu einer neuen Zuordnung von Verantwortlichkeiten, die in der täglichen Debatte schon fix vergeben erscheinen. Zunächst wird offensichtlich, dass das System, das wir so hart kritisieren, nicht nur aus Denk-»Schulen«, wie jener von Chicago, besteht, die Entscheidungen prägen und Entscheidungsträger beeinflussen, die dann ihre Gesetze den angeblich passiven Massen aufzwingen. Ich meine, dass ein Gutteil der schwierigen Zustände, in denen wir stecken, auch daher rührt, dass wir selbst dieses Modell grundsätzlich akzeptieren, weil wir zu diesem System erzogen und in dieses System hineingezogen wurden und dass daher unsere Leiden nichts Aufgezwungenes darstellen, sondern hauptsächlich die Summe unserer freiwillig antrainierten Handlungen sind. Eine besondere Rolle spielt dabei, wie wir uns für diese Handlungen belohnen und feiern (lassen).

Diese Integration in ein System von Leistung und Belohnung begründet unseren Selbstwert, prägt unsere Ästhetik und unser Zusammenleben. Und weil wir uns dieses Schema quasi wie unser tägliches Brot einverleiben und es »gegessen« haben, ist es einer fundamentalen Kritik so wenig zugänglich. Das »Brot« ist ja schon in uns. Wir müssten also mit dieser Kritik des Systems auch den Blick in unseren Innenraum ertragen.

Weil das aber so schwer ist, richten wir unser kritisches Auge immer nur auf Teilausschnitte: auf die Reichtums- und Verteilungsfrage, die Globalisierungsprobleme, den Verlust der Handlungsspielräume für die Politik, die multinationalen Konzerne, die Manager, die Finanzmärkte, die Steuerparadiese, die Klimapolitik. Aber diese Kritik richtet sich eben nur gegen Auswüchse und Ausformungen des »Gesellschafts-Organismus«, nicht gegen das System selbst. Und weil diese Kritik aufgrund ihres Charakters immer an der Oberfläche bleibt, geht sie auch ins Leere. Sie thematisiert Tag für Tag auf unterschiedlichste Art die richtigen Dinge. Aber ändern kann sie diese kaum.

Dieser Zustand der kritischen Ohnmacht ist offensichtlich und frustrierend und führt dazu, dass die berechtigte Teilkritik immer häufiger durch allgemeine Fantasmen ersetzt wird. Diese Trugbilder sind eine grausame Form einer gesellschaftlichen Lyrik, in der Verantwortung und Schuld einzelnen Gruppen angedichtet werden: den Flüchtlingen, den Juden (Soros!), den Muslimen, den Medien, den politisch Korrekten und letztlich den Weltverschwörern aller Art. So leicht, damit Aggression und Frustration ein Ziel erhalten, so sehr Einzelne daraus für sich politisches Kapital schlagen können, so unfruchtbar sind diese Sündenbock-Strategien, wenn es um die Problemlösungen selbst geht. Sie verstellen die Sicht auf das Wesentliche. Und dieses Wesentliche sind wir selbst.

Wo stehen wir?

Was sollen wir tun? Und wo stehen wir? Wenn wir ein Problem von der Wucht und Komplexität unseres Zusammenlebens und seiner Folgen vor uns haben, reicht es nicht aus, unsere Analyse im Hier und Jetzt kreisen zu lassen und an den oben genannten offenen Wunden zu tupfen. Wir müssen zur Wurzel vorstoßen – und uns in diesem Sinn »radikalisieren«. Ich werde versuchen herauszufinden, warum wir so denken und handeln und was sich daraus für uns ergibt. Die erste Richtschnur, die diesen Weg markiert, kann auch für unser persönliches Leben gelten, sie ist also universell auslegbar: Wir sollten uns die Dinge *emotional* nicht zu einfach machen, indem wir Schuld verteilen, sondern vielmehr versuchen, die Probleme *rational* zu erfassen und durch Logik versuchen, sie zu präzisieren. Das bedeutet eine Rück- und Zusammenführung von all den Fäden, die sich in der Geschichte bis heute so heillos verwirrt haben, sodass sie nun als unentwirrbares Knäuel von Schwierigkeiten vor uns liegen.

Aristoteles ist ein guter geistiger Pfadfinder auf diesem Weg. Er gibt uns mit seiner *Abhandlung über die Politik* das geeignete Instrument der Analyse an die Hand. Er beschäftigt sich darin unter anderem mit der komplexesten aller politischen Situationen: dem Aufstand und dem daraus resultierenden Chaos im Staat. Und er meint, die Ursache für das Chaos methodisch auffinden zu können: »Die Aufstände ergeben sich nicht im Hinblick auf kleine Dinge, sondern *aus* den kleinen Dingen, man befindet sich doch nur im Hinblick auf große Dinge im Aufruhr.«[5]

Auf unsere Situation umgelegt hieße das: Wir stehen vor einem unüberschaubaren Wust an Problemen, die von Steueroasen bis zum Klimawandel reichen. Und nun müssen wir die kleinen Dinge suchen, die zu diesen großen Problemen führten. Dabei müssen wir uns aber auch darauf gefasst machen, dass diese kleinen Dinge auf den ersten Blick scheinbar gar nichts mit den großen Problemlagen zu tun haben.

Aristoteles liefert als Beispiel dafür eine hübsche Geschichte von einem Verfassungsstreit im sizilianischen Syrakus. Dieser ging nicht auf eine rechtliche Auseinandersetzung zurück, auf fundamental unterschiedliche inhaltliche Positionen oder ideologische Debatten. Ursache war vielmehr eine Bettgeschichte: »Aufgrund von zwei Jünglingen, die den staatlichen Ämterkreisen angehörten und gegeneinander in einer Liebesangelegenheit auftraten, änderte sich die Staatsverfassung. Als nämlich der eine verreist war, da gewann der andere, der sein Gefährte war, dessen Geliebten für sich; jener aber war über diesen erbost und überredete dessen Frau, zu ihm zu kommen. Daher zogen sie alle, die sich in der Staatslenkung befanden, jeweils an sich und wiegelten sie gegeneinander auf. Deshalb muss man sich vor derartigen Zuständen, wenn sie am Beginn stehen, in Acht nehmen.«[6]

Nach dieser grundsätzlichen Methode, wenn auch nicht in ganz so kuscheliger Ausführung, will ich nun auch vorgehen, wenn ich das Problem der Ökonomie behandle. Es muss von dort ausgegangen werden, wo die Ökonomie ihre Grundsteine gelegt bekommen hat und wo sie immer wieder ihr Zelt aufschlägt, wenn sie sich erklärt und präsentiert. Diese Homebase liegt historisch gesehen etwa 320 vor Christus, als Aristoteles der Wirtschaft eine Abhandlung widmete und ihr ihren Namen und ihren theoretischen Rahmen gab. Seine *Oikonomia* fehlt in keinem dogmatischen Lehrbuch und mancher Leser findet die darin enthaltenen Geschichten vom Hausherrn, vom Schuster und vom Tausch nützlicher Dinge gar putzig. Andere zitieren gerne die dort vom Philosophen verdammte Zinsnahme als ein Werk schädlichen Gewinnstrebens, der »Chrematistik«: Geld, das sich selbst gebiert, sei ein widernatürlicher Akt und damit schon von Anfang an befleckt.[7] Wir aber wollen noch weiter zurück und hinter die moralischen Abwägungen des Philosophen schauen. Und dort bleibt nach Abzug aller sonstigen Erwägungen nur noch ein Name stehen, den wir nun mithilfe der Sprachwissenschaft und der Semiotik näher ausleuchten wollen: »Oikonomia«, die Hauswirtschaft.

Das Omen im Nomen

Skeptiker werden hier die Stirn runzeln: Ja, warum soll man denn mit solcher Wortklauberei in der Antike beginnen, angesichts des tragischen Weltganzen von heute? Und was ist daran wissenschaftlich oder logisch? Ich will es so erklären: Ich meine, dass Worte, wie etwa auch »Ökonomie«, eine Oberfläche haben, die nach dem Geschmack von Generationen gebraucht, gedreht, gedrechselt und geschliffen wurden. Aber diese hart polierte Oberfläche aktueller Bedeutung und Sinngebung lenkt davon ab, was der Begriff eigentlich bedeutet hat. Ich werde diese Behauptung mit einem Gespräch illustrieren, das Werner Heisenberg, der Physiker und Nobelpreisträger, mit seinem Freund und Kollegen Niels Bohr führte.

Heisenberg erzählte Bohr von seinem Ärger über einen eingefleischten »Positivisten« aus dem Wiener Kreis, der fest und steif behauptete, jedes Wort habe eine fixe Bedeutung. Heisenberg widersprach heftig und führte als Beispiel das Wort »hell« an. Wenn jemand etwa sage, ein Zimmer erhelle sich, wenn ein bestimmter Mensch den Raum betrete, dann könne man das zwar mit dem Fotometer nicht messen. Trotzdem verstehe jeder Mensch, was damit gemeint sei. Dass es um eine nicht messbare Erhellung der Seele und des Geistes gehe. In diesem Sinn sei auch der Heiligenschein auf alten Malereien zu verstehen: als den Geist erhellend.

Bohr bestärkte Heisenberg daraufhin und erinnerte an den US-Philosophen William James: »Er (James; Anm.) schildert, dass bei jedem Wort, das wir hören, zwar ein besonders wichtiger Sinn des Wortes im hellen Licht des Bewusstseins erscheint, dass aber daneben, im Halbdunkel, noch andere Bedeutungen sichtbar werden und vorbeigleiten, dass dort auch Verbindungen zu anderen Begriffen geschlagen werden und die Wirkungen sich bis in das Unbewusste hinein ausbreiten. Das trifft bis zu einem gewissen Grad auch für die Sprache der Naturwissenschaft zu.«[8]

Das meinte Niels Bohr. Ich meine, dass das auch auf die Ökonomie zutrifft. Wir haben das Wort Ökonomie nicht in der Gesamtheit seiner Bedeutung im Blick.[9] Ökonomie besteht etymologisch aus »Oikos« (das Haus) und »Nomos« (Regel/Gesetz). So belegen wir also die globalisierte Wirtschaft scheinbar kurios mit dem Wort »Hausgesetz« oder »Hauswirtschaft«. Aber kurios ist es keineswegs. Denn wie Aristoteles schon bei den Staatsgeschäften vom Kleinen aufs Große schließt, konstruiert er auch in seiner Ökonomie aus der Vielheit des Kleinen das Große. Aus dem Haus und den dort herrschenden Gesetzen macht er eine Vielheit von Häusern, die eine Polis bilden, und diese Polis ist nach Aristoteles das Ziel von allem, denn dort findet der Mensch sein Glück. »Von Natur aus gibt es in allen Menschen den Trieb zur staatlichen Gemeinschaft. Doch der, der zuerst die Gemeinschaft eingerichtet hat, ist der Urheber der größten Güter.«[10]

Das Haus und seine Wirtschaft sind nun nach Aristoteles im optimalen Fall von oben nach unten – Herr, Frau, Kind, Sklave,

Vieh – streng geordnet, »denn jedes Haus wird von einem Einzigen beherrscht«[11]. Nähere Aufmerksamkeit unter den lebenden Bewohnern lässt der Philosoph letztlich aber neben dem Herrn nur dem einzigen Arbeitsfaktor des athenischen Haushalts zuteilwerden, nämlich dem Sklaven. Sklaven sind, wie oben bereits angedeutet, für Aristoteles zwar belebt, aber entseelt und versachlicht, ein »hervorbringendes und für sich bestehendes Werkzeug«[12]. Die Beziehung zwischen Sklaven und Haushaltsvorstand nennt Aristoteles »Herrenmacht«. Und das »Werkzeug« Sklave bedenkt er mit dem Warenbegiff »Menschenfuß«.

Herrschaft vor Wirtschaft

So zeigen die allerersten Seiten der Ökonomie des Aristoteles, worum es in der Oikonomia zuallererst geht. Nicht um Wirtschaft, sondern um Herrschaft. Wie schön sich hier das Patriarchat widerspiegelt, merkt man, wenn man versucht, statt der »Herrschaft« eine »Frauschaft« einzusetzen. Wenn wir diese ersten begrifflichen Tastversuche zusammenfassen, erhalten wir folgendes Bild: In einem William James'schen »Halbdunkel« des Begriffs Ökonomie finden wir zunächst nicht Tausch und Wert, sondern die Einpersonen-Herrschaft, den Menschen als Werkzeug und das Patriarchat. Man kann natürlich über diese Passagen hinweggehen, wie viele Ökonomen und Historiker das getan haben[13], und meinen, sie seien dem Zeitgeist des vierten vorchristlichen Jahrhunderts geschuldet und für heute bedeutungslos. Ich behaupte aber, dass sich jene Ordnung der Dinge, wie sie Aristoteles in die Wirtschaft hineininterpretiert hat, bis heute reflexartig durch die hierarchische Welt der Wirtschaft und zum Teil auch durch die Gesellschaft zieht.

Dieses Ordnungsmodell ist ein Grund für die herausragende Stellung des Aristoteles im abendländischen Denken. Es geht dabei weniger um Wissenschaft als um eine Philosophie der Macht. Dass es sich um eine »Hinein-Interpretation« gesellschaftlicher Verhältnisse in den an sich neutralen Ablauf von Wirtschaft durch Aristoteles handelt, zeigt sich am besten durch den thematischen Gegenentwurf eines anderen griechischen Denkers. Dieser Ent-

wurf stammt von dem sokratischen Philosophen, Feldherrn und Schriftsteller Xenophon.[14]

Seine Abhandlung wurde zwischen 390 und 355 vor Christus – wie damals üblich in Dialogform – verfasst und trägt den Namen *Oikonomikos* (der Hauswirtschaftler). Darin wird ein sehr reicher und einflussreicher Mann, Kritobulos, von der Hauptfigur des Dialogs, dem Philosophen Sokrates, gefragt, wie es denn um seinen Haushalt stehe und wer welche Rolle darin spiele. Als dieser formidable Kritobulos meint, seine Frau habe im Haushalt nichts zu sagen, wird Sokrates beinahe unwirsch: »Ich halte vor, dass eine Frau, die ja Teil an des Hauses Wohlsein nimmt, ebenso viel beizutragen hat zu desselben Besten als der Mann. Denn durch die Männer werden meistenteils die Güter in das Haus gebracht, und durch der Weiber Hände werden sie wieder ausgegeben. Wenn nun beides auf die rechte Weise geschieht, wird des Hauses Zustand verbessert; geschieht es aber nicht, wie es sein soll, so muss alles schlechter werden.«[15]

Auch die »Top-down-Ordnung« des Aristoteles scheint Xenophon fremd. Zwar übersetzt auch er die Hauswirtschaft in ein System der »Ordnung«, doch die ist in seiner Auslegung nicht hierarchisch. Xenophon beschreibt diesen Zustand der Ordnung vielmehr als einen »Tanz der Dinge« miteinander. Dazu schildert er exemplarisch die hervorragende »Angelegenheit« der Gegenstände im Lagerraum eines phönizischen Handelsschiffs: »Alle Geräte scheinen einen Chor zu bilden und der Raum in der Mitte all dieser Geräte sieht schön aus, wenn jedes an seinem Platz ist. Wie auch ein kreisförmiger Chor nicht nur selbst ein schöner Anblick ist, sondern auch dieser Raum in seiner Mitte schön und klar aussieht.«[16]

So zeigt sich letztlich schon im Verständnis des Wortes Ökonomie selbst eine Auseinandersetzung um die richtige Ordnungsstrategie, einerseits horizontal »tanzend«[17] und gemeinschaftlich schwebend oder andererseits vertikal herrschend und sklaventreibend. Es ist in dieser Hinsicht interessant, dass Aristoteles in jedem Lehrbuch zur Ökonomie zu finden ist, während Xenophons *Oikonomikos* praktisch vergessen ist.

Wirtschaft vor Herrschaft

Bleiben wir noch bei den alten Griechen und stellen wir uns das Treiben auf einem Markt vor, also da, wo sich Wirtschaft konkret abspielt. Ich verdanke den nun folgenden Hinweis einer Schrift des Ökonomen Friedrich von Hayek. Hayek lehnte die Vorstellung einer Gemeinschaft mit Regeln und Ethik, die nach einer Wirtschaftsordnung gestrickt sind, strikt ab. Er versuchte vielmehr, Bedingungen für tatsächlich freie Märkte mit freien Entscheidungsmöglichkeiten zu konstruieren. Deshalb stieß er sich am Wort »Ökonomie« und der darin mitschwingenden Ordnungspolitik. Hayek meinte, ein anderer griechischer Name sei für eine wirklich freie Wirtschaft passender: »Katallaxie.«[18] Der Begriff kommt von »katallatein« (tauschen). Für uns ist aber nicht nur die Übereinstimmung mit der Markt-Realität interessant, sondern vor allem die Etymologie des Wortes selbst. Wenn wir da bei »katallatein« in den »Halbschatten der Bedeutungen« gehen, stoßen wir auf eine der schönsten und friedlichsten sozialen Taten: »Sich den Feind zum Freund machen« oder auch »in die Gemeinschaft aufnehmen«.[19]

Man stelle sich einen Markt in Athen im vierten Jahrhundert vor. Tatsächlich wird man sofort darin übereinstimmen, dass niemand dorthin gehen würde, um Hirse und Speck zu kaufen mit dem Ruf: »Lasst uns doch Hauswirtschaft miteinander treiben!« Das Wort Ökonomie erscheint in seiner wörtlichen Bedeutung absurd, sobald man – übertragen gesprochen – »das Haus verlässt«. Hayeks Begriff hingegen beschreibt die konkrete Handlung der Märkte.

Aber, so könnte man einwenden, ist denn das nicht unerheblich, da wir nun schon einmal das Wort »Ökonomie« verwenden und nicht dieses ungewohnte »Katallaxie«? Nicht, solange sich die Ökonomie als System Feinde nicht zu Freunden macht, sondern tendenziell umgekehrt agiert und die Gesellschaft in Mächtige und Ohnmächtige trennt. Es gibt in dieser Ordnung der Ökonomie immer einen, der bestimmt und die Regeln macht, einen, der den anderen ihren Platz zuweist und dem der Erfolg des Unternehmens gehört. Individuen stehen miteinander im Wettbewerb.

In der Ökonomie geht man nicht einfach auf den Markt, um Hirse und Speck zu kaufen, sondern um mit den Waren und einem zusätzlichen Gewinn nach Hause zu kommen. Der Konkurrent ist ein Marktfeind und wird mit Geschick, Glück und Täuschung geschlagen.

Der Erfolg in dieser Konkurrenz entscheidet über die Stellung des Menschen in der Gesellschaft. Oder, um bei unserem Beispiel zu bleiben: In der Ökonomie geht man nicht einfach auf den Markt, um Hirse und Speck zu kaufen, sondern um mit den Waren und einem zusätzlichen Gewinn nach Hause zu kommen. Der Konkurrent ist ein Marktfeind und wird mit Geschick, Glück und Täuschung geschlagen. Die zugehörige Mundart kennen wir in Österreich aus der Werbung, in der ein verstorbener Held der Konkurrenz auf der (Auto-)Rennbahn spricht: »Ich hab ja nix zu verschenken!«

Auf dem Marktplatz der Katallaxie hingegen würde Hirse um der Hirse willen gekauft werden. Man würde einander auf werttauschender und wertschätzender Basis begegnen: Das Übervorteilen und Täuschen bleibt auf diesem Markt nur Dieben und Betrügern vorbehalten. Der Rest ist Kommunikation, mit der man tatsächlich einen Fremden in die eigene Sphäre einbeziehen kann, sich den »Feind zum Freund« machen kann. Ist es nicht auch so, dass die meisten von uns wegen genau dieser Kommunikationsmöglichkeit gerne auf einen »echten« Markt gehen? Ist die Katallaxie nicht jene Atmosphäre, die der Mensch eigentlich sucht?

Welcher Markt war nun früher da? Jener der Ökonomie oder jener der Katallaxie, des Freunde gewinnenden Handels mit Gütern? Und, vielleicht noch entscheidender: Auf welchem Markt wäre ein Großteil unserer heutigen Probleme (Schulden, Vermögensungleichheit, Sklaverei und unwürdige Arbeitsbedingungen, Unterdrückung und Wucher, Wettbewerb und Konzentrationsprozesse des Kapitals) gar nicht erst entstanden? Diese Frage ist nicht zu beantworten. Sicher ist, dass alle Alternativkonzepte zur Marktwirtschaft kapitalistischen Zuschnitts, sei es nun die »Gemeinwohlökonomie« oder das »Buen Vivir«, genau dorthin zu gelangen versuchen, zur Katallaxie.

Was ist nun aber das Geheimnis der Ökonomie, dass sie sich so lange halten kann, obwohl sie das wesentlich härtere und weitaus problematischere Modell ist? Ich meine, die Antwort auf diese Frage ist simpel und hochkomplex zugleich: Es geht um Macht.

Macht und Heil

Ich werde hier bei dem einfachen und bisher erfolgreichen Verfahren von Aristoteles bleiben: Vom kleinen Tropfen ausgehen, um das große Meer zu erklären. Deshalb befindet sich, wie bei der Ökonomie, auch bei der Macht zunächst der Begriff selbst im Zentrum der Aufmerksamkeit. Ich stehe dabei auf den Schultern von Michel Foucault, der Ende der 1960er-Jahre begann die Wurzeln der Macht zu erforschen und dabei schon ahnte, wie weit er dabei gehen müsste: »Man muss die Archäologie der Humanwissenschaften auf die Erforschung der Machtmechanismen gründen, die Körper, Gesten und Verhaltensweisen besetzt haben.« Ja, bis in die letzten Zeichensätze unseres Handelns, dachte Foucault, sei das Machtsystem erkenntlich. Er landet schließlich bei einem Kondensat von Gewalt: Der Bezugspunkt der Genealogie sei »nicht mehr das große Modell der Sprache und der Zeichen, sondern das des Krieges und der Schlacht. Die Geschichtlichkeit, die uns mitreißt und uns determiniert, ist eine kriegerische; sie gehört nicht in die Ordnung der Sprache«.[20]

Die etymologische Wurzel von Macht leitet sich aus dem Indogermanischen »magh« (machen, fähig sein) und »mag« (formen, bilden) ab. In eine kurze Formel gefasst: Wer macht, hat Macht. Dazu passt beinahe jede Erscheinungsform wirtschaftlich erfolgreicher Aktion: zunächst die herausragende Stellung der Macht im System der Ökonomie; der inhärente Zwang des Kapitals, das Gemachte zu bewegen und wachsen zu lassen; die daraus abgeleitete Ethik der Wertschöpfung bei gleichzeitiger Verdammung der Ruhe (als Skandal-Raum des Nicht-Machens); die Herrschaft des Wachstums des BIPs (des Bruttoinlandsproduktes) als allgemein anerkanntem Glücksmesser.

Aber die Macht der Ökonomie geht noch weit über das Wirtschaftliche und selbst das Politische hinaus. Hunderte Jahre nach ihrer Schöpfung bei den Griechen erobert sie auch das Reich der Religion. Die christlichen Kirchenväter übernehmen Wort und Konzept der Ökonomie für die Auslegung der Heiligen Schrift. Und zwar ausgerechnet da, wo es um die exemplarische Macht des ersten »Machers« geht: die Schöpfung der Welt durch Gott.

Die Kirchenväter müssen wohl eine Gemeinsamkeit erkannt haben, welche die Ökonomie auch für den göttlichen Bereich anwendbar macht. Auch bei der Schöpfung geht es zu wie in der Oikonomia: Ganz oben sitzt Gott, dann der Mann, dann die Frau, dann das Vieh und dann alles andere.

Und so hallt der Imperativ der Ökonomie im Anfang aller Anfänge wider. Auch wenn Gott die Welt und den Menschen erschafft und Adam damit beauftragt, die Tiere und Pflanzen (als erste seiner Taten) zu benennen. In diesem Akt vollzieht sich nach antiker Auffassung, aber auch nach modernem Wissensstand der Psychologie der erste Machtanspruch über das Benannte.[21] Friedrich Nietzsche hat das in seinen Schriften zur Entstehung der Moral auf den Punkt gebracht: »Das Herrenrecht, Namen zu geben, geht so weit, dass man sich erlauben sollte, den Ursprung der Sprache selbst als eine Machtäußerung der Herrschenden aufzufassen. Sie sagen, das ist das und das, sie siegeln jegliches Ding mit einem Laute ab und nehmen es dadurch gleichsam in Besitz.«[22]

Dieser erste Besitz bezieht sich natürlich auch auf Eva, die von Adam benannt wird. Im Paradiesgarten wird die Frage genauso gelöst, wie das in der Ökonomie des Aristoteles auch gelöst worden wäre: Der Haushaltsvorstand benennt die Untertanen.

Aber die Kirchenväter gehen in ihrer Interpretation dieser Vorgänge noch weiter. Sie konstruieren aus der Ordnung der Oikonomia eine »Oikonomia Gottes«, die vom ersten Tag der Schöpfung bis in die jeweilige Gegenwart reicht. Eine immerwährend gültige Heilsordnung oder das Wirken Gottes in der Welt. Der italienische Philosoph Giorgio Agamben hat diese Geschichte detailreich aus den Archiven gehoben und in seinem Buch *Herrschaft und Herrlichkeit* veröffentlicht.[23]

Um nur wenige der Belege zu nennen, die Agamben zitiert: Oikonomia findet sich mehrfach in den Briefen des Apostels Paulus, etwa in jenem an Timotheus: »Ich habe dich gebeten, dass du in Ephesos bleibst, um dort gewissen Leuten aufzutragen, dass sie nicht falsche Lehren verbreiten und sich mit Fabeln abgeben und endlosen Geschlechterreihen, die eher Spekulationen befördern, als die mir gläubig übertragene Oikonomia Gottes, jene im Glauben.«[24] Oder im Brief an die Epheser: »Mir, dem Allergeringsten unter allen Heiligen, ist gegeben, diese Gnade den Heiden zu verkündigen, den unausforschlichen Reichtum Gottes und ans Licht zu bringen, was die Oikonomia des Geheimnisses ist, was von Ewigkeit her verborgen war in Gott.«[25] Irenäus von Lyon spricht im 2. Jahrhundert vom Heiligen Geist, der »mittels der Propheten die Ökonomien voraussagte«. Schon um 170 nach Christus wird die heilige Ordnung erstmals von Theophilus von Antiochia bemüht, um den weltlichen mit dem himmlischen Herrscher in Einklang zu bringen: »Der Kaiser ist nicht Gott, sondern ein Mensch, dem Gott nicht den Auftrag erteilt hat, angebetet zu werden, sondern gerecht zu richten. In gewissem Sinne ist ihm von Gott ein Amt anvertraut worden (para theou oikonomian pepisteutetai).«

Vom Vergangenen ins Heute

Ich will die bis hierher gesetzten Schritte meiner Darlegung noch einmal kurz zusammenfassen: Die Ökonomie wird Reformversuchen unzugänglich bleiben, solange man ausschließlich an den wirtschaftlichen und wirtschaftspolitischen Krisen des Systems ansetzt. Der Grund dafür ist, dass es sich bei der kapitalistischen Ökonomie um eine Ordnung der Macht handelt, die nicht Wirtschaft beschreibt und abbildet, sondern die in die Wirtschaft hineininterpretiert wird und sie lenkt. Dieses Modell wurde zungunsten des auf Integration und Harmonie setzenden Modells der »Katallaxie« etabliert, das einer horizontalen Ordnung der Gesellschaft viel nähersteht. Charakteristisch an der herrschenden Form der Ökonomie ist nicht der Tausch, sondern die Hierarchie und die strenge Ordnung von befehlenden und gehorchenden Teilen, eine Top-down-Ordnung, die sich in der Realität durch Kämpfe um Macht und Stellung innerhalb des Systems äußert. Über weite Strecken ihres Bestehens waren diese Hierarchien zudem großteils männlich dominiert.

Die Kirche hat sich nicht zufällig in den ersten Jahrhunderten nach Christus immer wieder des Wortes »Oikonomia« bedient, um das Wirken Gottes in der Schöpfung und der Welt zu bezeichnen und die sich daraus ergebende »gottgewollte Herrschaft« weltlicher Fürsten. Über die Jahre verbindet sich der Glauben mit der ökonomischen Struktur weltlicher Macht. Und die Kirche selbst wird ab dem 12. Jahrhundert zu einem erfolgreichen ökonomischen Unternehmen. Sie errichtet nicht nur eines der ersten Monopole des Abendlandes – den Handel mit Alaun, einem Grundstoff für die Tuchindustrie –, sondern geht noch viel weiter.[26]

Sie verkauft letztlich ihren Gläubigen auch noch einen schnelleren Zugang zum Himmelreich, indem sie das Fegefeuer und den Ablasshandel etabliert. Eine höchst profane Geschichte mit ordentlich satanischen Zutaten, um die Leute zu schrecken und ihnen ihr irdisches Erbe abzupressen. Sadistische Teufel, glühende Kohlen für uneinsichtige Reiche, Folter und Feuerzangen sind Stil- und Produktionsmittel einer bis dahin ungesehenen Kapitalanhäufung, wie der französische Mittelalterhistoriker Jacques Le Goff darlegt.[27] In diesem Sinn scheint es wie ein Betriebsunfall, dass letztlich die Kirche selbst im »Fegefeuer« der Reformation landet.[28]

Pyramidales Denken

Ich habe weiter oben von Michel Foucaults Machtstudien geschrieben und darüber, dass er Macht auch in den kleinen Gesten wieder auffinden will. Tatsächlich findet sich die Macht nach Art der Ökonomie in allen Teilen unserer Vorstellung von der Welt. Wenn wir erkenntnistheoretisch ansetzen, dann beginnt Aristoteles sein System auch in den kleinsten Facetten seiner Naturbetrachtung anzuwenden. Er ordnet also schon das Tier- und Pflanzenreich hierarchisch, baut sozusagen eine Pyramide vom wertlosen zum wertvollen Leben – und landet ganz oben beim Menschen. Das Gleiche tut er im Haus und letztlich auch im Staat. Wie wenig das der Realität entsprechen muss, was da wissenschaftlich behauptet wird, demonstriert der Philosoph selbst in seiner Beschreibung der Bienen. Entgegen offensichtlichster Evidenz der Eier-legenden

Bienenkönigin beschreibt Aristoteles (und nach ihm Hunderte Jahre lang verschiedenste Naturbeobachter wie etwa Plinius) einen Bienenkönig, den er noch dazu als einen Heerführer annimmt. Alles falsch, aber der athenischen menschlichen Ordnung entsprechend,[29] und daher kann sich auch diese Vorstellung vom Patriarchat im Bienenstock bis ins 17. Jahrhundert hinein halten.

So baut die erste Wissenschaft nach ihrem Vorurteil überall Pyramiden, auf deren Spitze sich die Besten (zumeist Männer) tummeln sollen. Dieses Denken ist verführerisch und bestechend im wahrsten Sinne, denn wer würde sich nicht gerne ganz oben auf der Entwicklungsleiter sehen? Im 19. Jahrhundert folgt diesem Schema Charles Darwin mit seiner Evolutionstheorie von der Entstehung der Arten.[30] Auch dort steigt das Leben in den Entwicklungsring und der Bessere gewinnt die Kämpfe gegen weniger gut Angepasste. Die unsichtbare Hand von Zufall und Selektion übernimmt die Regie. Das Schwache wird bald in ein Nischendasein abgedrängt oder dem Tod geweiht. Überall thront nun der Wettbewerb und überall wird um Macht gerauft und Macht verteidigt. Und letztlich macht der Kapitalismus, der als angewandtes System zur selben Zeit wie Darwins Theorie entsteht, nichts anderes. Er ordnet sein Wesen nach dem seit Jahrhunderten üblichen Denkmuster.

Dabei geht es nicht darum, ob die Pyramiden der Macht real existieren. Es geht darum, wer die jeweils herrschende Wahrheit festlegt. Und so zeigen uns unsere gedachten Pyramiden zwar ein falsches Bild, aber dieses Falsche ist in unserer gesellschaftlichen Existenz unglaublich wahr.

Mächtig heilig

Wie sich das System von Macht und Herrschaft im Warenhandel manifestierte und globalisierte. Wie es sich als vertikales System aufbaut – und wie ein horizontales System funktionieren würde.

In diesem Kapitel geht es um die Macht als System. Es wird gezeigt, wie sich Macht in ihrer abendländisch-ökonomischen Prägung über den Erdball ausbreitete. Es soll eine alternative Geschichte der Kolonialisierung gezeigt werden, die nicht über Konquistadoren läuft, sondern die über den mit Waren handelnden Menschen geführt wird. Quasi göttlichen Beistand erhält das System ausgerechnet in der Aufklärung durch den »Adam« der ökonomischen Lehre Adam Smith, der die »unsichtbare Hand« als absichtslosen guten »Weltgeist« erfand. Ich werde auch versuchen, den Charakter des Systems mit den Mitteln der Systemtheorie darzustellen und einen gescheiterten Versuch einer systemischen Alternative zur Vertikale der Macht aufzuzeigen.

Gottes Werk und Händlers Beitrag

Ich habe im ersten Kapitel zu zeigen versucht, wie die aristotelische Ordnung der Ökonomie von der christlichen Kirche übernommen und instrumentalisiert wurde. Erst daraus und aus der Bildung des Dreigestirns Hausordnung – Wirtschaftsgesetz – Religion erklärt sich seine umfassende Autorität. Dadurch war es nun auch möglich, den Eindruck zu erwecken, als handle es sich bei wirtschaftlichen Dingen um einen Transfer natürlicher oder göttlicher Prinzipien auf einen irdischen Marktplatz. Nicht umsonst überschrieben Kaufleute des Mittelalters ihre Verträge mit dem Ruf: »Im Namen Gottes!«[31] Und selbst heute sprechen Philosophen vom »göttlichen Kapitalismus«[32].

Nun mag man aber hier leicht entgegenhalten, dass zwischen den Kirchenvätern, dem Mittelalter und dem modernen Kapitalismus doch Jahrhunderte liegen. Und zu Recht wird man einwerfen, dass es doch in diesen Jahrhunderten einige Veränderungen gegeben habe und Fortschritte, geistige Revolutionen: vom geo- zum heliozentrischen Weltbild, von der Naturphilosophie zur Quantenmechanik, von der Herrschaft des katholischen Glaubens zur Reformation und zur Aufklärung, von der Feudalherrschaft des Adels zur Demokratie und so fort. Aber eines änderte sich dabei die längste Zeit nicht: die Ordnung des Haushalts, des »Oikos«, die Einteilung in herrschende und dienende Familienmitglieder, das Primat des Mannes – und auf der kirchlichen Ebene der Glaube an die gottgewollte Ordnung der Schöpfung. Das gilt auch für die kleinste Einheit der Wirtschaft, das Unternehmen. Ab dem Spätmittelalter werden die Unternehmer öffentlich sichtbar – sie zeigen sich selbst in erhabenen Rollen als Teil der Macht.

Auf einem besonders eindrucksvollen Bild von Hans Memling aus dem Jahr 1471 ist das Jüngste Gericht dargestellt:[33] Der Erzengel Michael, überlebensgroß, wägt die aus ihren Gräbern erweckten Menschen auf einer ehernen Waage. Der Stifter des Altarbildes, ein Bankier des Geldhauses der Medici in Brügge, Angelo Tani, kniet inniglich betend in einer der Schalen und wird der Rettung für würdig befunden. Währenddessen werden im Hintergrund die klagenden und schreienden Seelen der Sünder den Qualen der Hölle überantwortet.

Zum Zeitpunkt des Entstehens des Retabels haben es sich die Wirtschaftstreibenden im System schon gut eingerichtet. Sie haben seit drei Jahrhunderten ihre Stellung in der europäischen Gesellschaft ausgebaut und gefestigt: Sie sind es, die eine stark wachsende europäische Bevölkerung (um 1500 etwa 73 Millionen Menschen) mit Waren und Gütern versorgen. Dazu etablieren sich die Städte als Zentren der Macht. Der Warenverkehr zwischen den neuen Metropolen Venedig, Florenz, Paris, Prag, Köln und Hamburg steht in voller Blüte.

Das Feudalwesen mit seiner ritterlichen Haltung erlebt hingegen den Beginn seines Verfalls, zunächst ökonomisch, dann auch als gesellschaftslenkende Kraft des Systems. Reichtum wird in dieser Zeit nicht mehr nur durch Titel und Ländereien vererbt, sondern durch Handel und Kreditwesen neu geschaffen. So entsteht eine neue Schicht an reichen Kaufleuten.

In diesem Sinn verewigt Memling auf seinem Altarbild auch den Aufstieg des Bürgertums. Die Kirche verliert zwar in den kommenden Jahren zunehmend die Kontrolle über den Geldadel. Die Struktur aber bleibt dieselbe, Macht rutscht gleichsam aus der Zukunft der Apokalypse Memlings herunter in die

Gegenwart der Märkte. Der Unternehmer der Neuzeit wird zur Zentralfigur der abendländischen Gesellschaft, ein Wesen im ewigen Ringen um Einfluss und Reichtum.

Der Ökonom Joseph Schumpeter hat diese Rolle mit seinem Konzept der wirtschaftlichen Entwicklung und der »schöpferischen Zerstörung« zusammengefasst: »Die Männer, die die moderne Industrie geschaffen haben, waren ganze Kerle und keine Jammergestalten, die sich fortwährend ängstlich fragten, ob jede Anstrengung, der sie sich zu unterziehen hatten, auch einen ausreichenden Genussüberschuss versprach.«[34]

In diesem Sinn müssten wir das Geschichtsbild der Neuzeit neu formulieren. Es waren letztlich nicht nur die Konquistadoren und Entdecker, die ab dem späten 15. Jahrhundert die Welt eroberten, sondern auch der mit Waren handelnde Mensch (und seine Abenteuerlust). Der Kaufmann der niederländischen, englischen, spanischen und portugiesischen »Handelskompagnien« war es, der den Triumph des Konzepts von Herr und Knecht global umsetzte und verankerte. Je mehr der Unternehmer sich selbst in den Mittelpunkt der gesellschaftlichen Entwicklung stellt, desto mehr produziert er nicht nur Waren und finanziellen Reichtum. Er wird sozusagen im blinden Winkel dieser Entwicklung immer mehr zum moralischen Repräsentanten des Systems. Das Ethos der Arbeit und des Wachstums wird in der Zeit der Manufakturen und Fertigungsanstalten der Tuchindustrie tragendes Element der gesellschaftlichen Zielvorstellungen. Zu dieser Neuformulierung der Werte passt, dass die Ökonomie als Lehre im späten 18. Jahrhundert nicht von einem Naturwissenschaftler, sondern vom schottischen Moralphilosophen Adam Smith erstmals mit neuzeitlichen Mitteln systematisch dargestellt wird.[35]

Aufklärung mit Heilsplan

Als 1776 Smiths *Reichtum der Völker* erschien, war der Autor längst ein bekannter Mann. Schon 1759 hatte er mit der *Theorie der ethischen Gefühle* sein erstes Hauptwerk vorgelegt. Viele Wirtschaftshistoriker haben diese Werke bisher nur in einem philosophischen Widerspruch zueinander gesehen und Ethik und Wirtschaft gegeneinander gestellt. Aber das ist nur zum Teil berechtigt. Denn in einem System, das auf Macht und Machterhalt ausgerichtet ist, wird die Ethik (etwa der Glaube an den gottgewollten Herrscher) ein Garant für die bestehenden Verhältnisse, besonders wenn diese neuen Verhältnisse den natürlichen menschlichen Harmoniebedürfnissen eigentlich widersprechen. Der Kapitalismus als Herrschaftsform braucht Ethik und eine ethische Erzählung zu seiner Rechtfertigung.

Und tatsächlich haben beide Werke von Adam Smith diese Rahmenerzählung geliefert, indem sie sich mit der hervorstechendsten Antriebskraft des Wettbewerbssystems beschäftigten: dem Eigennutz. Smiths zentrale Behauptung in seiner *Theorie der ethischen Gefühle* ist, dass das Streben nach persönlicher Besserstellung den Menschen zwar oft reich, aber deshalb nicht unbedingt schlecht macht: »Entgegen ihrer natürlichen Selbstsucht und ihrer unersättlichen Bedürfnisse teilen sie (die Wohlhabenden; Anm.) mit den Armen die Erträge ihres Fortschritts. Sie werden von einer unsichtbaren Hand geleitet, die lebenswichtigen Güter zu verteilen, und handeln so, ohne es zu beabsichtigen, ohne es zu wissen, im Interesse der Gesellschaft.«[36] In seinem Werk über den *Reichtum der Völker* bemüht Smith die »unsichtbare Hand« erneut. Allerdings mit einem gewichtigen Unterschied. Denn in dieser ökonomischen Version lässt er den Akt der Zuwendung nicht mehr als unsichtbaren Instinkt des Menschen erscheinen. Er streicht ihn einfach: »Jeder einzelne Mensch ist bemüht, sein Kapital so einzusetzen, dass er daraus den größtmöglichen Wert bezieht. Er möchte damit im Allgemeinen nicht dem öffentlichen Interesse dienen und weiß auch nicht, wie sehr er diesem dient. Er hat ausschließlich seine eigene Sicherheit, seinen eigenen Nutzen im Sinn. Und er wird dabei von einer unsichtbaren Hand geleitet, letztlich doch ein Ziel zu verfolgen, das nicht in seiner Absicht lag. Indem der Mensch seinen eigenen Nutzen anstrebt, fördert er häufig den Nutzen der Gesellschaft wirksamer, als hätte er dies beabsichtigt.«[37]

Der Mensch ist nun gleichsam verroht. Er will nicht das Gute, er tut sogar das Schlechte. Aber je mehr sich der Drang zur guten Tat auflöst, desto mehr agiert nun die unsichtbare Hand. Smith scheint sie dem Ökonomie-Baukasten der Kirchenväter entnommen zu haben, denn die Hand führt das Eigenleben eines Heilsplans. Dieses Vorgehen des ersten Ökonomen der Aufklärung ist dabei weder geistlos noch irrational. Es ist vielmehr folgerichtig, gemessen daran, wie Religion und Wirtschaft sich mit den Strukturen der Macht verzahnt und verwoben haben. Wenn Smith dazu noch als gläubiger Mensch an den über Jahrhunderte tradierten Heilsplan (die Oikonomia Gottes) glaubt, dann muss er tatsächlich annehmen, dass sich das Ergebnis des Systemwillens unsichtbar in jedem Prozess wiederfindet, der in der Gesellschaft abläuft und sich letztlich in einer höchst erfolgreichen Bilanz des Ganzen summiert.

Erstaunlich ist nur, dass in diesem zentralen Werk der Aufklärung dem angeblich freien und selbstbewussten Menschen nur noch die Rolle zukommt, seinen Instinkten Folge zu leisten. Dieses minimalistische Menschenbild hat Geschichte gemacht und hält sich bis heute. Das Konzept des »Homo oeconomicus« läuft genau darauf hinaus. Der Mensch, indem er – egal, ob er das Böse oder das Gute will – doch immer nur das Gute (nämlich Wachstum) schafft, darf sich in sein Schicksal ergeben, ein passives Teilchen eines übermächtigen Systems zu sein. Das führt automatisch zur Frage: Ist eine Reform eines Systems möglich, das seine Schöpfer derart beherrscht? Um das zu beantworten, muss man wissen, wie dieses System strukturiert, wie seine Ordnung beschaffen ist. Ich will versuchen, diese Struktur nachzuzeichnen.

Wankende Weltbilder

Der Philosoph Martin Heidegger hat sich in *Sein und Zeit* mit der Möglichkeit der Reform von Systemen beschäftigt. Er hatte dabei vor allem die Geschichte der Wissenschaften im Blick und ging von der Frage aus, wie Umwälzungen von ewig scheinenden »Weltbildern«, etwa durch Galilei oder Kopernikus, möglich waren: »Die eigentliche Bewegung der Wissenschaften spielt sich ab in der mehr oder minder radikalen und ihr selbst nicht durchsichtigen Revision der Grundbegriffe. Das Niveau der Wissenschaft

bestimmt sich daraus, wie weit sie (zu) einer Krisis ihrer Grund-begriffe fähig ist. In solchen immanenten Krisen der Wissenschaften kommt das Verhältnis des positiv untersuchenden Fragens zu den befragten Sachen selbst ins Wanken.«[38]

Eine solche Erschütterung des Weltbildes wäre heute von großem Nutzen, ebenso die Demontage unhinterfragter Begriffe und eintrainierter Ansichten.[39] Aber wie sollen wir vorgehen? Es ist schon schwer genug, zu definieren, was eigentlich »das System« ist. Man erlebt und beobachtet sein Wirken ja nur in dem kleinen Ausschnitt, den wir von der Welt selbst beobachten können, und in dem, was uns andere Menschen über die Welt (und was sie im Inneren zusammenhält) berichten. All diese Geschichten haben Gesichter: die Armen und die Reichen, die Politiker, die Ökonomieprofessoren, die Konsumenten, die Unternehmer, die Manager. Aber sind sie »das System«? Oder sind es vielmehr die Produktionsprozesse, die Mechanismen des Konsums, die sozialen Wechselwirkungen? Fragen dieser Art enden oft mit der Antwort: »Eigentlich ist das System alles« – aber diese Aussage hat keinen Wert.

Die Systemtheorie des deutschen Soziologen Niklas Luhmann hat da schon höhere Erfolgsaussichten, weil sie immer das Ganze der Gesellschaft in den Blick zu nehmen versucht. Ich will dieses Verfahren mit einem Bild aus der Märchenwelt erklären. Wir befinden uns, wenn wir uns in unserer eingeübten Wahrnehmung bewegen, in der Position von Hänsel und Gretel vor dem Haus der Hexe. Was wir sehen, ist ein Gebäude aus Zuckerbrot und Lebkuchen mit Scheiben aus gebranntem Karamell. Jedes Stück davon ist verführerisch. Aber wir sehen den Käfig hinter dem Haus nicht und den Ofen auch nicht. Damit bleiben uns die eigentlichen Gefahren des Systems verborgen.

Es ginge also zunächst einmal darum, einen Standpunkt zu gewinnen, der außerhalb unserer Zucker-Gelüste liegt. Wir müssten quasi auf einen Baum steigen und alles von oben betrachten, anstatt uns die Bäuche mit dem Offensichtlichen vollzuschlagen. Wir würden dann von hoch oben auf dem Baum nicht nur den Lockstoff Lebkuchen sehen, sondern eben auch den Käfig und den Ofen. Und wenn man das alles logisch zusammensetzte, würde man erkennen, dass der Konsument (Hänsel und Gretel) hier nicht gefüttert wird, sondern selbst das Futter sein könnte. Es geht mit einem Wort um schicksalsentscheidendes Wissen.

Macht und Mangel

Um diesen Standpunkt einzunehmen, ist es wichtig, eine positive Form der »Entmenschlichung« vorzunehmen. Nach Luhmann zählen in einem System nämlich nicht die Menschen, sondern die Prozesse, die das System am Laufen halten. Diese Prozesse bestehen nach Luhmann aus »Ereignissen«, die sich wiederholen und aneinandergereiht »Operationen« ergeben. Ein Mensch, der die Handlung X setzt, ist für Luhmann nicht der Urheber der Handlung X, sondern nur ein Teil eines Prozesses, der unter gewissen Rahmenbedingungen unweigerlich zur Handlung X führt. Hänsel und Gretel sind in diesem Sinn nur Rohstoffe, die im System »Zauberwald« zu Hexennahrung prozessiert werden. Sie sind austauschbare Ereignisse der Operation »Herstellung von Kindereintopf«. Das System besteht nach Luhmann so lange, wie sich gleichartige Operationen aneinanderreihen.

Wie sehen nun Operationen des Systems »Oikonomia« aus? Wenn man alles Menschliche aus dem System abzieht und es auf das Grundgerüst, das Gerippe seiner Operationen reduziert, wenn man also das herausschält, dann bleibt als Ergebnis ein systemisches Ereignis stehen: Es ist das die Abfolge von »Befehl« – »Ausführung des Befehls« oder aber »Befehl« – »Gehorsamsverweigerung« – »neuer Befehl«. Das ist der Grundmechanismus, der im Wesentlichen in allen möglichen Bereichen wiederholt wird. Im Haushalt, im Arbeitsleben, in der Kirche. Eine beständige Kaskade von Befehl und Gehorsam, die ihre Wirkung nicht bloß in der Produktion von Gütern oder den Anordnungen von Bildung und Ausbildung entfaltet, sondern auch in der Art zu denken, etwa die Dinge als über- oder untergeordnet wahrzunehmen und entsprechend zu behandeln.

Befehl und Gehorsam ist der Common Sense, der sich in der Politik, im Rechtswesen, in Bildung und Wissenschaft, in den Medien, in Familie und Religion wiederfindet. Dabei ist es unerheblich, wer Befehle gibt oder ausführt, ob das ein Mann oder eine Frau oder aber ein Roboter ist. Für den Prozess ist alleine ausschlaggebend, dass befohlen und reagiert wird. In diesem Sinn könnte sich das Patriarchat auflösen und von einem Matriarchat ersetzt werden, es könnten auch transhumane Mischwesen die Herrschaft übernehmen. Solange nur jemand dominiert, ist für das System alles perfekt. Ich meine, dass diese vertikale Ordnung von Befehl und Gehorsam in der Vergangenheit optimale Bedingungen vorfand, nämlich einen beständigen Mangel an Nahrung, Schutz, Wärme und Sicherheit. Der Befehlende, der Übergeordnete hatte in diesem Kampf gegen den Mangel immer Wettbewerbsvorteile. Dieser Mangel und nicht eine genetische Disposition ist die Ursache des Wettbewerbs und des Kampfes und des Willens zur Macht. Erst der Mangel schafft den Zwang, mit anderen um ein Gut konkurrieren zu müssen.

Auf diesem Wettbewerb und Konsum schaffenden Phänomen des Mangels basieren letztlich auch die grundlegenden ökonomischen Theorien der klassischen Schule, vor allem jene des Franzosen Jean-Baptiste Say (1767–1832). Er behauptet in seinem »Gesetz der allgemeinen Absatzwege«, dass es in einem Markt kein allgemeines Überangebot und auch keinen Absatzverlust geben kann. Jedes Warenangebot findet auch seinen Käufer. Daraus folgt, dass jede Arbeit ihren Lohn findet und dass es Arbeitslosigkeit nur durch Faulheit geben kann.

Mangel-Strategie für Überflusszeiten

Ökonomen des 19. und 20. Jahrhunderts haben daraus die »Goldene Regel der Konsumgesellschaft« destilliert. Léon Walras entwickelte auf Basis von Says Annahme ein mathematisches Modell: Alle tatsächlichen Preise bewegen sich gemäß Angebot und Nachfrage um einen Gleichgewichtspreis. Mit anderen Worten: Die Gesellschaft produziert so viel sie kann und konsumiert so viel sie kann und erlebt dadurch Fortschritt und Reichtum in Hülle und Fülle. Arbeitslosigkeit und Armut sind selbstverschuldet. Der Markt hat nicht nur immer recht, er ist auch gerecht.[40]

In einem Umfeld mangelnder Ressourcen und zahlloser Gefährdungslagen hat Says Logik durchaus Sinn, so wie das System der vertikalen Macht. Tatsächlich werden alle Güter verbraucht, wenn an ihnen allen ein Mangel herrscht, und das mag im 19. Jahrhundert wirklich so gewesen sein. Aber die Rahmenbedingungen unseres Systems haben sich in den vergangenen Jahren drastisch verändert. Wir leben im existenziellen Überfluss.

Um das System zu erhalten, muss nun aber der Bedarf erzeugt werden, so als gäbe es den Mangel weiterhin. In unserem Märchenbeispiel wäre das so, als müsste die Hexe mit ihrem Lebkuchenhaus gegen eine McDonald's-Filiale in der Nachbarschaft antreten und die übersättigten und stark übergewichtigen Hänsel und Gretel mit Aktionen wie einem »All-you-can-eat-Fressfest« locken.

Eine der Absurditäten des Systems ist, dass es neben einem ständigen Überangebot den Mangel mitproduzieren muss. Man kann daraus ein neues Theorem von einer »unsichtbaren Hand« ableiten, frei nach Adam Smiths berühmtem Satz: »Jeder einzelne Mensch ist bemüht, sein Kapital so einzusetzen, dass er daraus den größtmöglichen Wert bezieht. Er möchte damit im Allgemeinen nicht einem System dienen und weiß auch nicht, wie sehr er diesem dient. Indem er sich permanent den Nutzen von Waren und Dienstleistungen suggerieren lässt, derer er eigentlich nicht bedarf, befestigt er System und Machtstruktur wirksamer, als hätte er dies beabsichtigt.« Diese neue unsichtbare Hand erklärt das im Grunde unwahrscheinliche Überleben eines Systems, das sich eigentlich schon über-lebt hat.

Revolutionäre

Aus der Funktionsweise der neuen unsichtbaren Hand ergibt sich sowohl ein ständig steigender Konsum als auch ein steigender Verschleiß von Ressourcen. Umso dringender wird sich in den kommenden Jahren die Frage stellen: Gibt es alternative Ansätze oder gar Systeme im Sinn von Luhmann, die eine andere systemisch erfolgreiche Logik verfolgen? Die sozialistischen Revolutionäre von Fourier bis Marx trugen eine solche Neuordnung in Ansätzen vor, aber sie alle gehorchten dem Prinzip des materiellen Wachstums, der allgemeinen Arbeitspflicht und der Struktur von Befehl und

Gehorsam der industriellen Produktion. Tatsächlich stellte nur ein bekannter Revolutionär die Hierarchien als System infrage: Jesus von Nazareth. Denn was er fordert, ist ein in seiner Gesamtheit horizontales System. Hierarchien scheinen aufgelöst. Und selbst dort, wo man eine vermuten würde, zwischen Gott und Mensch, ist sie durch Liebe ersetzt und durch reine Kommunikation. Die Gnade Gottes kann ja erst dann wirken, wenn ein Herz bereit ist, sich zu öffnen. So ist es auch im Gleichnis vom barmherzigen Samariter, in dem einer in der Vertikalen der Macht Minderwertiger, der Samariter, einen unter die Räuber gefallenen Mann rettet und ihn auf eigene Kosten gesund pflegen lässt.[41] Es gibt hier zwar eine Ordnung, aber ihre Schichtung entfaltet keinen Druck mehr im Sinne einer Über- oder Unterordnung. Die Gabe verläuft gegen jede Erwartung voraussetzungslos und unter Gleichen. In einem sehr radikalen Sinn ist auch der Auftrag von Jesus zu verstehen, wenn er die Jünger an die Bettelei bindet[42]: »Und er gebot ihnen, außer einem Wanderstab nichts auf den Weg mitzunehmen, kein Brot, keine Vorratstasche, kein Geld im Gürtel, kein zweites Hemd und an den Füßen nur Sandalen. Und er sagte ihnen: Bleibt in dem Haus, in dem ihr einkehrt, bis ihr den Ort wieder verlasst.«[43]

In einer vertikalen Ordnung ist dieser Auftrag nicht zu verstehen, zumal ein Fingerzeig des Herrn Nahrung in beliebiger Menge beschaffen könnte (etwa durch wunderbare Brotvermehrung). Doch Jesus will seine Leute mit den anderen Menschen in Beziehung setzen. Alles, was nicht in Beziehung setzt, etwa autonome Versorgung des einzelnen Apostels mit Lebensmitteln, schmälert die Intensität des Kontakts. Er fordert gleichsam ein existenzielles »Aufeinander-angewiesen-sein« ein, damit wirkliche Freundschaft entstehen kann.

In der Sichtweise von Luhmann steht in diesem »horizontalen System« nicht Befehl und Ausführung im Kern des »Ereignisses«, sondern Anregung und Weitergabe, eine Art gedankliches »Anstupsen« statt eines Befehls. Diese »Operationen« haben einen großen Vorteil. Während vertikale Systeme große Reibungsverluste durch den Widerstand des Überwältigten und die Kraftaufwendung beim Überwältigenden verursachen, braucht das horizontale System kaum Kraftaufwand. Im Verlauf des Buches wird es zahlreiche Beispiele dafür geben, wie schädlich dieser Krafteinsatz ist.

Die jesuanische horizontale Ordnung macht nicht bei Menschen halt. Letztlich mündet sie im Ruf des Franziskus, der alles Lebendige in einem scheinbar naiven Akt umarmen will und für den selbst Sonne und Mond Geschwister sind. Die Frage, wie naiv Franziskus angesichts der Wirklichkeit wirklich ist, lässt sich so beantworten: Man wage sich nur einmal auf Franziskus' Position außerhalb unseres Systems. Wie schnell würde man von diesem neuen Standpunkt aus erkennen, wie kurzsichtig eine Weltherrschaft ist, die sich nur noch aufrecht erhalten kann, indem sie ihre eigenen Grundlagen zerstört, weil sie ein inneres Wachstum nicht kennt?

Narziss und Geldschlund

Wie Macht auf den Einzelnen wirkt. Wie sie als Versagensangst der Mächtigen Problemlösungen verhindert und wie sie den Narzissmus als prägende Störung der Gesellschaft einführt.

In diesem Kapitel wird beschrieben, wie Macht das Individuum beeinflusst. Wie sie nicht nur Stärke veleiht, sondern auch die Unfähigkeit, mit Fehlern klug umzugehen, und wie dadurch Lösungen verhindert werden. Wie Machtpositionen, die an einen militärischen Führungsapparat erinnern, den Menschen zu einem Rädchen in einem Wachstumsapparat machen und damit letztlich einem neuen Massenphänomen Vorschub leisten: dem Narzissmus.

Gotteslob für Herrschers Segen

Der folgende Hymnus wurde geschaffen, um die Macht zu adeln, jene der Götter und jene der Herrscher. Die Göttlichen, die Macht verliehen, bestimmten die Fürsten, die Macht zu empfangen. So sangen die Priester den Hymnus und das Volk sang mit und staunte über die Herrlichkeit. Die Macht hatte ihren Ausdruck gefunden.

Sei gegrüßt, Ptah!
Gruß den Göttern, die aus deinem Leibe entstanden sind!
Scheuet ihn, o fürchtet ihn, diesen Gott, der für euch sorgt!
Preist seine Kraft,
sein großer Name lässt das Unwetter vorübergehen,
alle Welt erschrickt, wenn sich ein Machtbeweis von ihm ereignet;
Zauber, der Gewalt hat über die Götter.
Die Götter zittern vor ihm, sie heiligen sich auf seinen geheimen Namen.
Heil! Komm und schütze den König von Ober- und Unterägypten Ramses IX.,
wie du die Götter beschützt, die in diesem Lande entstanden sind!
Du bist ihr König.
Starker, Starker,
Dir gehört die unendliche Zeit, das ist, was dir zukommt! [44]

So ging die Macht hernieder auf Ramses IX. in der 22. Dynastie des Reiches der Pharaonen, etwa 1000 vor Christus. Für den Gott im Himmel und seinen Herrscher auf Erden wurde das Volk bewegt, Steine und Erdmassen: für Tempel, Pyramiden, gigantische heilige Statuen. Würde man »Macht« suchen, die in ein Bauwerk übersetzt wurde, man käme schnell auf Ägypten zu sprechen und könnte auf die Pyramiden von Gizeh verweisen, die Tempel von Luxor, später dann auf die Akropolis in Athen, den Petersdom in Rom, Schloss Versailles und so fort. Diese Bauwerke der Macht repräsentieren irdische Herrschaft, die von einer höheren Macht verliehen wurde. Vom Sonnengott Ra/Ptah an die Pharaonen, von der Göttin Athene an die Athener, vom christlichen Gott dem König von Frankreich.

Wer auch immer der allerhöchste Spender sein mochte, stets ergoss sich die Macht von oben nach unten, wenn wir zunächst einmal bei der Definition bleiben, die Max Weber uns gegeben hat: »Macht ist die Fähigkeit von Einzelnen oder Gruppen, das Handeln auch gegen Widerstand in einer gewünschten Richtung zu beeinflussen.«[45] Ins echte Leben übersetzt, erfolgt die Machtausübung wie schon bei den Bauwerken von oben nach unten, ihre Fütterung aber von unten nach oben: Der Untere zahlt dem Oberen Steuern, den Zehent, den Obolus, und bauen muss die Pyramide ja auch jemand. Und auf einer religiösen Ebene schuldet der Sünder die Beichte, ein zentrales Sakrament der Unterordnung im christlichen Glauben.[46]

Weil also dieser Mechanismus der Ordnung auf so vielen Ebenen vorgezeigt und eingeübt wird, muss man den Eindruck erhalten, Macht sei ausschließlich ein Phänomen der Unterdrückung der vielen durch die wenigen. Freuds Herleitung des Gesellschaftssystems aus der Urhorde scheint dies zu bestätigen. Ein Vater herrscht da, er besitzt alle Frauen und damit die Zeugungshoheit. Er verdrängt die Söhne, die sich an ihm rächen und ihn ermorden. Das ist laut Freud der Beginn aller Systeme menschlicher Macht und der damit zusammenhängenden verdrängten Schuld.[47]

Es ist die Fantasie der Allmacht, von der Freud ausgeht. Aber wir müssen diese Wahrheit vom mächtigen und blutrünstigen Herrscher erweitern, wenn wir ein Gesamtbild erhalten wollen von den psychischen Mechanismen des Phänomens Macht. Denn im Tyrannengemälde dieser Kraft fehlt oft ein wichtiger Teil: die Vorgänge im Inneren des Mächtigen selbst.

Ich will hier einen solchen Machthaber vorstellen, exemplarisch reich an Ländern und Völkern. Er lebte um 300 nach Christus und sprach Latein, er war ein Kaiser, er ließ Straßen bauen und befehligte das Militär. Er wohnte in Palästen und er war nicht nur ein irdischer Herrscher. Er nannte sich »Dominus et Divus«, Herr und Gott. Dieser Herrscher war der römische Kaiser Diokletian und er war so mächtig, dass spätere Generationen seinen Ehrentitel zusammenzogen und dem Volk als Namen für das Oberste einbläuten (und den das Volk sofort als Fluch verballhornte): Herrgott!

Dieser erste »Herrgott« jedenfalls gab seiner Ansicht nach sein göttlich Bestes (wozu unter anderem gehörte, dass er Christen verfolgte und ermordete). Diokletian versuchte sich an der Herrschaft über hochkomplexe Strukturen, wie etwa an der Volkswirtschaft seines Weltreiches. Damit hat er Spuren hinterlassen, ewige Spuren im Sand gleichsam. Noch heute findet man in der Sahara römische Stein-Stelen, auf denen Preise für alle erwerblichen Güter eingetragen sind. Es sind Zeugen der ersten Versuche einer globalen Wirtschaftspolitik.

Als eine Welle der Inflation die Preise im Römischen Reich in die Höhe trieb, weil Diokletian und seine Vorgänger immer mehr Münzen hatten schlagen lassen, um ihre Armeen zu bezahlen, und die Entwertung schließlich unkontrollierbar wurde, wollte Diokletian sie mit göttlichem Pfiff herunterholen. Also wurde jedes Produkt, das im Römischen Reich gehandelt wurde, auf Stelen eingetragen. Dort waren die Höchstpreise für insgesamt 1500 Güter eingetragen. Für Schuhriemen ebenso wie für Eselssättel, Weizen und Peitschen aus Rinderhaut. Ein guter Sklave etwa durfte nicht mehr als 30.000 Denare kosten, ein Löwe nicht mehr als 120.000 – das nur zu den Wertigkeiten von Mensch und Tier.

Pleite, in Stein gemeißelt

In jeder idealen Version des römischen Staates, in der ein Imperator und Gott etwas sagt, wäre das Kalkül aufgegangen und alle Untertanen hätten sich aus Aberglaube, Ehrfurcht oder Gehorsam an Diokletians Wunsch gehalten.[48] Aber der »Dominus et Divus« scheiterte mit Pauken und Trompeten. Denn auf allen Märkten des Reiches wurden seine Höchstpreise zwar mit musikalischer Untermalung ausgerufen und in Stein gemeißelt aufgestellt. Aber es ist eben im Leben nichts in Stein gemeißelt, so viel einer auch meißeln (lassen) mag. Auf die Märkte mit den Stelen jedenfalls verirrten sich mit den Tagen und Wochen immer weniger Händler. Sie verzogen sich trotz Todesdrohungen des Imperators auf den Schwarzmarkt, um dort das zu verkaufen, was sie auf dem Markt nicht billig verramschen wollten.

So verschwand die Inflation zunächst zwar offiziell. Aber die hohen Preise blühten im Untergrund weiter. Wir wissen nicht, wie Diokletian sich fühlte, als er davon erfuhr. Wir wissen aber, wie er reagierte und was er tat, als ihm der epochale Fehlschlag bewusst wurde: Er tat nichts. Keine zusätzlichen Maßnahmen, keine Reform des Gesetzes und vor allem: kein Eingeständnis der Niederlage. Das Edikt des Kaisers wurde nie widerrufen. Wie auch? Das Gesetz war ja auch von Gott Diokletian gekommen, dem Unfehlbaren selbst. Und wie sollte ein Gott einen Fehler machen?[49]

Diokletians Verhalten zeigt eine charakteristische Struktur der Macht. Jene, die in der Gesellschaft die oberen Positionen einnehmen, scheuen nichts so sehr wie den Verlust ihrer öffentlich dargestellten Kompetenz – ihres Ansehens. Die scheinbar Mächtigen waren nie ohne Furcht, nie ohne Sorge um das eigene Gesicht, um das Bild des Ichs vor den anderen. Wie sollte es da ganz normalen Nutzern auf Facebook gehen, wenn sie ihre Meinungen und Ansichten in einer Diskussion »vor aller Welt« bedroht sehen? Schon allein die Angst vor dem Ehrverlust muss zu Aggression führen. Das ist übrigens ein viel zu selten erwähnter Grund für »Hass im Netz«. Es scheint, dass kaum ein Gefühl (abseits von Hunger, Durst und der Sexualität) so mächtig ist wie die Angst vor Gesichtsverlust und der Ächtung durch die Gesellschaft. Nimmt

> **Wie sollte es da ganz normalen Nutzern auf Facebook gehen, wenn sie ihre Meinungen und Ansichten in einer Diskussion »vor aller Welt« bedroht sehen? Schon allein die Angst vor dem Ehrverlust muss zu Aggression führen. Das ist übrigens ein viel zu selten erwähnter Grund für »Hass im Netz«.**

man diesen Aspekt zu der vorgestellten Definition von der Vertikale der Macht hinzu, so ist dieses System zwar das (be)lohnendste für den Erfolgreichen, was die Zuerkennung von Ehren und Ansehen betrifft, es ist aber gleichzeitig das grausamste, was den Abstieg betrifft – und es ist das widerstandsfähigste gegen die Bearbeitung von offensichtlichen Fehlern. Das ist die Schwäche, die Diokletians Preisedikt gezeigt hat: Probleme werden nicht gelöst, um nur ja keinen Fehler eingestehen zu müssen. Die Verlängerung eines schädlichen Istzustandes wird eher in Kauf genommen und vertuscht, als zu sagen: Ich habe mich geirrt, wir müssen es anders machen.

Alles andere würde die eigene Stellung gefährden. Ein alter Hut, oder sagen wir besser: »Vieux jeux«? Keineswegs. Nach einer aktuellen Studie[50] (Oktober 2018) der Unternehmensberatung Ernst & Young meinen ein Fünftel von repräsentativ befragten deutschen Angestellten, in ihrem Unternehmen würden Fehler nicht angesprochen werden. Unter den Angestellten sind 57 Prozent der Ansicht, dass Fehler vertuscht würden, weil Mitarbeiter fürchteten, als Überbringer schlechter Nachrichten zum Bauernopfer zu werden. Die Mehrheit der Führungskräfte (54 Prozent) sieht Angst vor Gesichtsverlust als größtes Hindernis auf dem Weg zu einer positiven Fehlerkultur.

Das kann übrigens auch für die Wissenschaft gelten. Auch hier gibt es Diokletian-Fälle sonder Zahl: Eine der aufsehenerregendsten »Vertuschungen« geschah im Rahmen einer Studie zur Lebenseinstellung, in der behauptet wurde, Pessimisten würden länger leben. Diese Behauptung war falsch, die Ergebnisse fehlerhaft. Zwei Forscher wollten das beweisen, aber ihre Ergebnisse wurden einfach verschwiegen.[51] Dieses Problem des »Nicht-zugeben-Könnens« wirft auch einen Blick voraus in dieses Kapitel. Vermutlich sind viele der 25 bis 200 Lügen pro Tag, die ein Mensch für gewöhnlich erzählt[52], zumeist diesem Impuls geschuldet.

Wenn nun dieses sich über Jahrhunderte fortpflanzende System der Macht auch psychoanalytisch getestet werden soll, wenn Freud und seine Schüler das Recht auf ein Wort dazu hätten, dann würden sie nicht einfach von der Angst der Mächtigen reden, in den viel zitierten Unterhosen dazustehen oder gar nackt zu sein, sondern vielmehr von der tiefen inneren Angst vor Kastration, also dem Inbegriff des Potenzverlustes.

Es ist eben diese »Kastrationsangst«, die Freuds Schüler Géza Róheim rund um die Welt bei patriarchal strukturierten Völkern beobachtet und die er als »Die Panik der Götter« bezeichnet hat.[53] Götter und Herren, zwei Herrscher in der Vertikale des Machtprinzips, die beständig von wüsten Ängsten gejagt werden? Und doch würden Mächtige niemals der Macht entsagen und viele, die sie bewundern, wollen mächtig werden und in heutigen Zusammenhängen: »Führungspersönlichkeiten«. Diese unheimliche Anziehungskraft könnte damit zusammenhängen, dass das gesellschaftliche Ansehen steigt, sobald sich jemand in die Riege des sozialen »Über-Ichs« hochgearbeitet hat. Weil es eine so große Rolle im Machtsystem spielt, sollen nun seine Mechanismen vorgestellt werden.

Wo das Ego super wird

Spaßvögel übersetzen den Begriff »Über-Ich« gerne mit jener Macht, die am Morgen nach dem Weckerläuten zu den Instinkten sagt: »Nein, liegen bleiben könnt ihr vergessen, auf geht's«, oder besser »aufsteht's!«. Auf zum Frühstück, zur Kinderausspeisung, ab in die Arbeit! Und dazu stellt das Über-Ich dem unglücklich Verschlafenen das Bild seiner hungrigen Nachkommenschaft vor oder den Arbeitgeber mit grimmigem Blick. Dann noch ein klägliches Seufzen und Ächzen, und schon hat das Über-Ich gewonnen, während die schlaftrunkenen Instinkte des »Es« noch protestieren und auf Rache sinnen. Sigmund Freud sieht das nicht unähnlich, wenn er sagt, dass das Über-Ich im Satz »Du sollst ...« gut ausgedrückt sei. Letztlich ist es bei ihm dann aber doch viel mehr als bloß ein Imperativ für Morgenmuffel. Demnach hat das Über-Ich gleich mehrere Rollen, in die es schlüpft, beispielsweise jene des Lehrers durch alle Formen der Erziehung. Dazu die Rolle der Eltern, welche diese Funktion als Erste und Intensivste innehatten. Danach Personen, für die man Bewunderung hegt, Musiker, Schauspieler, Helden. Daraus ergibt sich

dann eine Figur, die das Kind gerne sein möchte – das Ideal-Ich. Wir haben es also mit einer Sammlung von Autoritäten zu tun, aus der wir zuletzt unsere eigene Melange zubereiten.[54]

Nun sind im Lauf der Geschichte über unsere Seelen und die unserer Vorfahren manche Institutionen hinweggegangen (manche marschierten auch im Stechschritt), die uns alle sagen wollten, was wir nun in dieser oder jener Epoche »wollen sollten« – Kirche, Kaiser, Armee, Heilige, Diktatoren. Aber diese Dinge scheinen für viele Menschen der Vergangenheit anzugehören. Das »Du sollst ...« scheint erlöst vom Joch der Unterdrückung, erlöst auch von einem Gutteil der patriarchalen Strukturen, von den Zwängen des Glaubens und auch von der starren Rangordnung innerhalb der Familie. Selbst in Fragen des Frauenrechts und der Stellung von Menschen mit anderer sexueller Orientierung als die Mehrheitsgesellschaft finden sich heute Gesetze und gesellschaftliche Akzeptanz, die noch vor wenigen Jahren vollkommen undenkbar gewesen wären. Dies ist zweifellos eine große Befreiung, die allenthalben gefeiert werden kann. Auch der Machtbegriff selbst hat sich in einigen Teilen der Gesellschaft gewandelt. Er entspricht nun eher dem »kommunikativen Handlungsmodell«, wie es die Philosophin Hannah Arendt vorgeschlagen hat, und erinnert darin an die »Katallaxie« des Xenophon: »Macht entspringt der menschlichen Fähigkeit, nicht nur zu handeln oder etwas zu tun, sondern sich mit anderen zusammenzuschließen und im Einvernehmen mit ihnen zu handeln. Das Grundphänomen der Macht ist die Instrumentalisierung eines fremden Willens in einer auf Verständigung gerichteten Kommunikation.«[55]

Wenn man über alle Teile der Gesellschaft blickt, gibt es noch eine moderne Bastion, in der sich Strukturen halten, die so streng sind wie sonst nur in Armeen: die Wirtschaft. Es scheint fast, als hätte es eine Übertragung der Macht in diese Region gegeben, während sie sich auf anderen Feldern aufgelöst hat oder völlig desavouiert erscheint, etwa in der Politik und der Kirche, den früher staatstragenden Organen,

Wenn man über alle Teile der Gesellschaft blickt, gibt es noch eine moderne Bastion, in der sich Strukturen halten, die so streng sind wie sonst nur in Armeen: die Wirtschaft.

aufgelöst im Vorwurf des Nichtnutzens (Politik) und des Missbrauchs der Macht über Menschen (Kirche). Die Macht scheint aus diesen Sphären abzufließen, in dem Sinne, dass ihre ehernen Strukturen dastehen wie Gerippe ohne Fleisch und Leben. Und je mehr sie an Substanz verlieren, desto mehr scheint sich die Macht der Wirtschaft zu mästen und ein immer größeres Kraftfeld zu bilden, dem keiner der anderen Institutionen mehr gewachsen ist. Das Gleichgewicht der Macht hat die Balance verloren. Die Finanzmärkte haben »Massenvernichtungswaffen« (Warren Buffett) geschaffen, die ganze Bereiche kippen lassen können, vor allem den politischen. Und unter einer zivilen Oberfläche scheint sich der Sektor Finanzmarkt dessen sehr wohl bewusst zu sein. Nicht umsonst herrschen in großen Unternehmen militärische Strukturen. Chiefs und Officers wohin man schaut, vom Chief Executive bis zum Chief Communications Officer.[56] Überall in der Wirtschaft wird sklavisch gedient, um später zu befehlen. Und der Glauben an den höheren Sinn wird durch einen Glauben an Modelle ersetzt, die letztlich die Erlösung durch Wachstum garantieren sollen, wenn sie nur streng genug umgesetzt werden.[57]

Wachstums-Schäden

Wer exzessive Macht in der menschlichen Gesellschaft umgesetzt beobachten möchte, wird reiches Anschauungsmaterial finden. Exemplarisch etwa auf den Baustellen der Stadien für die Fußball-WM in Katar und den Sklavenbedingungen, die für jene Fremdarbeiter gelten, die sie errichten. Oder aber die Ausbeutungsverhältnisse, unter denen Frauen in weiten Teilen der Bekleidungsindustrie in Indien und Bangladesch arbeiten. Oder aber die Kinder Zentralafrikas, die unter unsäglichen Gefahren in Minen im Abbau für Seltene Erden arbeiten, damit unsere Mobiltelefone genug kostengünstige Rohstoffe haben.

Näher bei uns, aber nicht weniger fragwürdig versuchen Unternehmen Mitarbeitern beständig eine Art familiären Sinn und Heimat am Arbeitsplatz zu suggerieren (etwa »Nesting« und »Best Place to Work«). In den Hinterzimmern aber beschäftigen sie Controller, die den Rausschmiss überschüssiger oder älterer

Mitarbeiter möglichst günstig gestalten sollen. Und selbst dort, im Elend der Kündigung, gilt eine strenge Rangordnung, nach der die Letzten die Hunde beißen, während die Ersten mit Abfindungen in Millionenhöhe exorbitant weich landen dürfen. Es ist daher kein Wunder, dass jede und jeder so schnell wie möglich die hinteren Ränge verlassen möchte. Selbst in Berufen, die angeblich kreativ und frei sind, wie in Werbung und Marketing, gestaltet sich das Gerangel um jedes Pöstchen – wie etwa dem eines »Unit-Leiters« – wie ein Duell auf Leben und Tod, wie das unter anderem auch im sehenswerten Dokumentarfilm »Work hard, play hard« von Carmen Losmann zu sehen ist.[58]

Nirgendwo in der modernen Gesellschaft wird das Agieren auf Befehl und die Spaltung der Produktions- und Betriebsprozesse in schmale Segmente so inbrünstig praktiziert wie in den militärischen Strukturen der Dienstleister und Restindustrien. Und überall blitzt unter den menschlichen Taten die Vertikalität des Systems hervor.[59]

Wenn bei all dem Offensichtlichen, das im Arbeitsleben zu spüren ist, die Auswirkungen auf die Wertmaßstäbe mitbedacht werden; wenn wir unsere stillschweigende Zustimmung zu diesen Mechanismen durch Erfüllung der von uns erwarteten Leistungen hinzufügen; wenn man aus dieser persönlichen Perspektive wieder in das systemtheoretische Vehikel steigt und die Entwicklung darstellt – dann merkt man erneut eine starke Übereinstimmung mit den Erkenntnissen von Niklas Luhmann. »Macht« ist nach Luhmann »codegesteuerte Kommunikation«, etwa über Wahrheit, Liebe, Eigentum. Sie entwickelt alle passenden Strukturen als Hierarchien. Und die Individuen folgen der Macht hauptsächlich freiwillig.[60]

Diese freiwillige Unterordnung des Individuums unter die Macht ist von einem tiefen Glauben an die Freiheit und Wahlmöglichkeit auf dem Markt, an die Unausweichlichkeit der Zwänge der Arbeitsgesellschaft, an den gesellschaftlichen Aufstieg durch Leistungsethik geprägt. Wir arbeiten, um belohnt zu werden. Und weil sich hier Lebensziele, Glück und Schicksalsbestimmung mit Materie mischen, kommandiert die Wirtschaft praktisch alleine das Über-Ich der Gesellschaft.

Sie macht es aber auch geschickt. Sie befiehlt dem Menschen nicht: »Iss!« Sie macht ihm vielmehr Lust zu essen. Ihre Macht ist nicht unterdrückend, das würde ja auch dem Versprechen der Freiheit zuwiderlaufen, das den Menschen gegeben wird. Die Macht ist vielmehr einer Anziehungskraft vergleichbar. Und diese Markt-Anziehung zieht unter dem Versprechen der persönlichen Verwirklichung die Massen an. Ein seltsames Phänomen, denn tatsächlich geht es dem System nicht um die Erfüllung der Wünsche.[61]

Diese Erfüllung und die damit einhergehende Zufriedenheit ist ganz im Gegenteil sein größter Feind. Wichtig ist vielmehr ihre Unerfüllbarkeit. Die Wunschenergie muss vom vorgestellten Objekt der Wünsche abgelöst und auf das nächste Objekt gelenkt werden. Dieser beständige Hunger wird zu einem Reflex, der sich in alle Sphären des Lebens fortpflanzt. Materie, Objekte und auch Menschen werden benutzt, eine dem Markt dienende (und doch nie zu verwirklichende) Triebsättigung zu erreichen. Um aber die Wunschenergie von den Objekten zu lösen, müssen diese zuerst entwertet werden. Das hat eine ungeheure Flut an nicht mehr benötigten, weggeworfenen Dingen zur Folge. Die Dokumentarfilmer Florian Weigensamer und Christian Krönes haben diesem Phänomen in ihrem Film über die größte Elektronikmüllhalde der Welt in Agbogbloshie in Ghana ein Denkmal gesetzt. Er zeigt auch, wie selbst im tiefsten Slum die gleichen Gesetze von Aufstieg und Fall des Menschen herrschen wie in der City of London oder der Vorstandsetage bei Volkswagen.[62]

Dabei zeichnet die ständige Wiederholung des Kreislaufs der Wünsche, ihre Unerfüllbarkeit, die Abwertung des Gegenwärtigen zur Aufwertung des nächsten Wunsches ein neues Krankheitsbild der Gesellschaft, das nun vorgestellt werden soll.

Ein neues Narrativ

Jede Gesellschaft hat ihre Geschichte, jede Zivilisation hat ihre Mythen. Die zentrale Erzählung der abendländischen Gesellschaft aus psychoanalytischer Sicht war im 19. und 20. Jahrhundert der Ödipuskomplex: die Auseinandersetzung zwischen männlichen Dominatoren und der Kampf um die sexuelle Herrschaft. Aber diese Geschichte ist nicht mehr Dreh- und Angelpunkt der Entwicklung. Was heute möglicherweise für alle noch patriarchal geprägten Gesellschaften richtig ist, stimmt immer weniger für jene Teile der Welt, die die ökonomisierte Entwicklung vorantreiben. Der Neid auf den Vater ist bei zunehmender Entfernung des allmächtigen Patriarchen aus dem Familienbild verblasst und vielfach gar nicht mehr vorhanden. Die Omnipotenz ist weg, die Verfügungsgewalt eines »Herrschers« über Frauen und Kinder nicht mehr gegeben – auch aus Einsicht heraus nicht. Sie wurde zudem erfolgreich weghypnotisiert durch Erfolgs- und Aufstiegschancen für den Mann im Marktgeschehen, das Freud schon vorhergesehen hat.[63]

Stattdessen zeigt sich in immer stärkerem Ausmaß eine Störung, die Sigmund Freud 1914 beschrieben hat: den Narzissmus.[64] Sein Urbild entstammt einem Mythos, den man sich im alten Griechenland erzählte: Narzissos, Sohn einer Nymphe und eines Flussgottes, hatte alles, was sich der antike Mensch nur wünschen konnte: Schönheit, Gesundheit, beste Versorgung und beste Abstammung. Und obwohl er heute einem krankhaften Verhalten den Namen gibt, war er bei Weitem nicht der erste Proponent des Narzissmus. Der ganze Götterhimmel über dem Olymp scheint davon durchsetzt zu sein, nicht zuletzt Göttervater Zeus selbst. Dieser hat zwar ödipal korrekt seinen Vater Kronos gestürzt, aber in seiner Behandlung der Umwelt und seiner Objektbeziehung verkörpert er den Paradefall einer narzisstischen Störung – beziehungsunfähig, immer versessen, die nächste Nymphe oder Königstochter zu bespringen und sich danach abzusetzen, sadistisch im Verhalten gegen seine Feinde und Opfer. Prometheus, den Feuerdieb und Menschenfreund, hängt er an einem Felsen auf, den Tantalus lässt er im Wasser stehend dürsten. Narzissos nimmt sich dem gegenüber harmlos aus. Er vergewaltigt nicht, er unterdrückt nicht, er tötet nicht. Und trotzdem muss er am Ende

Narzissos verstößt gegen die urmenschlichste Qualität: das »Sich-miteinander-in-Beziehung-Setzen«. Das einzige Wesen, das einzige Objekt, dem Narzissos nicht mit Kälte begegnet, ist er selbst.

in seinem eigenen Blut ersticken. Narzissos verstößt gegen die urmenschlichste Qualität: das »Sich-miteinander-in-Beziehung-Setzen«. Das einzige Wesen, das einzige Objekt, dem Narzissos nicht mit Kälte begegnet, ist er selbst. Wenn die Griechen die höchste Weisheit in den Satz »Erkenne dich selbst« legen, dann pervertiert sich dieser Satz schon am Beginn der Legende von Narzissos, die Ovid in seinen »Metamorphosen« festgehalten hat. Dort sagt der blinde Seher Teiresias auf die Frage, »ob diesem Knaben ein langes, reifes Alter beschieden sei«: »Wenn er sich nicht selbst erkennt.«

Erkennen muss sich der Jüngling zunächst gar nicht, denn ohne um Selbsterkenntnis zu bitten, kommen die Menschen und Nymphen, die Verehrer zu ihm. Narzissos ist anziehend, alle buhlen um seine Liebe. Aber er hat keine, für niemanden. »Aber solch hartherziger Hochmut wohnte in der zarten Gestalt! Kein Mann, kein Mädchen konnte ihn rühren«, dichtet Ovid in seinen »Metamorphosen«. Und so gerät schließlich der Jüngling, der nicht lieben will, aber immer gerne mit seinen Opfern spielt, um sie dann zu verschmähen, an die Nymphe Echo.

Echo ist selbst ein indirektes Opfer von Zeus, weil sie ihm seine göttliche Gemahlin Hera vom Leib gehalten hat, als er gerade mit ein paar ihrer Kolleginnen zugange war. Und Echo, die Vielberedte, verwickelte Hera in ein Gespräch. Als die Himmelskönigin den Scherz erkannte, verbannte sie Echo mit dem Fluch, sie könne von nun an nur noch das wiederholen, was jemand vor ihr gesagt habe. Beinahe könnte man aus der Geschichte der Echo die Geschichte des derzeit geltenden Schul- und Hochschulsystems ableiten, das die Studierenden nicht zum Selbstdenken anregt, sondern zum Nachplappern und zur Punktekumulation.

Als Echo Narzissos bei der Jagd beobachtet, entbrennt sie in Verlangen zu ihm und sie verfolgt ihn. Das Ergebnis ist bekannt, sie stürzt auf ihn zu, nachdem er sie gelockt hat. Er: »Hände weg! Lass die Umarmungen. Eher will ich sterben als dir gehören!«

Echo – vergrämt – verfällt einer Essstörung. Und Artemis, Echos Beschützerin, spricht über den koketten Jüngling den Fluch der unerreichbaren Liebe. So endet dieser Mythos schließlich an einem klaren Bach, in dem sich Narzissos im Spiegelbild erkennt. Nun wird die Warnung des Teiresias wahr, der Fluch der Göttin gleichfalls: Narzissos verliebt sich in sein Bild. Und er hört Ovid nicht rufen: »Leichtgläubiger, was greifst du vergeblich nach dem flüchtigen Bild! Was du siehst, ist nur ein Schatten, ein Spiegelbild. Mit dir kam es, mit dir bleibt es, mit dir wird es fortgehen, wenn du nur fortgehen könntest!« Aber Narzissos erkennt, dass hinter der Oberfläche, hinter die er tauchen will, nichts ist. Verzweifelt ruft er: »Was ich begehre, ist bei mir! Mein Reichtum hat mich arm gemacht«, und stürzt sich ins Messer.[65]

Krankheiten der Selbstliebe

Die Liebe zu sich selbst ist ein weites Feld der Psychoanalyse. Die Übergänge zwischen gesundem Ich-Empfinden und Krankheit sind fließend. Es beginnt bei der gesunden Selbstliebe, von der Erich Fromm meinte, ein Mensch, der sich selbst nicht liebte, könne auch keine Liebe zu anderen empfinden.[66] In diesem Sinn ist »normaler« Narzissmus eine allgemeine und nicht weiter schädliche Eigenschaft.[67]

Krankhaft wird Narzissmus dort, wo die Beziehungen zu anderen Menschen, Dingen und Ideen verkümmern beziehungsweise diese »Beziehungsenergie« auf sich selbst gelenkt wird. Die international gültige »Klassifikation psychischer Störungen«[68] macht aus dem Narzissmus eine »multiple Choice-Sammlung« von Symptomen, die erst dann als Störung bezeichnet wird, wenn mehr als die Hälfte zutrifft:

- Größengefühl
- Fantasien über unbegrenzten Erfolg, Macht, Schönheit oder ideale Liebe
- Gefühle der Einmaligkeit
- Bedürfnis nach übermäßiger Bewunderung
- unbegründete Anspruchshaltung
- Ausnützung von zwischenmenschlichen Beziehungen
- Mangel an Empathie
- Neidgefühle oder die Überzeugung, beneidet zu werden
- arrogantes, hochmütiges Verhalten

Man sieht an dieser Methode der »best of nine« schon: der Narzissmus ist kein Virus, er ist eine Häufungs-Krankheit. Er ist an Umwelteinflüsse gebunden. Erst durch psychische Blockaden, die sich zumeist aus Konflikten mit einer Über-Ich-Figur ergeben, entsteht der krankhafte Narzisst.

Ich will aus den vielen Zugängen zum Narzissmus zwei auswählen, die sich als besonders erfolgreich in der Behandlung dieses Phänomens herausgestellt haben. Heinz Kohut macht dabei den Anfang. Im Jahr 1971 identifizierte er den Narzissmus als Persönlichkeitsstörung. Nach seinem Konzept der Selbstpsychologie werden Persönlichkeiten oft durch frühen Liebesentzug beschädigt. Es kommt dadurch zu einer Übertragung eines idealisierten Elternbildes auf das Ideal-Ich, welches grandios-narzisstisch überhöht wird. Der Apfel erinnert sich sozusagen seines Stammes, macht aber aus einem verwachsenen Böschungsgewächs einen Tafelobstbaum.

Der New Yorker Psychiater Otto F. Kernberg gilt als weltweit führend in der Behandlung schwerer Persönlichkeitsstörungen. Aus der jahrelangen Erforschung von Therapien und Krankheitsverläufen seiner Patienten hat er viele wissenschaftliche Erkenntnisse zu pathologischen Fällen von Narzissmus gewinnen können und veröffentlicht.[69]

Kernberg übernimmt zwar das von Kohut vorgeschlagene Modell der Übertragung, verknüpft es aber mit einer neuen Ursachentheorie. Für ihn wird Narzissmus erst dann zu einer pathologischen Erscheinung, wenn die betroffenen Personen zwar nach außen hin sehr angepasst und erfolgreich leben, aber im Inneren äußerst selbstbezogen sind und getragen von dem übergroßen Wunsch, bewundert zu werden. Sie entwickeln außerdem einen starken Neid auf alles, was sie bei anderen an Kreativität entdecken, weil sie selbst dazu nicht fähig sind. Das Selbstbild dieser Menschen schwankt zwischen einem stark übertriebenen »Größen-Selbst« und dem Gefühl der absoluten Nichtigkeit. Deshalb sind Narzissten nicht nur übertrieben selbstbewusst, sondern auch sehr leicht kränkbar. Oft fand Kernberg bei seinen Patienten im Hintergrund der Störung Aggression und Sadismus. Diese wurden großteils zu Arbeitseifer und in Karriereambitionen sublimiert. Alle Ich-Funktionen schienen dadurch ideal angepasst. »Dies sind«, meinte Hans Strotzka in einer Zusammenfassung Kernbergs, »jene Personen, die – wie ich glaube – am ehesten Machtträger werden.«[70]

Krankhafte Narzissten sind generell unfähig zur Empathie, dafür aber höchst ökonomisch in ihren Beziehungen, man könnte auch »ausbeuterisch und parasitär« dazu sagen. Kernberg beschreibt, wie krankhafte Narzissten häufig andere Menschen benutzen und dabei jene idealisieren, von denen sie sich Vorteile erwarten.

Diese Konzeption des Narzissmus lässt sich auch in Grafiken darstellen, die eine interessante Parallele zur Konjunkturtheorie aufweisen. Wenn wir das Seelenleben des narzisstischen Lebemanns und der Lebefrau des 21. Jahrhunderts zu einer Kurvengrafik kondensieren, erhalten wir eine wunderbare Anschauung eines manischen Marktes.

Beziehungsgrafik Don Juan

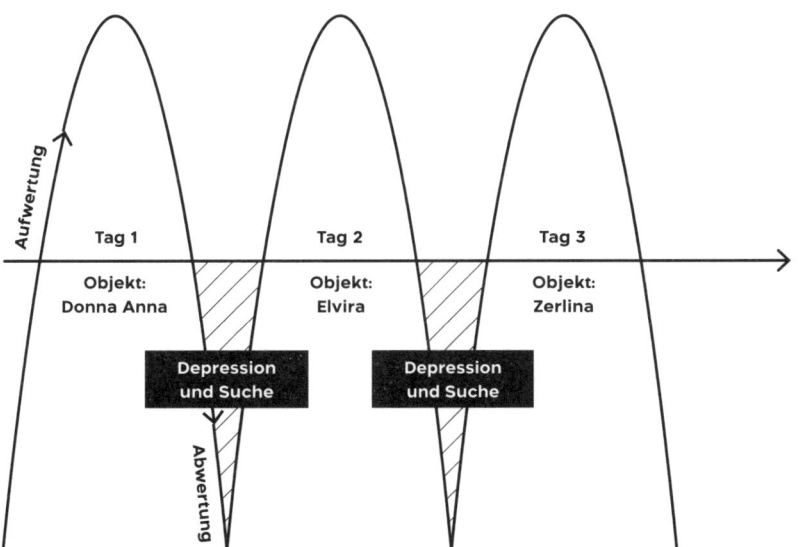

In der Anbetung des Liebesopfers lässt es der Narzisst zunächst an nichts fehlen, die emotionale Spannung ist derart groß, dass das eigene Leben nicht mehr wahrgenommen wird, so sehr will er die Aufmerksamkeit der verehrten Person erregen. Aber diese Verehrung ist zielgerichtet. Nach der Eroberung verliert die oder

der eben noch Geliebte sofort an Wert. Die sexuelle Spannung ist entladen, der Orgasmus hat letztlich sogar das Ende der Beziehung markiert. Dem Narzissten ist nun langweilig, er beginnt den anderen abzuwerten und verlässt ihn für das nächste reizvolle Opfer. Die manische Kurve beginnt von Neuem. Lang anhaltende Beziehungen zeichnen hingegen den Bilderbuchkurs einer wirtschaftlichen Entwicklung. Nach einer fulminanten Aufstiegsphase pendeln sich diese Beziehungen auf hohem Niveau ein, die Kurve verflacht zwar, aber nicht im Sinn einer heute im Wirtschaftsleben so oft verteufelten Stagnation, sondern im Sinn eines Segelfliegers, der in großer Höhe schwerelos dahingleitet und sich ohne Anstrengung selber trägt.

Die Stagnation ist hier das hohe Glück einer dauerhaften Beziehung. Und man kann sich fragen, ob nicht auch die Ökonomie daraus gewisse Erkenntnisse ableiten könnte. Etwa in der Definition dessen, was sie als guten oder schlechten Zustand, als gutes Wachstum oder schlechte Konjunkturlage bezeichnet. Denn eines ist klar: Die Geschichte der kapitalistischen Wachstumsgesellschaft steht dem grafischen Verhalten des krankhaften Narzissten jedenfalls näher als dem des gesunden und ausgeglichenen Menschen.

Konjunkturzyklen USA 1955-2005[71]

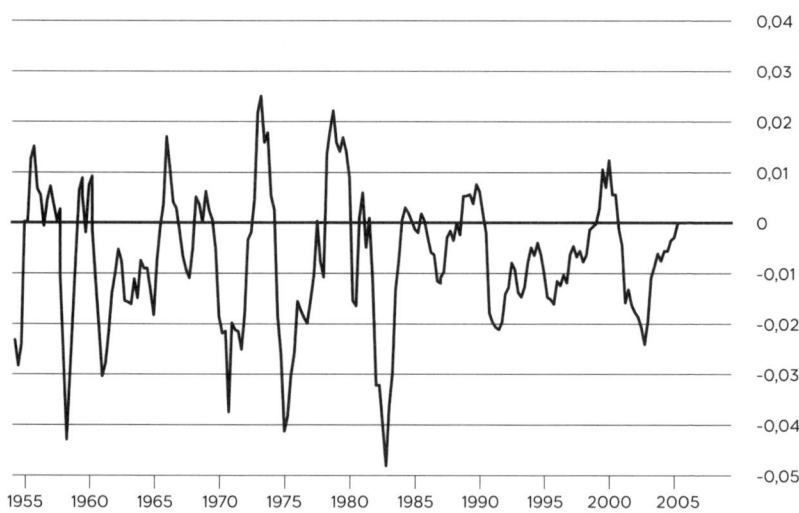

In diesem Grafikvergleich zeigt sich die ewige Wahrheit des Spruchs, dass ein Bild mehr sage als tausend Worte. So sind es diese Grafiken, die mehr aussagen als alle moralischen Abhandlungen über die herrschenden Verhältnisse. Die Frage, die sich daraus ergibt, verweist auf das folgende Kapitel. Hat der Narzissmus auch heute Hochkonjunktur, befindet er sich gleichsam wieder auf einem Eroberungszug?

Das nun zu Ende gehende Kapitel hat mit einem Hymnus auf die Macht aus dem Alten Ägypten begonnen. Es soll mit einem Loblied schließen, in dem ein narzisstisch-sadistischer Charakter sich selbst feiert. Die Struktur des Systems bleibt in beiden Fällen gleichermaßen vertikal, aber das Ergebnis ist ein ganz anderes. Das Universum wird zum Schlachthof. Im Jahr 2300 vor Christus ließ sich Pharao Wanjash mit der Beschreibung eines Gemetzels ehren, bei dem selbst den Göttern übel geworden wäre:

Wanjash hat die Kreuzwirbel zerbröselt,
hat den Göttern die Herzen herausgerissen,
im Verspeisen der Götter
hat (er; Anm.) das Rote gefressen, hat das Rohe verschlungen.
Wanjash zehrt von den Lungen der Weisen
und befriedigt sich damit,
von ihren Herzen und Zauberkräften zu leben.
Wanjash würgt, während er die Widerlichkeiten aus dem Roten hinunterschlingt.
Wohler ergeht's ihm, ward ihre Zauberkraft ihm einverleibt.[72]

Daher soll im kommenden Kapitel Nachschau gehalten werden, was geschieht, wenn krankhafte Mechanismen des individuellen Narzissmus das System insgesamt zu prägen beginnen, und was dann mit dem Freud'schen »Prothesengott« passiert, der es schuf: mit dem Menschen und seiner Umwelt.

Kapitel 3

69

Der Geist aus der Maschine

Wie sich der Narzissmus in der Gesellschaft durchsetzt und wie er sich vor Kritik abschottet.

Wie eine durch Narzissmus angetriebene Maschinerie das Machtsystem stützt und wie der Narzissmus den Menschen die Illusion von zu erreichendem Glück und Zufriedenheit spendet und damit nun schon Beziehungen und Liebesleben arrangiert. Wie er Wachstum als Droge für die Wirtschaft verordnet und sie damit zutiefst krisenanfällig macht, in diesen Krisen aber auch die eigene Position stärkt. Wie man den wachsenden Einfluss des Systems in der Bildung, in den sozialen Medien und in der Schuldenstatistik sehen kann.

Hebel und Nebel der Illusion

Für gewöhnlich stellt man sich eine Maschine als ein starres, aus Metall gebautes Werk der Technik vor, bevölkert von Schrauben, Dichtungen, Hebeln und Zahnrädern, das einförmige Produkte hervorbringt. Die Maschine erleichtert im optimalen Fall dem Menschen die Arbeit oder ersetzt sie ganz, sie macht alles effizienter und ist verantwortlich für einen großen Teil des technisch erzeugten Wohlstands. Nicht umsonst hallt das gusseiserne Vokabular des 19. Jahrhunderts in ganz immateriellen Sphären wie etwa auf Finanzmärkten wider: Dort werden auch fleißig »Hebel« eingesetzt, »Transmissionen« zwischen Geldpolitik und Inflation gemessen, »Umlaufgeschwindigkeiten« berechnet und »Mechanismen« in Gang gesetzt. Diese Maschinen liefern mit höchster Effizienz und Güte ihre »Outputs«. Die längste Zeit ihrer Geschichte waren Maschinen aber nicht nur industrielle oder kriegerische, sondern auch künstlerische Apparate. Sie hatten zu Zeiten der Antike den Zweck, Menschen etwas vorzutäuschen. Es wurden unmögliche Effekte erzeugt, Geister ins Leben gerufen und es wurde ordentlich genebelt. Die alten Griechen ließen mit den Maschinen ihre Götter ins Theater einschweben und prägten damit den Ausdruck »Deus ex Machina«. Wieder stoßen wir (gleichsam hinter den Kulissen) auf das Dreigestirn, »Schöpfer-Gott«, »Machen« und »Macht«.

Ich will den Narzissmus im Folgenden mit einer solchen Maschine vergleichen. Denn er ist, wie ich darzulegen versuche, eine unendliche Kraftquelle für das System der vertikalen Macht. Er dient diesem System, indem er die Gesellschaft dienen lässt, zum Nachteil ihrer selbst und ohne dass sie es wahrnimmt. In manchen Fällen glaubt sie sogar, damit Gutes zu tun. Die Narzissmus-Maschine schafft mit unglaublichen Mitteln noch unglaublichere Schöpfungen. Sie bringt einen modernen »Deus ex Machina« zur Welt, dessen seelisches Wohlbefinden ungeheure materielle Kosten verursacht und ungeahnte Wirkungen hat. Dieser »Deus« ist der »konsumistische« Mensch.

Was sind nun die Hauptkomponenten dieses narzisstischen Apparates? Beginnen wir bei einem Herzbestandteil der Apparatur: der Druck, glücklich und großartig sein zu müssen. Er setzt sich nicht durch Zwang und Strafe durch, sondern durch Lob und Überforderung und durch ein in der Folge aufgeblasenes »Größen-Selbst«.

Die Produktion des Größen-Selbst

Der Begriff »Größen-Selbst« stammt aus der Entwicklungspsychologie und wurde von dem bereits erwähnten Psychoanalytiker Heinz Kohut geprägt.[73] Es handelt sich um den ursprünglichen, allumfassenden Narzissmus des Kindes. Das Kleinkind hält sich, so die allgemein akzeptierte Theorie, für allmächtig und vollkommen, und diese Vollkommenheit ruht im eigenen Selbst, das so zum Größen-Selbst wird. Der Grund dafür ist, dass das Kleinkind noch keine gefestigte Wahrnehmung von der Vielfalt der Wirklichkeit hat. Und wenn alles gut läuft, dann ist die Lage eines behüteten Säuglings wirklich beneidenswert. Ein Dasein in einer ultimativen Wellnessoase, in der eifrig bemühte Wesen um ihn besorgt sind – rund um die Uhr und jeden Wunsch erfüllend: Wärme, Nahrung, Geborgenheit. Hier eine kleine Fußmassage, dort ein paar wohltuende Streicheleinheiten bei sanfter Musik, anregende Gymnastik, erquickender Schlaf. Im besten Fall entwickelt sich aus all den Wohltaten eine Beziehung zu den umgebenden Persönlichkeiten, man lernt einander gut riechen und fühlen und letztlich auch lieben. Und diese Aufspaltung des Lustempfindens zwischen dem Ich des Säuglings und den Personen, die ihn umgeben, erzeugt die erste Form von Sozialverhalten. Diese »Objektbeziehung« wird Personen und Gegenständen gleichermaßen – wenn auch nicht in gleichem Maß – zuteil, also der Mutter ebenso wie dem Teddybären.

Der Zustand des Ichs war also zunächst fantastisch, so jedenfalls stellen sich Freud und Kohut das vor. Aber diese Phase dauert nicht ewig. Und wenn sie sehr abrupt endet, also etwa durch Liebesentzug, dann zieht sich das traumatisierte Größen-Selbst, das schon in verschiedene Energien der Zuneigung geteilt (und damit normal) war, wieder dorthin zurück, wo es herkommt: ins Ich. Die Objektbeziehung ist gestört. Und was Freud einen sekundären Narzissmus nennt, beginnt zu wuchern.

Es gibt aber auch noch eine zweite Möglichkeit, um in dieses Stadium zurückzukippen, auf die die US-amerikanischen Psychologen Jean Twenge und Keith Campbell hinweisen. Es geht dabei nicht um Liebesentzug, sondern um sein Gegenteil, bei dem das Ich von Bezugspersonen zu oft und zu »hochgehoben« wird. Man stelle sich vor, es wird beständig behauptet, man sei so gescheit wie Einstein, so schön wie eine Prinzessin oder so mutig wie ein Prinz oder der größte Sportler der Zukunft. Dieses Lob muss sich ja einmal gegen den Gelobten wenden, weil es einen permanenten Druck erzeugt, den überzogenen Erwartungen entsprechen zu müssen. In einer Abwehrreaktion bläst sich das Selbst auf. Es muss ja toll sein, perfekt und grandios. Es muss sich vor der Welt als solches darstellen und inszenieren. Es glänzt an seiner Fassade, egal wie trübe die Wirklichkeit dahinter ist. Die Narzissmus-Maschine tut das auch. Die Narzissmus-Maschine gibt uns einen Auftrag, den sie durch alle Sektoren des Lebens durchdekliniert: nämlich »fassadenseitig« glücklich und erfolgreich zu sein. Und das klingt aufs Erste gar nicht schlecht. Wer wollte denn nicht glücklich sein?

Aber es ist nicht als Auftrag an die Seele gemeint, glücklich zu sein, sondern als ein rein ökonomischer Befehl. Die Maschi-

> **Die Narzissmus-Maschine gibt uns einen Auftrag, den sie durch alle Sektoren des Lebens durchdekliniert: nämlich »fassadenseitig« glücklich und erfolgreich zu sein.**

ne suggeriert uns, dass Glück messbar sei, und wurde in einer Zeit konstruiert, in der auch der Kapitalismus und der Positivismus entstanden. Die Betriebsanleitung lieferte der Utilitarismus des englischen Moralphilosophen Jeremy Bentham. 1822 schreibt er über das »Prinzip des größten Glücks«. Es trete dann ein, so Bentham, wenn der Mensch die Unterwerfung unter Leid und Freude anerkenne. Wichtig sei nicht das Schicksal der Gesellschaft, sondern das Glück des Einzelnen, wenn sich also die Summe des gemessenen Glücks (also Wohlstand und Reichtum) erhöhe, dann entwickle sich die Menschheit zum Guten. In diesem Sinn hätte die Welt heute, am Gipfel ihres Reichtums, die beste aller bisher möglichen »Glücksmenschheiten«. Und all dies gilt unabhängig davon, ob sich der Reichtum im Besitz von nur ganz wenigen Menschen befindet. Wichtig ist nur, dass es mehr denn je davon gibt.

Narzisstische Schweinereien

Ökonomisch hat das John Stuart Mill in eine Formel »des Strebens nach Glück« gebracht, die sogar eine Rangordnung des Glücks zwischen Tier und Mensch einführt: »Es ist besser, ein unzufriedener Mensch zu sein, als ein zufriedenes Schwein; besser ein unzufriedener Sokrates zu sein, als ein zufriedener Narr. Und wenn der Narr oder das Schwein anderer Ansicht sind, dann deshalb, weil sie nur die eine Seite der Angelegenheit kennen.«[74]

Aber wer sagt schon, was Glück eigentlich ist, wenn man einmal satt ist und alle Grundbedürfnisse gestillt sind, also das primitive Grundglück in sich spürt, das Mill dem Schwein unterstellt? In einem vertikalen System mit der Ordnung des Befehlens und Gehorchens gibt es nur *ein* »Glück«, das reproduzierbar ist und deshalb für das System Relevanz hat: das Wachstum.

Die Konzeption dieses Modells übersieht freilich, dass das Wachstumsglück kein dauerhafter Zustand ist, den man erreichen kann, sondern immer nur ein Prozess, der sich fortsetzen muss – im Sinne der Beständigkeit des Systems. Und daraus ergibt sich zwingend, dass Glück in einem Wachstumssystem nicht erreicht werden kann. Es muss uns stets vor Augen stehen, wie die

Karotte vor des Esels Maul hängt, um uns zum endlosen Laufen zu bringen. Aber in dieser Schonungslosigkeit wird es den Menschen nicht erzählt, denn sonst würden sie ja zu zweifeln beginnen an ihrem fieberhaften Bemühen, ökonomisches Wachstum herzustellen. Immerhin hilft ihnen die Illusionsmaschine dabei kräftig, indem sie Güter und Bedarf rund um die Konsumenten gruppiert und ihnen damit die Sicht auf die etwas entfernter stehenden Notwendigkeiten für eine tiefere Lebenszufriedenheit verstellt.

Dabei zeigt die narzisstische Maschine ihre illusionistische Begabung. Die Güter zur Befriedigung des Wachstums werden in der Vorstellung des Menschen zu viel Größerem aufgeblasen. Sie werden zu verschlüsselten gesellschaftspolitischen Codes. Ein Beispiel: Das neue Auto steht für Macht, selbst wenn der Mensch, der es fährt, über keine Macht verfügt. Das Auto vermittelt ihm welche. Der doppelte Auspuff ist die Chiffre für eine Potenz, die es zumeist ebenfalls nur in der Einbildung des pilotierenden »Patienten« gibt. Das Einfamilienhaus mit Garten steht für die Erfüllung des Gesellschaftsauftrags familiärer Geborgenheit. Dahinter stehen freilich vielfach Schulden bei der Bank und ein mit Stress übervolles Berufsleben, das die Beziehung zwischen den Hausbewohnern verleidet oder das Familienleben an den Rand der Existenz schiebt.

Wer sich noch auf dem Weg zum letztverordneten Glück aus der Maschine befindet, darf auf der von Algorithmen gesteuerten »Single-Börse« seine Wetten abgeben und sich ausprobieren. Dazu kommt noch: Die Konkurrenz wird härter, je älter man wird. Die Forderung, wettbewerbstauglich und schön zu bleiben, lässt keine Entspannung mehr zu – und schon gar keine Fältchen. Und wieder hilft die Maschine weiter mit ihrer Illusionskraft. Die Straffungscremes und Anti-Aging-Mittel sind Ingredienzien ewiger Schönheit, wie sie schon in den Mythen und Märchen versprochen wurde. Ein immer größer werdendes Heer an Schönheitschirurgen arbeitet mit dem Skalpell und mit Nervengift, das Gesichtsmuskeln lähmt, dem körperlichen Verfall entgegen.[75]

Tatsächlich verschleiert die Maschine letztlich auch, dass jene Werte kaum noch zählen, die früher Menschen Selbstbewusstsein gegeben haben: Arbeitsamkeit und Sparsamkeit. Wenn man den Berechnungen des französischen Ökonomen Thomas Piketty glaubt, dann kommt man heute (durch die massive Umverteilung der Güter) nicht mehr durch harte Arbeit zu Geld und Ruhm, sondern nur durch Erbschaft und Heirat.[76]

Optimismus kommt vor dem Fall

Letztlich ist der Narzissmus auch für die »irrational exuberance« verantwortlich, die sich regelmäßig vor Wirtschaftskrisen zeigt. In einem Buch über Krisen der vergangenen Jahrhunderte haben die US-Ökonomen Carmen Reinhart und Kenneth Rogoff den Hauptgrund für diese Anfälligkeit des Systems identifiziert. Krisen, so meinen sie, passierten immer dann, wenn jemand glaube, die »Lösung für alles« gefunden zu haben und davon auch viele andere überzeugen könne: »Diesmal ist alles anders«, war der oft gehörte Satz im Vorfeld von vielen Krisen. Aber es war eben gar nichts anders, die Spekulationsinstrumente, auf die man gesetzt hatte, waren nicht sicherer und deshalb blieb es letztlich stets bei der ökonomischen Abfolge von Höhenflug und Absturz. Der Spruch »Diesmal ist alles anders« passt aber auch gut zu einem narzisstischen Krankheitsbild, er formuliert für Investoren, Politiker, Medien und Unternehmer ein »Alles ist möglich«. Diese Verzerrung wird oft als »gesunder Optimismus« verkauft und macht die Verführten mutig.[77] Dazu passen Eigenschaften des narzisstischen Charakters, die deutsche Psychologen herausfiltern konnten.

- Er bevorzugt affektarme Beziehungen, geringe Bindung an Moralvorstellungen, wenig Angepasstheit und Taktik als Handlungsmaxime. Das bedeutet im Detail,
- er sagt den Menschen, was sie hören wollen,
- verbreitet den Eindruck, es sei egal, wie man gewinne, Hauptsache, man gewinne,
- meint, dass wer etwas erreichen möchte, sich manchmal auch außerhalb des Erlaubten bewegen darf,
- hält Bescheidenheit für unnütz oder schädlich,

- vermittelt den Eindruck, dass sich jeder selbst der Nächste ist,
- dass für den Erfolg die Familie leiden darf,
- beurteilt die Taten der Menschen nach ihrem Erfolg,
- vermittelt den Glauben, dass man nicht den Anschluss verlieren darf,
- und meint, dass Freundschaften danach ausgewählt werden sollten, ob sie einem nützen.[78]

Diese Eigenschaften beschreiben auch sehr gut den Charakter, den die Narzissmus-Maschine zu verbreiten sucht. Dieser Charakter erklärt auch die Resistenz des Systems gegen Kritik, die in der Regel sofort abgewertet oder verharmlost und im schlechtesten Fall als Schlagwort (nachhaltig, grün, klimaschonend) für die Werbung »gekapert« wird. Die Unterordnung der Moral unter den Erfolg hat weitere gravierende Konsequenzen. Denn sie macht Ethik in der Wirtschaft zu einer mehr oder weniger willkommenen Nebensache. Das ist besonders dort spürbar, wo sich die Wirtschaft und ihre Manager Diktatoren und autoritären Machthabern andienen, wie dies etwa bei Wladimir Putin und westlichen Ölkonzernen der Fall ist. Es gilt im Extremfall nicht, »zuerst kommt das Fressen, dann die Moral«, sondern die Erwartung, »wo die Moral kommt, gibt es kein Fressen«.

Diese Umwertung geht freilich noch tiefer. Denn sie verursacht auch eine Anpassung der Rangordnung von Dingen und Interessen an eine zählbare Erfolgserwartung. Aus einer solchen Sicht ist das alles entscheidende Kriterium für den Wert eines Objekts seine Verwertbarkeit. Damit wird Leben in wertvoll und minderwertig unterteilt. Diese Unterscheidung hat nicht so sehr die bewusste Tötung dieser oder jener Spezies zur Folge, kann aber sehr wohl indirekt ihre Vernichtung bedeuten. Die Ausweitung der Sojaplantagen in den Urwäldern des Amazonasgebietes gehorcht beispielsweise diesem Prinzip. Soja ist es uns wert, Hunderte andere Pflanzen abzuholzen und damit ganze Ökosysteme zu opfern. Der Urwald selbst trägt nämlich zum Größen-Selbst des ökonomischen Narzissmus nichts bei. Er ist entbehrlich und auslöschbar.[79]

Impulsive Nutzen-Wertungen, wie eben diese, machen es für den Klimaschutz so schwer, sich dem wirtschaftlichen Narzissmus gegenüber zu behaupten. Denn die Klimaschützer fordern (der natürlichen Logik entsprechend) das Gegenteil der Narzissmus-Maschine: Zuwendung für scheinbar Wertloses und dessen Bewahrung (Luftreinheit, Gewässerschutz, Artenvielfalt) zu Lasten von Wachstums-Kerninteressen, beispielsweise von Autokonzernen oder den fossilen Brennstoffindustrien und anderen mehr.

Krisen-Narziss

Die große Schwäche des narzisstischen Charakters zeigt sich in Krisensituationen. Wenn das Größen-Selbst nicht beständig gestützt und bestätigt wird, kann es leicht von massivem Verlust an Selbstvertrauen erfasst werden. Ist das Vertrauen einmal dahin, braucht es eine nächste Illusion der Großartigkeit, um wieder Fahrt aufzunehmen. Otto F. Kernberg hat Fälle in der klinischen Praxis beschrieben, in der Patienten heftige Abwehrreaktionen gegen die Auflösung ihres Größen-Selbst entwickelt haben, Depressionen, Psychosen und Suizidversuche inbegriffen. Diese Formen paranoider Regression und des bösartigen Narzissmus sind besonders schwer zu behandeln. Oft führt die Abwehrreaktion zum Abbruch der Therapie, um den Patienten nicht zu gefährden. Gleichzeitig ist der Patient bemüht, alle Behandlungsversuche zu entwerten.[80]
Eine ähnliche Reaktion der Abwehr war auf den Finanzmärkten 2008 zu spüren. Reformen wurden abgewehrt, alle Versuche der rettenden Politik als Angriff auf die Freiheit gewertet. Und jetzt? Das »Vertrauen der Märkte« fehlt immer noch, wie der ehemalige Banker und Universitätslektor Wilfried Stadler, von der marktökonomischen Seite kommend, in seiner Bilanz zehn Jahre nach Ausbruch der Krise feststellt.[81] Legt man über die Geschichte der Immobilienspekulation, die zur Krise führte, den Raster des narzisstischen Verhaltensmusters, wird auch verständlich, warum sie so schwer zu bewältigen ist. An ihrem Beginn bemühten sich Politiker und Immobilienmakler, ein Größen-Selbst für Arme aufzubauen, indem sie ihnen versprachen, dass sich auf Kredit gebaute Häuser praktisch von selbst abbezahlen, weil ihr

Wert außerordentlich steige und damit die Raten praktisch von alleine getilgt würden.[82]

Hunderttausende begannen sich nun als reiche Menschen zu fühlen, obwohl sie nicht mehr hatten als ein mit Hypotheken belastetes Haus. Sie hatten in diesem Sinn sogar weniger als vor dem Hauskredit. Übertragen gesprochen hat man die armen Hausbesitzer damals so zuvorkommend behandelt, als wären sie die USA als Staat: höchste Bonität trotz höchster Verschuldung. Dann bündelte man den Irrglauben in Versicherungen und ging zu den Reichen, um sie damit spekulieren zu lassen – all das unter dem Schirm einer als besonders sicher geltenden Finanzmathematik. Da das Selbstvertrauen unbegrenzt war, wurden Kritiker, wie Nouriel Roubini, als »Doomsday-Ökonomen« lächerlich gemacht, selbst dann, als längst ruchbar geworden war, dass sich hier ein großer Crash ankündigte.[83]

Als alles zusammenzubrechen drohte und der narzisstische Patient Finanzwirtschaft schon in die Depression abgeglitten war, wollte und konnte die Politik das Wohl von wenigen Akteuren (Banken und Versicherungen) im Sinn des Wohls aller nicht gefährden. So beseitigte sie die größten Schäden mit den Geldern aller, den Steuergeldern. Sie hat mit anderen Worten die Therapie an der wichtigsten Stelle, an der Katharsis, am Lernprozess abgebrochen. Mehr noch: Auch das als »veraltet« angesehene Fundament des Wachstums, das Sparen, wurde zum Opfer dieser Krise und zwar durch die Niedrigzinspolitik der Notenbanken infolge der Krise. Die Maschine hat sich ihre Bediener nun noch besser zurechtgeschneidert. Private Anleger werden auf spekulative Märkte gezwungen, um nicht Monat für Monat einen Verlust an realem Vermögen zu erleiden. Besser könnte es also der narzisstischen Struktur nicht ergehen, als mit solch einer Bestätigung ausgezeichnet nicht therapiert zu werden, sondern munter weiter Störungen produzieren zu können.

Im Reich der wilden Statistiken

Warum das niemandem, der an den Steuerhebeln der Macht sitzt, aufgefallen ist? Nun, es ist zu befürchten, dass das System

Jeder ökonomische Fortschritt, der seit der Erfindung der Dampfmaschine erzielt wurde, findet sich letztlich als Teil der Energiebilanz im größten globalen Problem wieder: im CO₂-Anteil in der Atmosphäre und damit in der Erderwärmung.

uns nicht nur gelehrt hat, wie wir denken sollen – nämlich in vertikalen Hierarchien. Der Narzissmus, der das System füttert, hat uns auch beigebracht, wie wir störende Einflüsse verdrängen. Es gibt großartige Instrumente und Ablenkungswaffen. Dazu gehört nicht nur eine ganze Heerschar von Wissenschaftlern und Publizisten, die mantraartig die Frohbotschaft verbreiten dürfen, dass ohnehin alles gut sei, dass wir im Lauf der Geschichte alle Probleme immer irgendwie gelöst haben. Das ist freilich ein Trugschluss. Jeder ökonomische Fortschritt, der seit der Erfindung der Dampfmaschine erzielt wurde, findet sich letztlich als Teil der Energiebilanz im größten globalen Problem wieder: im CO_2-Anteil in der Atmosphäre und damit in der Erderwärmung.[84] Aber ist das nicht alles viel zu pessimistisch, zu zugespitzt negativ? Ist es nicht doch immer noch einfach so, wie es im bekanntesten Lehrbuch für Volkswirtschaft von Paul Samuelson und William Nordhaus steht: »Oberstes Ziel der Ökonomie ist, die Lebensbedingungen der Menschen in ihrem täglichen Umfeld zu verbessern.«[85]

Der Satz ist richtig und stimmig unter der Voraussetzung, dass man die Brille der selektiven Wahrnehmung aufsetzt. Durch ihre Gläser gesehen, geht es uns wirklich hervorragend. Und die scheinbar objektive wissenschaftliche Statistik bestätigt das – wenn man sie dazu drängt. Schauen wir uns nur einen der berühmtesten Statistiker auf YouTube an, Hans Rosling, und man wird sehen, wie gut es uns geht. Der Professor für internationale Gesundheit in Kopenhagen hinterließ ein reiches Werk. Nach seinem Tod 2017 erschien ein so bezeichnetes »Vermächtnis« von Rosling, das den Titel trägt: *Die Welt wird immer besser.* Das erinnert an den oben zitierten Wahrspruch der Ökonomie und ist gleichzeitig eine Spitze gegen jene, die »immer die schlimmen Dinge« (Rosling) zur Kenntnis nehmen, jedoch nicht die »stillen Wunder des menschlichen Fortschritts«.

Diese stillen Wunder gewinnen merklich an Lautstärke, wenn sie von Rosling in rund drei Dutzend Grafiken verwandelt werden, die all das Gute verbildlicht zeigen. Die Kindersterblichkeit ist demnach von 44 Prozent im Jahr 1800 auf vier Prozent 2016 gesunken, die extreme Armut von 29 Prozent 1987 auf 9 Prozent. Die Internetnutzer sind von null Prozent 1980 auf 48 Prozent 2017 gestiegen, das Ozon von 1,6 Millionen Tonnen 1970 auf 22.000 Tonnen 2016 gesunken. Unter dem Titel Artenschutz ist eine besonders eindrucksvolle Kurve zu sehen, die steil nach oben geht, von 34 geschützten Arten 1960 auf beinahe 100.000 im Jahr 2017. Und so geht es uns gut und immer besser. Angesichts solcher Daten alteriert man sich gerne über jene mehr als 50 Prozent der Menschen, die meinen, »die Lage wird immer schlimmer«. Aber kann denn das jemand behaupten angesichts der Daten, die er zusammengestellt hat, fragt Rosling.[86]

Aber natürlich kann man das. Denn eine Statistik und selbst eine Sammlung von Hunderten davon ist und bleibt ein Ausschnitt aus einer unendlichen Menge möglicher anderer Statistiken. Und auch die Entwicklungen, die hier als Fortschritt präsentiert werden, sind mehr als fraglich: Dass es das Internet gibt, ist schlicht der Einführung einer Technologie geschuldet, die bekanntlich als Instrument konstruktiv oder destruktiv verwendet werden kann, also im Sinne von besser oder schlechter keine Relevanz hat. Dass nun 100.000 Arten auf der Roten Liste der bedrohten Arten stehen, kann auch nur dann als Fortschritt gewertet werden, wenn man ein Mehr an Bedrohung als ein Mehr an Glück ansieht. Für normale Menschen ist es hingegen ein drastisches Signal steigender Gefahr, als ein Beleg dafür, dass 60 Prozent der Arten in den vergangenen 30 Jahren ausgestorben sind und bei den Insekten ein Schwund von 70 Prozent zu verzeichnen ist. Man könnte in diesem Sinn auf die Idee kommen, die schöne Grafik sei eine treffende Veranschaulichung der sich abspielenden Katastrophe. Aber genug davon, die Zahlen selbst sind ja nicht anzuzweifeln, nur ihre Interpretation. Deshalb sollen im Folgenden ganz nüchtern drei statistische Entwicklungen gezeigt werden, die man nicht werten muss, sondern einfach zur Kenntnis nehmen kann.

Drei Grafiken – ein Missstand

Die erste Grafik entstammt einer psychologischen Langzeitstudie der oben erwähnten Jean Twenge.[87] Sie zeigt die Entwicklung von Eigenschaften, die im Zusammenhang mit Narzissmus bei Studierenden in den USA zu finden sind, also der künftigen Elite des Landes. Das Ergebnis ist eindeutig. Allein die Steigerungsrate der vergangenen zehn Jahren ist eindrucksvoll. Die Zahl der von Narzissmus-Symptomen betroffenen Menschen ist demnach um 30 Prozent gestiegen. Die Grafik bestätigt unseren schon vorher gezeigten Erfolgscharakter des Narzissten unter den Bedingungen der Wettbewerbsgesellschaft.

Anstieg der Parameter für narzisstische Persönlichkeiten[88]

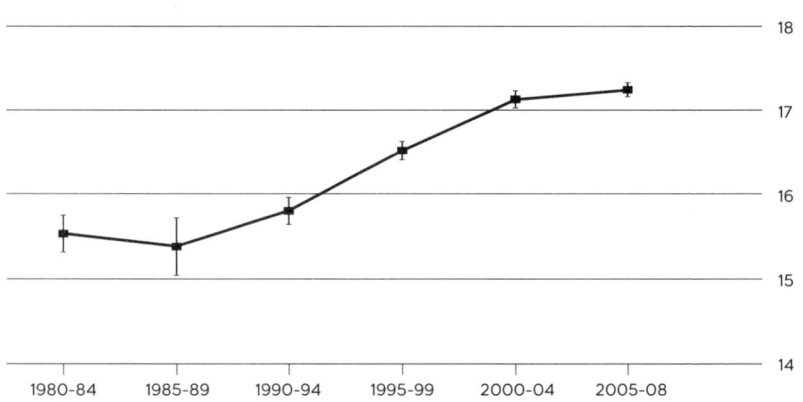

Jean Twenge und Keith Campbell leiten diese Entwicklung auch vom verstärkten Drang der Eltern ab, ihre Kinder als wunderbar darzustellen. Ausgehend davon verwundert es auch nicht, dass sich ein steigender Prozentsatz der Studenten zu höheren Weihen berufen sieht, wie der *Economist* berichtete. In einer Langzeitstudie waren zwischen 1951 und 1990 Teenager zu ihrer Selbsteinschätzung befragt worden. Das Ergebnis, das die bedeutendste Veränderung zeigte, war jenes auf die Frage, ob die Person glaube, sie sei wichtig. Nur 12 Prozent hielten sich 1951 für wichtig, bis 1989 war dieser Wert auf 77 Prozent gestiegen.[89]

Die zweite Grafik zeigt die Entwicklung der sozialen Netzwerke, die eine beinahe parallele Kurve zeigen. Facebook, Instagram und andere Plattformen, die ihrer Konzeption nach die Menschen miteinander verbinden sollten, machen vielfach ihre finanziellen Gewinne damit, dass sie Vereinsamung produzieren. Sie helfen mit, ein besseres Ich vorzuspiegeln, beginnend schon mit der »Optimierung« von Fotos auf Instagram oder über Face-App. Beinahe noch zerstörerischer sind aber die Möglichkeiten, über soziale Medien intellektuelle Überlegenheit vorzutäuschen. Je mehr der Konsument nach selbstbestätigenden Meldungen sucht, desto mehr füttert ihn das Netz damit.

Kein Wunder, dass die rechten Populisten die sozialen Medien besser für sich nutzen können als andere Parteien. Sie sind ihnen gleichsam artverwandt: konfliktversessen, faktenarm, wissensfern und meinungsstark.

Der Nutzer dreht sich gleichsam um sich selbst und wird kaum noch durch abweichende Sichtweisen gestört.[90] Und wenn doch, dann lässt der anonyme schriftliche Charakter der Konversation die Hemmschwellen für Verbalaggression so schnell sinken, dass das versprochene »globale Dorf«, in dem sich alle freundschaftlich austauschen sollten, zum Hass- und Wutforum wird. Kein Wunder, dass die rechten Populisten die sozialen Medien besser für sich nutzen können als andere Parteien. Sie sind ihnen gleichsam artverwandt: konfliktversessen, faktenarm, wissensfern und meinungsstark.

Monatliche Nutzer von Facebook[91]

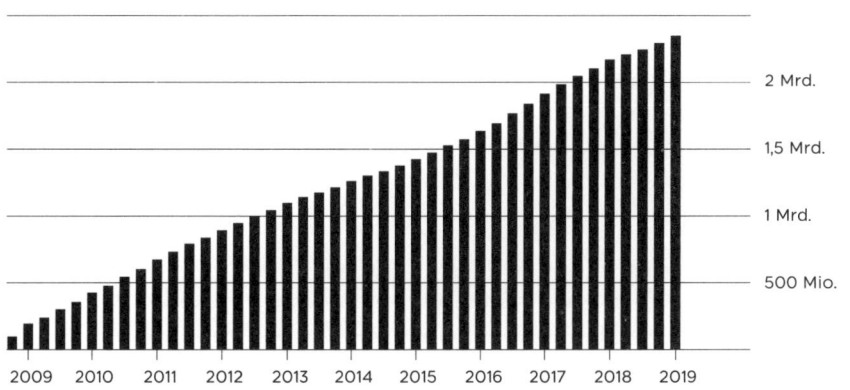

2009	2010	2011	2012	2013	2014	2015	2016	2017	2018	2019

2 Mrd.

1,5 Mrd.

1 Mrd.

500 Mio.

Die dritte Grafik beschreibt die Entwicklung der Schulden der Privathaushalte in den Vereinigten Staaten im Zeitraum von 2000 bis 2018. Ein Grund für den Anstieg ist die billige Kreditfinanzierung der Banken. Für den narzisstischen Charakter ist das die perfekte Situation. Denn er will sich nicht anstrengen müssen, um zu glänzen, und er legt größten Wert auf seine Fassade. Er wird also immer den leichtesten Weg wählen, um Ansehen und Geltung zu bekommen, und nicht etwa jahrelang für ein neues, schickes Cabrio sparen. Er wird im Gegenteil lieber zur Bank oder gleich zum Autohändler gehen und einen Kredit- oder Leasingvertrag abschließen, der ihm den Wagen sofort sichert. Aufgrund massenhafter Anreize, schnell zu „billigem" Geld zu kommen, sind die Konsumschulden seit 1997 in den USA um jährlich 7,5 Prozent gestiegen. Die Summe der Außenstände beläuft sich derzeit auf vier Trillionen Dollar. Ende der 1960er-Jahre waren die Schulden noch null. Man kann es auch anders sagen: Der Bürger schuldet heute der Gesellschaft Schulden, damit der Konsum das Wachstum aufrechterhalten kann.

Privatschulden USA[92]

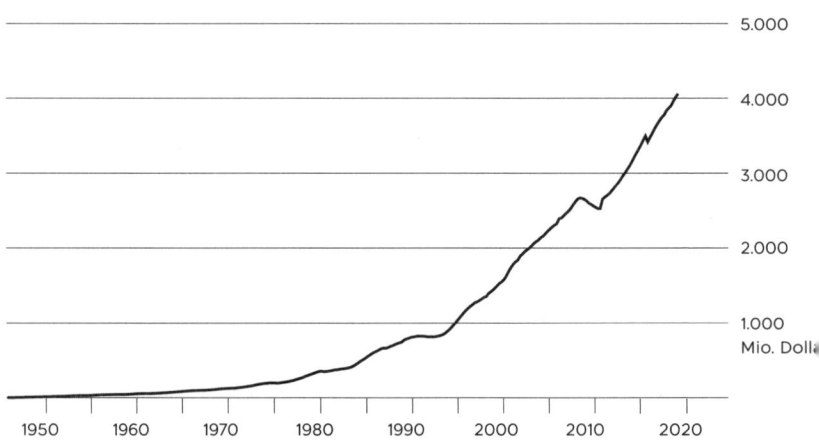

Diese drei Grafiken bieten zunächst keine große Überraschung, und sie wären von einem optimistischen Statistiker wie Rosling vermutlich nicht für wert befunden worden, in die nähere Auswahl für eine Präsentation der rosigen Zukunft der Menschheit zu kommen. Trotzdem sind sie aufschlussreich, wenn man sie zueinander in Beziehung setzt. Denn die Kurven auf den Zeitachsen haben den annähernd gleichen Verlauf. Sie könnten also miteinander zusammenhängen. Wenn das zutrifft, dann wird sich der Trend fortsetzen und der ökonomisch geförderte (und geforderte) Narzissmus wird seine größte Krise erst erleben, wenn die Schulden letztlich schlagend werden. Das ist dann allerdings ein großer Zusammenbruch.

Chefs ja, Problemlöser nein

Wie schon festgestellt, sind Narzissten kaum zu gegenseitiger Liebe und zu Wertschätzung von Dingen und Wesen mit Ausnahme ihrer eigenen Person fähig. Gleichwohl sind sie charmant, sie fallen durch Arbeitseinsatz auf und durch den Willen, schnell nach oben zu kommen – wenn es denn sein muss auch mit Rücksichtslosigkeit. Sie sind in diesem Sinn eindrucksvolle Führungspersönlichkeiten. Oder wie Erich Fromm es ausdrückt: »Der narzisstische Mensch verkörpert das, was der Durchschnittsmensch gerne wäre: Er ist selbstsicher, kennt keine Zweifel, fühlt sich jeder Situation gewachsen.«[93] Aber die Aggression, der Neid und der Zwang, immer recht behalten zu müssen, lasten schwer auf diesen Menschen.

Das Problem dabei: Narzissten sind zwar Chefs, aber keine Problemlöser. Schon in den 1980er-Jahren entwickelten die US-Sozialpsychologen Meyer Friedman und Ray Rosenman aufschlussreiche Studien zu diesem Phänomen, wonach Menschen mit den oben angeführten Charaktereigenschaften in der Gesellschaft die angeseheneren waren. Sie waren es, die bei Problemen sofort Lösungen parat hatten und sich in einer gegebenen Gruppe gerne in den Mittelpunkt stellten, um die Führung zu übernehmen.

Sie waren einem »bescheidenen« Typus von Proband haushoch überlegen, was ihre Verankerung in der Gesellschaft und ihr Gehalt betraf. Freilich stimmten einige Fakten die Forscher nachdenklich. Die Lösungskompetenz der Kompetitiven nahm mit der Schwierigkeit des zu lösenden Problems deutlich ab, während die »Stillen« beim Problemlösen konstant erfolgreicher waren, vor allem wenn es um kreative Lösungen ging. Die einzige klare Überlegenheit zeigten die Kompetitiven darin, sich selbst wesentlich mehr unter Druck zu setzen und setzen zu lassen als die Bescheidenen.[94]

In einer zweiten Versuchsreihe unter Collegestudenten versuchte der US-Psychologe Saul Rosenzweig in einer Reihe psychologischer Tests, die Problemlösungsstrategien verschiedener Gruppen herauszufinden. Es zeigte sich dabei eine Gruppe mit einer klar selbstkritischen Haltung, die andere hatte eine dominant-aggressive bei der Lösung von Problemen. Beiden Gruppen gab Rosenzweig nun schwierige Aufgaben, an denen ein Großteil der Studenten beider Gruppen scheitern musste. Dabei wurden ihre Reaktionen gefilmt und ausgewertet. Das Ergebnis: Der kompetitive, dem Narzissmus näher stehende Teil der Studenten gab sich selbst nie die Schuld für sein Scheitern. Selbst ihre Flüche richteten sich gegen etwas Äußeres: »Bloody bitch«, »Fuck you« etc. (Man mag sich da an die Angst des Imperators Diokletian vor dem Eingestehen des eigenen Scheiterns erinnern. Vermutlich wären seiner Einschätzung nach alle anderen für das Scheitern seines Edikts verantwortlich gewesen, nur nicht er selbst.)

Umgekehrt beschuldigte sich der kritische Teil der Studenten zumeist selbst, etwa mit: »Stupid me!« Danach wurden Aufgaben gestellt, bei denen es die Möglichkeit gab, die Lösung durch Schummeln zu erreichen. Auch hier zeigte sich, dass überdurchschnittlich viele kompetitive Studenten die Möglichkeit zum Schwindeln ergriffen.

Diese und andere Studien zum Sozialverhalten und der Lösungskompetenz von Studenten wurden in den letzten Jahren fortgesetzt. Und so wie Otto F. Kernberg ein starkes Ansteigen der Anzahl der Patienten mit narzisstischer Störung in seiner Klinik feststellen musste, so taten das auch die Wissenschaftler an den Universitäten in den USA und Großbritanniens. Zwischen 1979 und 2009 nahm das Mitgefühl unter US-Collegestudenten drastisch ab.[95] Und gleichzeitig nahm der Index, der einzelne mit Narzissmus verbundene Eigenschaften auswies, massiv zu. In die gleiche Kerbe schlug ein aufsehenerregendes Buch des kanadischen Psychologen Robert D. Hare, in dem er nachwies, dass sich in den Führungsetagen großer Konzerne ein überproportional hoher Anteil an Psychopathen tummelt.[96]

Wenn man diese Daten erneut ins Systemanalytische wendet, kann man daraus folgende Hypothesen ableiten: Um die Funktionen des Systems aufrechtzuerhalten, ist der narzisstische Charaktertyp in der vertikalen Ordnung ein probater Vertreter der Macht. Er dient dabei seinen Zwecken ebenso wie jenen des Systems, das nur das Wachstum einfordert, um sein eigenes Überleben zu sichern. Er ist ehrgeizig im Aufstieg und süchtig nach jeder Art von Bestätigung. Und er würde nie die Art der Anerkennung hinterfragen. Er stellt auch das System nicht infrage, solange er selbst seine Ziele darin verwirklichen kann, und ist auch zu wenig kreativ, um dieses System und seine Reproduktion kritisch zu betrachten. Sieht sich dieser Charakter mit Zeitnot konfrontiert, etwa in einer Krise, steigt seine Fehlerquote.

Leider gilt das auch für das System, das der Narzisst so liebt. 2008 und die folgenden Jahre waren dafür beispielgebend. Die US-Wirtschaftswissenschafter Arijit Chatterjee und Donald Hambrick untersuchten das Führungspersonal von mehr als 100 Technologieunternehmen. Das Ergebnis: Je ausgeprägter der Narzissmus der leitenden Manager, desto volatiler war das Betriebsergebnis des Unternehmens. Jim Collins, ein Wissenschaftler, der sich auf Unternehmensgeschichte spezialisiert hat, fand in einer groß angelegten Studie heraus, dass Unternehmen lang anhaltenden Erfolg Führungsfiguren verdankten, die Collins als »Level-5«-Manager bezeichnete: Es sind dies nicht die charismatischen, nicht hyperselbstbewussten, sondern bescheidenen Persönlichkeiten, die großen Wert auf Teamarbeit legten und das Rampenlicht scheuten.[97]

Narzisstische Weltpolitik: Putin und der Hans im Glück

Die Krise von 2008 brachte aber nicht nur kein Umdenken. In der Politik hat sie und ihre Unsicherheiten zum Aufstieg eines anderen Phänomens beigetragen, das bis vor Kurzem noch als überwunden galt: Es ist der Typus des narzisstischen Macht-politikers. Er ergänzt das System und die Narzissmus-Industrie mit all seinen Eigenschaften auf ideale Weise durch seine Ego-zentrik, den Hochmut, seine mangelnde Lösungskompetenz, die Abwertung von Kritik und seine Radikalisierung in der Sprache. Diese kommt dem nahe, was Psychoanalytiker als »die Zerstö-rung der Sprache« bezeichnen, einem typischen Phänomen der narzisstisch-sadistischen Persönlichkeitsstörung. Aber wie kam es zu Donald Trump in den USA und all den Apologeten eines rück-sichtslosen Populismus? Ihre Erfolge sind vielleicht gar nicht so abstrus, wie sie erscheinen mögen, funktionieren sie doch gerade-zu vorbildlich nach dem System. Sie vollziehen eine Entwicklung auf politischer Ebene nach, die es auf ökonomischer Ebene bereits gibt: die Globalisierung des vertikalen Machttypus.

Der US-Psychoanalytiker und Psychiater Gustav Bychovski hat in seiner Studie über »Dictators and Disciples« historische Herrscherfiguren untersucht.[98] Diese Führer, so das Ergebnis, können nur dann die Bürger verführen, wenn das Ich der Gesell-schaft geschwächt ist und die Fähigkeit zu Kritik und Unabhän-gigkeit verloren hat. Das könne das Resultat von Angst oder einer anderen bedrohlichen Situation sein. Das kollektive Ich, hilflos geworden, fällt in eine infantile Phase zurück, in der es nach Un-terstützung und Erlösung sucht. Der Füh-rer, der stets einen exzessiven Hang zu Nar-zissmus, zu Aggressivität und zu Machtlust aufweist, verspricht das glaubwürdig und wird mit Allmacht identifiziert. Das kollek-tive Ich gibt dazu bereitwillig seine Verant-wortung ab. Die Gesellschaft erlebt deshalb heute in der Politik die Rückkehr von Spiel-arten des Absolutismus und in der Ökono-mie von Formen des Merkantilismus. Mit am stärksten sind beide Entwicklungen in Russland ausgeprägt, wo der Staat autori-tär regiert wird und sich in der Hand einer einflussreichen Clique um Wladimir Putin befindet. Dabei gleichen die Oligarchen in

> Der Führer, der stets einen exzessiven Hang zu Narzissmus, zu Aggressivität und zu Machtlust aufweist, verspricht das glaub-würdig und wird mit Allmacht identifiziert. Das kollektive Ich gibt dazu bereitwillig seine Verantwortung ab.

ihrer Stellung gegenüber dem Herrscher den französischen Adeligen zur Zeit Ludwigs XIV. Sie sind vollständig von der Gnade von Putins Apparat abhängig und keinem Gesetz untertan, außer dem Gutdünken des russischen Leviathans. Ohne diesen Staat, so die unverhohlene Botschaft, geht nichts – und der Staat ist Putin. Der Präsident gründet nach alter Manier sein Selbstbewusstsein auf der Aufrüstung seiner Armee: Seit dem Jahr 2000 hat sich das Militärbudget Russlands verdreifacht.

Wir sehen da ähnliche Phänomene in Russland wie in dem sich zur Weltmacht Nummer eins aufschwingenden China. Auch hier explodieren die Militärausgaben, auch hier leitet ein mehr oder weniger undurchsichtiger Apparat eine nationalistische Politik, die sich in den Konflikten mit Japan und den USA ganz offen abzeichnet.

Wirtschaftlich gesehen sind die großen Handelsgesellschaften der Vergangenheit, wie die Ostindien-Kompanie der Briten, die Mississippi-Gesellschaft der Franzosen, die niederländische Westindien-Kompanie längst Geschichte. Aber die Abhängigkeit der Staaten von solchen Kapitalmacht-Gesellschaften gleicht frappant der Abhängigkeit der Industriestaaten von den Interessen multinationaler Konzerne wie Google, Nestlé, Coca-Cola, General Electric oder Apple.

Zusammenfassung

Seit den 1970er-Jahren haben Psychologen, Psychoanalytiker und Soziologen auf den Aufstieg eines neuen Typus des Erfolgscharakters aufmerksam gemacht. Er ist gekennzeichnet durch geringe Beziehungsfähigkeit, den Wunsch nach Selbstdarstellung und Nabelschau, zeigt eine geringe Unlusttoleranz, ist tendenziell apathisch mit einem Hang zu Aggression und Destruktivität. An die Stelle langfristigen Denkens und Handelns setzt er manische Schübe, in denen Überarbeitung und Größengefühl Hand in Hand gehen. Gleichzeitig nehmen auch die entsprechend diagnostizierten Störungen und Krankheiten zu, vor allem die Zahl der Borderline-Patienten und der Menschen mit einer narzisstischen Störung.

Diese Krankheiten kommen nicht von ungefähr. Sie sind gefördert von einer ökonomischen Ordnung, die den Menschen auf das Paradigma des Wachstums konditioniert hat. Sie hat seine Erfolgsmodelle machiavellistisch umgestaltet und belohnt seine auf Macht gerichteten Taktiken mit Karriere und Ansehen. Sie fördert gleichzeitig die um sich greifende Bewertung von Materie nach ökonomischen Kriterien. Sie tut dies, indem sie den Menschen suggeriert, dass Produktion und Konsum »sauber« verlaufen könnten. Das beginnt beim Glauben, dass Handeln auf den Märkten rational sei. Es endet in unserem täglichen Leben im Supermarkt, wo Fleisch und andere Lebensmittel so verpackt sind, dass niemand mehr das dahinterstehende getötete Tier wahrnehmen muss. Die schöne saubere Warenwelt präsentiert Schwein und Rind als Burger aus dem Nichts. Die Globalisierung dieser industrialisierten Ordnung von Illusionen potenziert die Erfolge eines vertikal ausgerichteten Systems, das die Geschichte und die natürliche Ordnung als einen Prozess der Über- und Unterordnung begreift. Gleichzeitig hat sie in steigendem Ausmaß mit den unbeabsichtigten Nebeneffekten sowie ebenso unbeabsichtigten Folgen in Gesellschaft und Umwelt zu kämpfen.

Gibt es einen Weg aus diesem System heraus? Der erste Eindruck lässt daran Zweifel aufkommen. In Wirtschaft und Politik findet heute eine fortschreitende Konzentration von Macht und Autorität in den Händen weniger Menschen statt,[99] und diese bringt auch für Arbeitnehmer negative Konsequenzen mit sich.[100] Selbst in für stabil gehaltenen Demokratien beanspruchen narzisstische Führerfiguren die Macht für sich. US-amerikanische Forscher haben im Rahmen der Wahlen 2016 auch »kollektiven Narzissmus« feststellen können.[101]

Gleichzeitig gibt es eine ganze Reihe von Modellen für kooperatives Verhalten, für eine Balance von Arbeit und Beruf und für eine faire Verteilung von Gütern und Vermögen. Modelle, die eine Bürgergesellschaft vorschlagen, die selbst komplexe Probleme durch dezentrale Strategien zu bewältigen vermag. Diese Problemlösungskompetenz ist ihr großer Trumpf. Ob sie sich gegen die Übermacht der Glücksillusionen durchsetzen kann, die durch die ökonomische Maschinerie erzeugt wird, ist die Kernfrage.[102]

Dabei geht es auch um neue Strategien, welche die digitalen Netze nicht hauptsächlich zur Darstellung von Illusionen, sondern zu lebendiger Kommunikation nützen. Auch neue Formen eines Minimalismus blühen in Nischen der Gesellschaft, wenn auch nur zaghaft.[103]

In diesem hoffnungsvolleren Sinne nähern wir uns nun der Natur, die es mit ihren Techniken geschafft hat, mehr als vier Milliarden Jahre auf diesem Planeten zu überleben. Die Menschheit hat hingegen weniger als 300 Jahre gebraucht, um eine Million Arten an den Rand des Aussterbens zu bringen und die eigene Existenz durch die Erderwärmung zu untergraben. Angesichts dieser menschlich-unmenschlichen Bilanz erscheint klar, wer von wem lernen muss und wem die Krone der Schöpfung zunächst *nicht* gebührt.

ZWEITER TEIL

Strategien der Natur

Der erste Teil von »Animal Spirits« war der Lage unseres Systems und seiner negativen Auswirkungen gewidmet. Die nun folgenden Kapitel sollen Strategien der Natur aufzeigen, wie man mit den Fehlern, die uns und die Welt plagen, umgehen kann.

Mit dem Wachstumszwang, mit unseren mangelhaften Strategien in Krisenzeiten, mit dem Narzissmus. Sie sollen auch zeigen, wie Unternehmen besser geführt werden können, wie man Beziehungsfähigkeit stärken und wiedergewinnen kann.

Die Techniken, die vorgestellt werden, stammen von Bäumen, Einzellern, Wölfen, Fledermäusen, Bienen und Bonobo-Affen. Den Beginn macht aber eine narzisstische Droge: der Wein.

KAPITEL 5

Symposion heißt Trinkgelage

Über die enge Verwandtschaft des Narzissmus mit Alkohol und mit der Zivilisationsdroge Wein.

An der Brücke zwischen Diagnose und Therapie soll eine Pflanze beide Teile rankend verbinden. Sie wird sich gleichsam die Brücke zur Natur entlangschlingen. Anhand ihrer Eigenschaften lassen sich die krankhaften Strebungen beispielhaft zusammenfassen, auch wenn sie keine »Ranke des Bösen« ist. Die Rede ist vom Wein und seinem wichtigsten Triebmittel: dem Alkohol.

Von den Häusern der Menschen zu den Tempeln der Götter

»Um etwas vom Wein zu verstehen, muss man hinaus aufs Land, wo die Rieden stehen.« Theodor Kramer hat das gesagt, ein Dichter, der viele Jahre seines Lebens im österreichischen Weinviertel verbracht hat. Er hat diesen Landstrich und seine Menschen in ihrer bitteren Armut verewigt, ganz unromantisch, aber auch ohne jede Herablassung.

Er schrieb Gedichte über die sonnenverbrannten Gesichter der Winzer, ihre abgearbeiteten Hände, die nach vielen Jahren im Weinberg so knorrig und knotig sind wie die alten Rebstöcke, von denen sie so oft die Triebe schneiden. Er reimte über den Geruch der Maische im Herbst und den feuernden Geschmack des jungen Weins in einer Winternacht. Über die Knechte, die sich hungrig zum sauren Weißen die Walnüsse aufschlagen. Über den Erdduft des Weinkellers, seine feuchte Kühle, seine langen, tief in den Grund getriebenen Gänge – und die Stille dort. Und dann noch über die Verzweiflung der einsamen Trinker, ihr Vergessen im Rausch und das Leiden derer, denen der Alkohol am Ende das Gedärm zerreißt.

Aber beginnen wir von Anfang an. Der Wein ist ein mittels Sprossranken kletternder Strauch der Spezies »Vitis vinifera«. Seine Unwiderstehlichkeit besteht in seinem beharrlichen Sich-Ranken um Festeres und Höheres, um Bäume, Sträucher, Häuser. Wenn man ihn lässt, überwuchert er bis zu 20 Meter hohe Bäume und Mauern. Der Wein und der Mensch sind seit der Jungsteinzeit ein Paar, artgleich wuchernd und schlingend und niemals zufrieden. So wachsen sie gemeinsam, der Wein um

Der Wein und der Mensch sind seit der Jungsteinzeit ein Paar, artgleich wuchernd und schlingend und niemals zufrieden. So wachsen sie gemeinsam, der Wein um den Menschen und der Mensch um die Welt.

den Menschen und der Mensch um die Welt. Unter dem ganz nüchternen Licht der Wissenschaft wird aus dem Wachstumspartner eine relativ einfache chemische Verbindung: Man nehme 85 Prozent Wasser, 10 Prozent Ethylalkohol, ein Prozent Glyceride, ein Prozent Säuren und 0,5 Prozent Restzucker, dazu noch zwei Prozent mineralische Substanzen und Polyphenole. Das ist Wein. Aber das ist nicht jener Wein, der hier kredenzt werden soll. Hier soll es um den Wein als Rauschbringer, Ideenspender, aber auch als Zerstörer gehen. Der Wein als Gabe des mythischen Gottes Dionysos, des ewig Wiedergeborenen, des Herrn über den Wahnsinn und den Rausch.

Als Rauschmittel hat sich der Wein vermutlich zeitgleich mit der Sesshaftwerdung und dem Getreideanbau breiten Eingang in die menschliche Zivilisation verschaffen. Er wucherte zunächst von den Häusern der einfachen Menschen empor zu den Tempeln der Götter, wo er als Trank des Allerhöchsten gereicht wurde. Von den Tempeln lenkte er seine Triebe in die Paläste und von den Tafeln der Könige auf die Schlachtfelder der antiken Welt.

Die frühesten Überlieferungen der Griechen haben den Wein schon als enthemmende Substanz für Krieger gekannt. Wir wissen nicht, wie viele Gemetzel unterblieben wären, hätte man die Soldaten damals nicht mit Wein gefügig gemacht. Denn nur selten, so scheint es, wird der Mensch als Held geboren oder als Mörder. Er trinkt sich die jeweilige Rolle gewissermaßen an: »Auf dem Speer beruht mein Brot, und auf dem Speer mein Wein«, so dichtet der Hoplit Archilochos gegen 400 vor Christus, »und ich trinke auf den Speer gestützt.«[104] Der Wein ist auch das zentrale Getränk des Trojanischen Krieges (neben Opium-Tee), der die Helden anspornt, noch grausamer und enthemmter gegen die Feinde vorzugehen.

Verrauschte Herrschaft

Er ist auch ein Instrument und Zeichen der Macht. Er gibt dem Befehl des Feldherrn Durchschlagskraft und adelt den Priester vor den Gläubigen. Ordnung und Rausch bewegen sich so Hand in Hand als ungleiches Paar durch die Geschichte. Und sie tun das äußerst effizient. Mit dem Genuss von Wein befreit sich der Mensch auch abseits des Schlachtfeldes schluckweise von Teilen seines Gewissens, oder wie Sigmund Freud gesagt hätte, von der strengen Hand des Über-Ichs. Gleichzeitig bläst es das Ich und das Es ordentlich zu einem unbesiegbaren, omnipotenten, selbstbewussten Giganten auf, stets bereit zu schreien und zu schlagen, wo andere Argumente versagen. Alles Erscheinungen, die zu jenen des krankhaften Narzissmus passen.

Der Hang zur Verdrängung eigener Schwäche ist derart verbreitet, dass der Satz des römischen Weisen Plinius, »im Wein liegt die Wahrheit«, heute als eine der unverschämtesten Verdrehungen der Wirklichkeit gelten kann. Tatsächlich verursacht der Wein einen narzisstischen Schub, der Schwaches und Störendes, aber auch Erhabenes derart abwertet oder mit Neid verfolgt, dass es dieses Getränk an die Spitze der Gewaltstatistik geschafft hat: Wein erleichtert Aggression und die Aggression dient der Wiederherstellung des bedrohten narzisstischen Selbstbildes. Laut Statistiken geschehen in Europa über 80 Prozent der Gewalttaten unter dem Einfluss von Alkohol.[105] Allein der volkswirtschaftliche Schaden durch alkoholinduzierte Gewalttaten mit Todesfolge beträgt EU-weit pro Jahr 13,7 Milliarden Euro.[106]

Otto F. Kernberg, die Koryphäe unter den Narzissmus-Experten, hat zu Recht angemerkt, dass der Narzisst seine eingebildete »Vergrößerung« durch den Alkohol genieße, weil er eigentlich über ein unterentwickeltes Selbstbewusstsein verfüge: »Nicht selten kommt es im Rahmen von schweren narzisstischen Störungen zu Komplikationen des Störungsbildes sexueller Promiskuität, sexueller Hemmung, Alkoholismus und Drogenabhängigkeit, sozial-parasitärem Verhalten, schwerer Suizidalität und in Situationen, die von großem Stress und Regression geprägt sind, deutlich paranoiden Entwicklungen mit psychotischen Episoden.«[107]

Tatsächlich passt Alkohol wie keine andere Droge zu unserem vertikalen System und ihrer Wachstumsmaschine. Sie fahren sozusagen auf parallelen Schienen mit ihren Opfern Schlitten. Und zwar im kleinen, persönlichen Bereich, wie auch im großen. Das beginnt schon beim Verhältnis zwischen Konsum und Abstinenz. Je mehr man vom Wein genießt, desto weniger toleriert er Abstinenz und desto mehr verwandelt sich die Freiheit, die der Alkohol spendet, in Anziehung durch Bindung an die Substanz. Ganz ähnlich funktionieren Konsumgüter, wie etwa Facebook: Die äußere Freiheit wandelt sich binnen kurzer Zeit in eine innere Abhängigkeit. Nur dass man bei den sozialen Netzwerken nicht schluckt, sondern klickt und liked. Man könnte Klicks und Likes auch »Rauschmittel 2.0« nennen.

Ungleichgewicht regiert

Auf höherer Ebene sehen wir den Rausch, die Sucht und die narzisstische Substanz des Wachstums auch in der Ökonomie der Finanzmärkte. Der Ökonom Tomáš Sedláček hat eine recht unterhaltsame Parallele zwischen Konjunkturtheorie und Rausch entdeckt. Demgemäß verhalten sich die Finanzmärkte wie ein Trinker. Letzterer zieht die möglichen sanften Freuden von Tagen auf wenige Stunden wilden Genusses zusammen. Er konzentriert quasi Genuss-Zeit im Rausch. Damit verhält sich der »Weinschwangere« wie unser Wirtschaftssystem, das die Ressourcen und Vermögen der Zukunft durch seinen Verbrauch und die Spekulation auf die Zukunft im Jetzt aufhäuft – um periodisch abzustürzen und in der Folge unter schwersten »Katererscheinungen« zu leiden.

Diese Suchtparallele soll an dieser Stelle ausgebaut werden durch einen Vergleich der aktuellen Schuldenkrise mit den inneren körperlichen Vorgängen während eines solchen »Hangovers«. Alkoholmissbrauch bewirkt im menschlichen Kreislauf einen rasanten Abfall von Natriumchlorid (Salz) und Harnstoff. Es kommt zu einem Ungleichgewicht, im Fachjargon als »Dysequilibrium« bezeichnet. Der Körper reagiert auf den Mangel, indem er die beiden Stoffe aus anderen Organen abzieht. Zunächst aus der Haut und aus dem Gewebe. Danach – bei lebensbedrohlicher Vergiftung – wird das Gehirn angegriffen.

Auf ganz ähnlich trinkerisch-narzisstische Weise hat sich die Wirtschaft in der Krise 2008 verhalten. Zunächst wurden Milliarden in Illusionsobjekte investiert. Die Kurse entfachten ein Feuerwerk an Optimismus und entfesselter Produktion von noch mehr Drogen (im Sinne der massenhaften Bündelung von »Credit Default Swaps« und »Collateralized Debt Obligations« für Immobilien). Diese Phase des Selbstbewusstseins endete abrupt und die vernichtete Substanz (Vermögen – also Macht) musste von anderen Organen ausgeglichen werden (dem Staat und damit dem Steuerzahler). Das »Dysequilibrium« der nächsten Krise wird freilich kräftiger und gefährlicher ausfallen als bloß ein Finanzkater, denn die weniger wichtigen Organe sind nun gleichsam nicht mehr zahlungsfähig.

Dionysische Nüchternheit

Sehr auffällig nach der Krise war vor allem die (Nicht-)Reaktion: Alles blieb im Wesentlichen, wie es vorher war. Das System blieb unerschüttert, vor allem unerschüttert von Reformen, von neuen Wegen der Führung, neuen Wegen der finanziellen Stabilität. Im Gegenteil. Man spekuliert weiter wie bisher. Über allen Gipfeln der Finanzwelt liegt also Ruh'. Nichts bewegt sich. Das gleicht in seltsamer und vielleicht auch ein wenig gespenstischer Weise dem Gott des Weines, Dionysos. Er zeigt sich seit den frühen minoischen und thrakischen Darstellungen niemals tanzend oder ausgelassen, sondern ernst im Hintergrund die manische Szenerie beobachtend. Er schreitet zwar seinem lärmenden, trinkenden, kopulierenden Zug von Satyrn und Mänaden voran. Doch er selbst bleibt nüchtern und ohne Regung, ein Suchtstiftender ohne Sucht, souveräner Herrscher einer besessenen Masse. Wer ihm zu nahe kommt, den schlägt Dionysos mit Wahnsinn. So kann man sich das System vorstellen, das weiterhin souverän herrscht und

Sehr auffällig nach der Krise war vor allem die (Nicht-)Reaktion: Alles blieb im Wesentlichen, wie es vorher war.

nicht ein Jota der Veränderung oder Reform zulässt. Es schlägt seine möglichen Reformer, indem es ihre Versuche als Marotten und Hirngespinste verunglimpft.

Warum das alles so gut funktioniert bei derart aufgeklärten und rationalen Wesen? Dazu gibt einer der bekanntesten philosophischen Texte der griechischen Antike Antwort – witzigerweise ein Text über das Weintrinken: *Das Symposion* von Platon. Wir nennen es heute schamhaft »das Gastmahl«, aber es handelt sich um ein regelrechtes Besäufnis. Es geht um ein Stelldichein einiger schon vom Weinrausch des Vortags gezeichneter Gesellen, die bald zum Entschluss kommen, sich »heute nicht schon wieder« bis zur Besinnungslosigkeit »vertrinken« zu wollen. Sie lassen sich also im »Hangover« von Sokrates die Rolle der Liebe, des Eros erklären. Und was erfahren wir dabei?

Zunächst, dass Sokrates nicht selbst zur Liebe dozieren will, sondern die Weisheiten einer Frau vorträgt, die ihn einst belehrte. Sie heißt Diotima. Das ist interessant, weil es das erste und einzige Mal ist, dass in einem platonischen Dialog eine Frau spricht. Noch dazu geschieht das in einem eher frauenfeindlichen Setting, einer männlichen Feiergemeinschaft, bei dem die Gäste sogar die Flötenspielerin aus dem Saal warfen, weil sie diese als Frau ihrer männlichen Weisheit für unwürdig erachteten.

Man muss also davon ausgehen, dass Sokrates (oder Platon) diesen Akt sehr bewusst setzt, vielleicht als einen Hinweis auf die patriarchale Ordnung und ihre generelle Fehlstellung, besonders in Fragen der Liebe, also in der Beziehung zu lebendigen Dingen. Diese Diotima endet ihre von Sokrates zitierten Ausführungen mit der Frage, wo alle Liebe und jedes Begehren im Sinne des Eros denn hin möchte. Was ist das Ziel der Liebe? Ihre Antwort: Das Ziel jeder Liebe ist das Leben und das Weiterleben in den Nachkommen. Deshalb kommen die Liebenden zusammen und begehren einander. Ausgerechnet hier beginnt Diotima nicht nur von Menschen zu reden, sondern auch von Tieren: »Was meinst du wohl, Sokrates, ist die Ursache der Liebe und Begierde? Oder merkst du nicht, wie gewaltig alle Tiere ergriffen werden, wenn sie danach verlangen zu zeugen? Geflügelte und Ungeflügelte, wie sie alle krank und verliebt erscheinen, zuerst, wenn sie sich miteinander verbinden, und dann auch beim Aufziehen ihrer Brut, und wie auch die Schwächsten bereit sind, diese (Brut; Anm.) gegen die Stärksten zu verteidigen und für sie zu sterben, und wie sie sich selbst vom Hunger quälen lassen, um nur jene zu ernähren, und wie sie so auch alles andere tun? Von den Menschen nämlich könnte man glauben, sie täten dies mit Überlegung; dass aber die Tiere sich so verliebt zeigen, was mag da wohl der Grund sein? […] Ganz ebenso wie dort strebt auch hier die sterbliche Natur danach, ewig zu sein und unsterblich. Sie vermag es aber nur auf diese Art, durch Zeugung. […] der Unsterblichkeit halber ist jedem dieser Eifer und die Liebe zu eigen.«

Der Ruhm, die Kopfgeburt

Allerdings hat sich der Mann einen Sonderweg eingerichtet, die Ewigkeit zu erreichen. Freud würde wohl sagen, einen Weg für Männer aus »Gebärneid« gegenüber den Frauen. Dieser Weg unterscheidet sich stark vom Kreislauf des Lebens, von Gebären und Sterben. Er funktioniert durch Ruhm, durch die große Tat und die Belohnung durch gute, ja selbst üble Nachrede in der Nachwelt. Und diese Art von Ruhm erlangen nicht so sehr körperlich als vielmehr geistig Gebärende (Dichter, Staatsmänner) und auch Tötende (Krieger, Feldherren). Es ist der Tummelplatz für Genies und all jene, die sich dafür halten, bereit, für ihren Ruhm alles zu opfern.

Diotima sagt: »Wenn du auf den Ehrgeiz der Menschen sehen willst, da müsstest du dich ja über ihre Unvernunft wundern, wenn du nicht bedenkst, was für einen gewaltigen Trieb die Menschen besitzen, berühmt zu werden; dafür sind sie bereit, sich allen Gefahren auszusetzen, noch mehr als für ihre Kinder und ihr Vermögen aufzubrauchen und sogar dafür zu sterben […] Was meinst du denn, Achilles wäre dem Patroklos in den Tod gefolgt, wenn er nicht geglaubt hätte, eine unsterbliche Erinnerung werde nach ihm bleiben? Nur für die unsterbliche Tugend und solch herrlichen Nachruhm tun sie das, und zwar je besser sie sind, desto eher; denn sie lieben das Unsterbliche.«[108]

Was Diotima beschreibt, ist das Thema der Weltgeschichte

des Abendlandes, denn seine Art der Geschichte »nach Heldenart« hat tatsächlich den Globus erobert und sich über die Rolle der natürlichen Ewigkeit gestellt. Weil viele von uns selbst so
aufgezogen wurden, nach Heldenart, und weil die Folgen daraus
heute überall spürbar werden, ist es nun umso wichtiger, jene
Ruhm gewinnen zu lassen, die Diotima als jene erwähnt, die zu
einer anderen Form von Liebe begabt sind. Sie stehen nicht in
den Geschichtsbüchern, weil sie sich nicht darstellen müssen mit
Taten, so viel sie auch bewegen oder zerstören mögen. Sie müssen
sich keine Heldenleben auf den Leib schreiben, weil sie ihre Un-
endlichkeit ohnehin in sich selbst spüren und dazu weder Weinrausch noch Trinkgelage brauchen.[109]

Zwei Helden im Grünen

Wie sich die gesellschaftlichen Archetypen von Gärtner und Eroberer im Kapitalismus manifestieren und wie eine natürliche Harmonie herstellbar wäre.

Dieses Kapitel handelt von unserer Beziehung zur Natur und von zwei gegensätzlichen Arten, mit ihr umzugehen: die Archetypen des Eroberers und des Gärtners, des »Sich-untertan-Machens« und des Hegens und Pflegens. Sie finden sich schon in den ältesten Geschichten über den Menschen, sie prägen auch zwei gegensätzliche Arten, die Gesellschaft und die Wirtschaft zu sehen. Hier soll dargelegt werden, warum ein gesunder Umgang mit der Natur und mit unserer Zivilisation beides benötigt.

Im Garten der Paradiese

Die Beziehung des Menschen zur Natur entfaltet sich für gewöhnlich nicht in der Wildnis. Vielmehr findet dieser Austausch in einem gesicherten, kultivierten Bereich statt. Es ist eine Umgebung, die keine Angst macht, sondern friedlich und schön ist: der Garten. Er findet nicht nur deshalb in diesem Buch Platz, weil einige Lebewesen, die in diesem zweiten Teil des Buches besprochen werden, im Garten beheimatet sind, sondern auch, weil der Garten unser symbolischer Raum für Naturbeziehung ist. Das zeigt sich in den Traditionen und Überlieferungen unserer Kulturen. Denn viele mythische Fantasien, christliche und nicht-christliche, finden in einem Garten statt. Mesopotamische, indische, chinesische und jüdisch-christliche. All diese Ursprungserzählungen beschreiben die Entfremdung zwischen Natur und Mensch. Dieser Bruch, schon im Anfang aller Anfänge, bedeutet oft ein grausames Ende für den Menschen. Das Glück des Beginnens endet mit einer Strafe für einen ersten menschlichen Fehler, durch den der ursprünglich reine Zustand befleckt wird. Gerade in der biblischen Erzählung ist die Strafe fürchterlich: die Verbannung aus dem Paradies, der Inbegriff herrschaftlichen Liebesentzugs.[110]

Da wies Gott der Herr Adam aus dem Garten Eden,
dass er das Feld baute, davon er genommen ist,
und trieb Adam aus und lagerte vor den Garten Eden
die Cherubim mit dem bloßen, hauenden Schwert
zu bewahren den Weg zu dem Baum des Lebens.[111]

Im Hymnus der Genesis verdichtet sich eine große abendländische Melancholie, das Heimweh des Menschen nach seinem Ursprung in der Geborgenheit. Der Garten Eden ist tatsächlich ein beglückender Ort. Es findet dort eine außerordentliche Form der universellen Zuwendung zwischen den Wesen statt und eine fruchtbare ökonomische Bedürfnisstillung, ohne dass es irgendeinen Mangel gäbe, zumindest nicht in materieller Hinsicht.

Sehet da, ich habe euch gegeben allerlei Kraut,
das sich besamt, auf der ganzen Erde
und allerlei fruchtbare Bäume,
die sich besamen, zu eurer Speise
und allem Getier auf Erden und allen Vögeln
unter dem Himmel und allem Gewürm,
das da lebt auf Erden,
dass sie allerlei grünes Kraut essen.
Und es geschah also.[112]

Am Anfang der biblischen Geschichte war der Mensch also nicht Jäger und Sammler. Er war Sammler und Vegetarier. Und er hatte, was er brauchte, Schutz und Nahrung, er litt weder Kälte noch Hitze. Er hatte auch keine Feinde. Das ist der Charakter des Paradieses und in diesem Charakter zeigt sich auch unser innerster Wunsch nach diesem sorgenfreien Zustand. So leitet sich das Wort »Garten« auch aus diesem Ursprungswunsch ab, es bedeutet das Geschützte innerhalb einer Mauer oder eines Zaunes. Daher auch das englische »guard« und »garden«, das französische »garder« und »jardin« und das mittelhochdeutsche Wort für Garten »tuin« – der Ursprung unseres Wortes »Zaun«. Dieser Garten-Zaun und diese Mauer können allerlei Gestalt haben, wie das »Gatter« im germanischen Mythos der »Halja«, hinter dem eine grüne Flur ewigen Lebens sprießt, oder die ummauerten Glücksgefilde des zoroastrischen »Garotman«. Im griechischen und keltischen Mythos der »Apfel-Insel« dient das Meer als Mauer. Es umflutet hier den »Garten der Hesperiden« und in der keltischen Tradition »Avalon«.[113] Oder aber die Mauer ist eine Wüste wie im Falle des Vorbilds für den biblischen Garten Eden, das mesopotamische »An-Edena« bei Uruk, das »hohe Eden«, eine wasser-reiche, grüne Ebene.

Mauern – gleich welcher Natur – scheiden in den Paradiesen der Ursprungsgeschichten das Innere vom Äußeren, das Ewige vom Vergänglichen, die edlen Gewächse von den Dornen der Einöde. Letztlich aber trennen sie die Qualität – das Gut in den Gütern – von den Wucherungen von Konkurrenz und Überlebenskampf, und auch von dem Zwang zur genetischen Multiplikation der Nachkommenschaft aus Versorgungs- und Vorsorgeinstinkten. Freilich ist dieses biblische Paradies nicht ohne Gefahr.[114]

Diese wirken, ob sie nun Schlange oder Frucht vom Baum der Erkenntnis heißen, nicht ohne den Menschen. Was seinen Charakter betrifft, haben die Autoren der Genesis schon auf den ersten beiden Seiten das große Problem aufgezeichnet, das den Herrn der Schöpfung von jeher in Bann hält. Es geht dabei nicht um die Erbsünde, sondern um das Wachstum.

Von Eroberern und Gärtnern

Die Bibel beginnt ihre Schöpfungserzählung zweimal. In der ersten Version bekommt der Mensch einen eindeutigen Auftrag:

Mehret euch und füllet die Erde und machet sie euch untertan
und herrschet über die Vögel unter dem Himmel
und über alles Getier, das auf Erden kriecht.[115]

Dann aber nur wenige Verse später, im zweiten Ansatz, lautet der Auftrag so:

Und Gott der Herr nahm den Menschen
und setzte ihn in den Garten Eden,
dass er ihn bebaute und bewahrte.[116]

Diese beiden Verse beschreiben den ewigen Konflikt in der Beziehung des Menschen zur Natur. Nicht die Natur ist fragwürdig, der Mensch ist es. Der erste Auftrag geht an einen Eroberer, der sich alles untertan machen soll. Der zweite Auftrag sagt das genaue Gegenteil. Es ist der Auftrag für einen Gärtner. Welchen Prinzipien gehorchen diese beiden unterschiedlichen Typen, betrachtet man sie einmal nach systemischen Gesichtspunkten? Zunächst der Eroberer: Stellen wir uns Alexander den Großen vor, den historischen Eroberer par excellence. An seiner Geschichte und seinen Feldzügen zeigt sich auch die Struktur des erobernden Charakters: So wie dieser strebt er nach Globalisierung (in Alexanders Fall bis nach Indien). Alexander arbeitet überregional, seine Nachfrage ist unersättlich, das Angebot ist aber begrenzt. Daraus ergibt sich, dass der Eroberer chronisch unzufrieden ist. Er ist ein akkumulierender Charakter, je mehr er bekommt, desto mehr will er haben. Er nimmt zudem von den vielen und gibt nur den wenigen weiter – in Alexanders Fall seinen Diadochen.

Im Gegensatz dazu der Gärtner: Er arbeitet regional. Er muss an das Wachsen und Gedeihen denken und an die Dinge, die ihn konkret umgeben. Er muss im Einklang mit den Gegebenheiten leben und mit dem Kreislauf, den seine Umwelt und die Jahreszeiten ihm vorgeben. Er, nicht der Eroberer, braucht zum Schutz seiner Kulturen Mauern und Zäune. Er ist es, der langfristig denken und sich langfristig sorgen muss. Wir würden heute sagen, er muss nachhaltig sein. Erobern kommt für ihn nicht infrage, auch mangels Zeit. Denn er ist eingebunden in den natürlichsten »Konjunkturzyklus«, die Jahreszeiten. Der Gärtner steht beständig mit Dingen, Gegenständen und Menschen in kooperativer Beziehung, wenn er arbeitet oder seine Güter verkauft. Die Abhängigkeit, die er gegenüber den Naturgewalten verspürt, macht ihn eher demütiger und wohl auch vorsichtiger als den Eroberer.

> **Alexander arbeitet überregional, seine Nachfrage ist unersättlich, das Angebot ist aber begrenzt. Daraus ergibt sich, dass der Eroberer chronisch unzufrieden ist. Er ist ein akkumulierender Charakter, je mehr er bekommt, desto mehr will er haben.**

Der gärtnernde Krieger

All das klingt nun wie ein großer und unüberbrückbarer Gegensatz zwischen einem kranken und einem gesunden Charakter. Aber so ist das nicht gemeint, zumindest muss man es nicht so interpretieren. Und schließlich kommen beide Aufträge an den Menschen vom »höchsten Über-Ich«, nämlich von Gott. Man könnte meinen, er müsse sich ja etwas dabei gedacht haben. Oder jene Menschen, die diese Geschichte schufen. Und ist es nicht tatsächlich so, dass in jedem Menschen ein Gärtner und ein Eroberer zugleich stecken? Es geht nur um das Verhältnis der beiden Energien zueinander. Dass es beides braucht, hat schon der weiter oben zitierte Xenophon erkannt, der selbst ein Krieger und Gärtner war.

Im ersten Teil des Buches über die Oikonomia erzählt er beispielhaft die Geschichte des Perserkönigs Kyros, der von seinem spartanischen Bündnispartner Lysander Besuch erhält. Im Gespräch kommen die beiden auf die Bedeutung des Reichtums zu sprechen. Da führt Kyros den Gast in seinen Garten: »Wie Lysander sich nun darüber verwunderte, insbesondere wegen der schönen Bäume, und dass alles in so gleicher Zierlichkeit eingerichtet, die Ordnungen der Bäume in den Gängen so gerade, und die Winkel allenthalben so regelmäßig waren, ja, dass so mannigfaltiger und angenehmer Geruch in dem Herumgehen sie begleitete; indem er dieses alles bewunderte, sprach er: ›Ich wundere mich, Kyros, über alle diese Schönheit, aber ich lobe noch vielmehr den, der dir ein jedes von diesen so ordentlich und wohl abgemessen und eingerichtet hat.‹ Da Kyros dies hörte, ergötzte er sich darüber, und sagte: ›Das habe ich alles selbst so angeordnet und abgemessen.‹ [...] Darauf Lysander: ›Was sagst du, Kyros, hast du mit deiner Hand einiges von diesen selbst angepflanzet?‹ Und Kyros: ›Wunderst du dich darüber? Ich schwöre dir, wenn ich nur gesund bin, speise ich des Abends nicht eher, als bis ich durch kriegerische Übung oder eine Arbeit im Feldbau mir einen Schweiß ausgetrieben. Ja, es ist auch Verschiedenes darunter, das ich mit eigener Hand gepflanzt habe.‹«[117]

So sind nach Xenophon die wichtigsten Dinge, von denen große Herrscher eine Ahnung haben sollten, die Kriegskunst und der Ackerbau. Man könnte auch sagen, die Expertise vom Tod (Krieg) einerseits und vom Leben (Landwirtschaft) andererseits, von der Zerstörung und vom Wachstum. Das ist seine »Oikonomia«. Alles ist voll davon, bis hin zu einem Loblied des Herrschers auf seinen »eigentlichen« Reichtum. Das Reizvolle an der Darstellung Xenophons ist nun nicht die Herausstellung des Gärtners Kyros. Es ist vielmehr die Verschmelzung der Charaktere von Eroberer und Gärtner in einer Person.

Aber das Gegenüberstellen der Modelle alleine und die Forderung, dass sich das alles im idealen Charakter mischen sollte, ist noch keine Analyse und auch kein wirklicher Lösungsvorschlag. Man muss dazu die Erzählung von Eroberer und Gärtner aus dem Garten Eden mit unserer Zeit in Einklang bringen.

Schumpeter und das Paradies

Dabei geht es um zwei zentrale Fragen: In welchem Verhältnis soll die Aktivität des Eroberers zu der des Gärtners stehen? Also wie viele Anteile Eroberer brauchen wir und wie viele Anteile Gärtner? Und zweitens: Welche Rollen nehmen beide Charaktertypen in einer aktuellen ökonomischen Ordnung ein? Bei der Beantwortung kann das Werk eines großen Ökonomen helfen, der schon auf einem ähnlichen, wenn auch nicht biblischen Pfad wandelte: Joseph Schumpeter. Schumpeter war tatsächlich einer der kreativsten Denker seiner Zunft.[118] Er ist ein auf die Gesamtheit gerichteter Ökonom, der sein Fach nicht nur für eine Rechenwissenschaft über wirtschaftliche Vorgänge hält, sondern auch für eine sozialwissenschaftliche Disziplin. Das wird vor allem an jenen Stellen seines Werks deutlich, wo es um die Dynamik von Systemen geht. Sie interpretiert der Ökonom entlang biologischer Prinzipien von Werden und Vergehen, etwa was die Abfolge von Wachstum und Schrumpfung, von Krise und Neubeginn mittels Innovation betrifft. So kommt es zu einer an die Evolutionslehre Darwins angelehnten Interpretation des Wirtschaftszyklus als »schöpferischer Zerstörung«, in der ein unternehmerischer Typus, den Schumpeter als »ganzen Kerl« bezeichnet, das Heft des Handelns an sich reißt, ganz in der Natur des

»Eroberers«. Er macht sich mit großer Risikobereitschaft an eine Sache und versucht mit aller Kraft, einer neuen Idee zum Durchbruch zu verhelfen.

Damit besiegelt er gleichzeitig das Schicksal der durch den Fortschritt »veralteten« Unternehmen oder Branchen. So vollziehen sich Wirtschaft und Wachstum in fortwährenden großen und kleinen Brüchen, denen alle Subjekte der Wirtschaft ausgesetzt sind.

Wichtig in diesem Zusammenhang ist aber nicht die Ausnahmestellung des Unternehmers, sondern die Stellung des Restes der Wirtschaft, des großen Ganzen. Dieser Rest verhält sich nach Schumpeter nicht dynamisch, wie das allgemein angenommen wird, wenn man von »dynamischen Wachstumsgesellschaften« spricht. Der Großteil des »Wirtschaftskörpers« verhält sich laut Schumpeter passiv. Er verwaltet den erreichten Fortschritt und den Reichtum und hält durch Arbeit und Konsum die Gesamtheit von Produktion und Distribution am Laufen. Aber grundsätzlich ist er gegen Veränderung, nicht dafür. Er lehnt das Herausgerissenwerden aus einer einmal etablierten Struktur ab und stellt so eine nicht geringe Kraft der Trägheit und Beharrung dar:

»Jedes abweichende Verhalten eines Gliedes der sozialen Gemeinschaft begegnet der Missbilligung der übrigen Glieder. [...] Die Äußerung der Missbilligung in Verhalten und in Worten bildet einen höheren Grad dieser Reaktion und kann schon merkliche Folgen nach sich ziehen. Weiters kann es zu gesellschaftlicher Ablehnung und zur Meidung des Betreffenden kommen. Die zweite Gruppe von Widerständen findet ein jeder in seiner eigenen Brust. Es ist eine psychische Tatsache, dass es unendlich viel leichter ist, eine scharf ausgetretene Bahn zu begehen, als eine neue einzuschlagen. [...] Ganz unbedeutende Veränderungen kosten Willensanstrengung, erregen Unlust und werden als etwas Ungewohntes, Fremdes betrachtet.«[119]

Schumpeter meint nun, dass diese Charakteristik nicht nur auf einen kleinen Teil der Wirtschaft zutreffe, sondern auf den ganz überwiegenden Teil, ohne das näher zu quantifizieren. Für ihn sind Volkswirtschaften grundsätzlich »statische Wirtschaften«, also in ihrer Funktion nicht unähnlich dem des »gärtnernden

Typs«, der auf Erhaltung und Tradition setzt. »Statisch« bedeutet dabei nicht starr und unbeweglich, sondern in den gewohnten Bahnen und Mustern agierend, produzierend und konsumierend. Und so wie sich die klassische Ökonomie einen Gleichgewichtspreis vorstellt, um den herum Angebot und Nachfrage kreisen, sieht Schumpeter ein »soziales Gleichgewicht«, um das herum sich die Institutionen stabilisierend anordnen, die er in der Wirtschaftsgeschichte von frühester Zeit an etabliert sieht:

»Im sozialen Wertesystem spiegeln sich alle Lebensverhältnisse eines Volkes, alle Kombinationen namentlich kommen darin zum Ausdruck. Die Produktionskombinationen sind wirklich soziale Tatsachen, denn obgleich die Volkswirtschaft als solche sie nicht beschließt, so erscheint doch von ihrem Standpunkte vieles als planvoll, was ganz außerhalb des Gesichtskreises der einzelnen Wirtschaftssubjekte liegt. […] Das soziale Gleichgewicht ist der ideale Zustand, in dem die wesentlichen Tendenzen der Volkswirtschaft soweit zum reinsten, vollkommensten Ausdruck kommen. Bedürfnisse in Beziehung gesetzt zu einer bestimmten physischen und sozialen Umwelt halten sich in ihm die Waage und an ihm und seinen Veränderungen erkennt man am klarsten, dass sie das Alfa und das Omega des soweit geschilderten Kreislaufs sind.«[120]

»Hedonisch« gärtnern

Wenn man einen kurzen prüfenden Blick zurück Richtung Eden tut, kann man dort zunächst eine statische Struktur im Schumpeter'schen Sinn erkennen. Der Mensch lebt von den Dingen und Abläufen, die bereits vorhanden sind, er produziert nichts Neues, und tatsächlich wird er ja auch als Verwalter der Schöpfung eingesetzt, nicht als ihr Modernisierer. Seine Nahrung besteht aus Nüssen, Samen und Früchten. Zusammen ergibt das ein stabiles ökologisches Gleichgewicht, in dem Rohstoffe nicht in ihrer Gesamtheit, sondern nur teilweise verbraucht und weiterverwendet werden. Erstaunlicherweise kommt es in diesem Paradies nicht einmal zu menschlicher Vermehrung. Zwar heißt es, »seid fruchtbar und vermehret euch«, aber die Vermehrung setzt tatsächlich erst nach der Vertreibung ein – »Jenseits von Eden«. Das mag daran liegen, dass der Mensch der paradiesischen Dichtung nach nicht nur in größter Sicherheit, sondern auch ewig lebte und die Fortpflanzung also gar nicht notwendig war. Und gerade dieser Umstand der Kinderlosigkeit betont in unserem Zusammenhang noch einmal den Charakter des statischen.

Diese Harmonie im Paradies wäre nicht bedroht, gäbe es nicht das Böse in Form der Schlange, die den statischen Charakter durch die Erweckung von Neugier und Machtgelüsten vernichtet. Das Schlechte kommt in der Bibel also ausgerechnet aus jenem Streben, das uns spätestens seit der Aufklärung zum höchsten Gut geworden ist. Diese Bewertung wäre nicht weiter wichtig, wenn es sich nicht um einen Text handeln würde, der die Grundlage des Abendlandes und seiner Kultur bildete. Wollte man dieselbe Bibelstelle mit den Instrumenten der Psychologie deuten, dann kann der Text auch als ein Gleichnis für die zentrale ökonomische Neurose gelten. Sie besteht in einer Kluft zwischen dem, was der Mensch sich eigentlich wünschen würde, statische Zufriedenheit, und dem, was ihm sein Streben nach Dingen abverlangt oder wozu ihn der Fluch zwingt: zu dynamischer Veränderung.

Wenn also das Stationäre die eigentliche Umwelt des Menschen ist, wie war dann sein Charakter? Oder besser, wie könnte sein Grundcharakter immer noch sein? Schumpeter stellt in diesem Zusammenhang den »hedonischen Typus« vor (heute würde man wohl »hedonistisch« sagen). Bei diesem hört die wirtschaftliche Arbeit dort auf, »wo die Arbeitsermüdung dem weiter noch zu erwartenden Genusszuwachs gleichkommt«. Und weiter: »Es ist offenbar selbstverständlich, dass nur erworben wird, um zu genießen – jedes andere Ziel scheint da widerspruchsvoll zu sein, geradezu auf einen geistigen Defekt hinzuweisen.«[121]

Entwicklungspsychologisch entsprechen die grundlegendsten Wahrnehmungsmuster dieser »hedonischen« Forderung. Die menschliche Psyche durchforstet die Umwelt nach immer wiederkehrenden Strukturen. Je weniger wiedererkannt wird, desto höher wird das Unlust-Empfinden an der Situation sein. Das ewig Wiederkehrende, Statische erscheint als der ideale Garant von Sicherheit und Geborgenheit. Der Garten ist ein solcher Garant einer hedonischen Struktur, die sich Tag für Tag zwar an äußere Gegebenheiten, Temperatur, Niederschlag anpasst, dabei aber grundsätzlich stationär in sich ruht.

Der süchtige Energiker

Im Gegensatz zum hedonischen Charakter ist der Energiker ein von energischem Handeln und einer besonderen Art der Motivation Geprägter: »Der Mann der Tat handelt auch außerhalb der gegebenen Bahn mit besonderer Entschlossenheit. Jene Hemmungen, die für die Wirtschaftssubjekte sonst feste Schranken ihres Verhaltens bilden, fühlt er nicht. Er folgt nicht einer zu erwartenden Nachfrage. Er nötigt seine Produkte dem Markte auf.« Schumpeter zieht daraus einen interessanten Vergleich mit der Natur eines Spielers (also eines Suchtkranken, der einer massiven Störung der Impulskontrolle unterliegt): »Weder Rücksicht auf Anstrengung noch Sättigung seiner hedonischen Bedürfnisse lähmt seine Tatenlust. Ebenso wie normalerweise die Größe seines Gewinnes einen Spieler, der um des Spieles willen spielt, niemals zum Aufhören veranlassen wird. Er hört nur auf, wenn die Kraft seines Trägers erschöpft ist oder wenn äußerliche Hindernisse sich als unüberwindlich erweisen, niemals infolge satter Befriedigung. Das Haltmachen erfolgt nie freiwillig, bedeutet eine schmerzliche Niederlage, nicht behagliche Freude. Was solche Individualitäten wollen, sind weitere und immer weitere Taten, immer neue Siege. Nie wird das Maß des Erreichten zum Grund für träge Ruhe.«[122]

Wenn man nun dieses an den manischen und süchtigen Charakter erinnernde Vorbild der kapitalistischen Gesellschaft dem im Grunde überwiegenden Anteil an »hedonischen« Menschen gegenüberstellt, sehen wir nicht nur die gleiche Trennung, die schon in der Paradiesgeschichte vorgezeichnet ist. Es gibt darüber hinaus zwei entscheidende Merkmale, welche die moderne Version zu einem dramatischen und disharmonischen Ereignis machen. Zunächst wird klar, dass in der Zeit von Schumpeter dieser Typus nicht gefördert wurde, sondern als Ausnahme eher bewundert (oder bemitleidet), da er »nur eine relativ kurze Spanne Zeit zu wirklich schöpferischer Tätigkeit« hat, und danach »ausgebrannt erlischt«. Dieses Mitleid ist heute verschwunden, vielmehr

wurde die seinerzeitige Ausnahme zum Mainstream-Charakter aufgewertet. Der energische Charakter ist zur allgemeinen Zielvorstellung geworden.

Im ersten Teil des Buches wurde unter den Eigenschaften des narzisstischen Charakters auch eine fantasierte Exzellenz beschrieben. Der Narzisst fühlt sich durch sein Größen-Selbst anderen überlegen. Ganz anders sieht sich der »hedonische«, beharrende Charakter in seiner genügsameren Suche nach Zufriedenheit. Wir leben nun aber in einer Gesellschaft, die in einer Zeit des Umbruchs zur Digitalisierung den hedonischen Typus als ehrgeizlosen Faulenzer unter Generalverdacht stellt und den energischen Typus des Gestalters generell propagiert. Um nur ein Beispiel zu nennen, mit dem beinahe jeder Mensch im Arbeitsprozess konfrontiert ist: Wenn man jene Fragebögen studiert, die Bewerber für Durchschnittsjobs beantworten müssen, zeigt sich darin ein impliziter Druck, sich selbst und die eigenen Fähigkeiten über Gebühr zu loben. Dieser Druck zum Angeben setzt sich fort in sozialen Netzwerken und Medien. Der energische Typus, der von Natur aus selten ist, wird so von frühester Jugend an geradezu herbeihysterisiert.

> **Der energische Typus, der von Natur aus selten ist, wird so von frühester Jugend an geradezu herbeihysterisiert.**

Das Start-up als Stop-down

Diese Hebung des Selbstwerts setzt sich in der Arbeitswelt beispielsweise mit der Lockung fort, sich doch als »Start-up« zu verwirklichen. Ein »Start-up« ist in den allermeisten Fällen aber nicht Freiheit und Verwirklichung, sondern ist die Umschreibung dafür, dass Privatpersonen statt großer Unternehmen die Verantwortung für kostspielige Entwicklung und Markteinführung eines Produktes übernehmen und für entsprechende Verluste haften. Die größeren Unternehmen können dann die wenigen Kleinstunternehmen aufkaufen, die tatsächlich Erfolg haben. Es handelt sich also im Großen und Ganzen um ein Abwälzen von Risikoinvestitionen auf einen gut ausgebildeten Mittelstand. Das Modell endet nicht nur in Frustration und Pleiten vieler, sondern auch in einer Dienstleistungsgesellschaft, in der Eigner eines hohen Kapitalstocks über eine immer weiter wachsende Gewinnsicherheit verfügen. Das Spiegelbild dieses Zustands ist die Pleitestatistik. In Österreich ist die Zahl der Konkurse seit 1990 von 3800 Fällen pro Jahr auf 8300 im Jahr 2018 gestiegen und in Deutschland zwischen 2000 und 2017 von 17.000 auf 94.000 jährlich.[123]

Der Zwang zur Dynamik geht über den Bereich der Kleinunternehmer und Start-ups hinaus. Er hat auch den normalen Arbeitnehmer und unselbstständig Beschäftigten erfasst. Ihnen allen werden Wege zur Zufriedenheit suggeriert: Die dynamisch-energische Tat in der Arbeitswelt diene demgemäß dazu, einen hedonischen Zustand zu erreichen, ein gutes und zufriedenes Leben, ganz nach dem Motto: »Verdiene Geld durch harte Arbeit und sichere Dir dadurch ein gut ausgestattetes, sorgenfreies Privatleben und Sicherheit im Alter.« Es sollen also klassisch-hedonische Gleichgewichtszustände erreicht werden.

Dass hier das Mittel (möglichst viel harte Arbeit) dem Ziel (möglichst viel Ruhe) vollkommen zuwiderläuft, ja das Mittel der Arbeit die Zielstrukturen (Familie, Beziehung) sogar zerstört[124], scheint nicht weiter aufzufallen. Es ist eine Praxis, die auch dem seit vielen Jahren etablierten Wissen widerspricht, dass die Maximierung von Geld und Erfolg ab einem gewissen Ausmaß das Glücksgefühl nicht hebt. Das hat Hermann Heinrich Gossen schon im 19. Jahrhundert als »Gesetz des abnehmenden Grenznutzens« zusammengefasst, die Ökonomen Stanley Jevons und Léon Walras folgten ihm darin. Der Wirtschafts-Nobelpreisträger Daniel Kahneman hat sich mit seinem Kollegen Angus Deaton an eine Quantifizierung gemacht und 2008 das Optimum mit 60.000 Euro pro Jahr angegeben.[125]

Die geübte Praxis ist hingegen die des »Immer-noch-mehr«, Kahnemans Erkenntnisse werden in den Modellen der Mainstream-Ökonomie hingegen ignoriert. In diesem Sinn kann sich der süchtige Charakter in Ausbildung und Arbeitsrealität etablieren und erlebt seinen perversen Höhepunkt in der gesellschaftlichen Akzeptanz des »Todes durch Arbeit« (Karōshi) in Japan und China. Auch global gesehen fließen immer mehr

Zeit und Energie der Menschen in das dynamisch-energische Modell, während die statisch-hedonische Form der Existenz weiter zurückgedrängt wird. Zusehends werden auch Bereiche wie Familie, Partnerschaft und gutes Leben eine Illusion, die nur noch durch die Anschaffung von Gütern simuliert werden kann. Dieser Waren-Fetischismus ersetzt Zuwendung und eine gesunde Objektbeziehung.

In diesem Sinn landen wir, vom Paradiesgarten der Religion mit ihrem ausgewogenen Glück kommend, nun bei einer anderen Vision des Paradieses, in der Leben und Güter dem Markt unterworfen sind, ein modernes Schlaraffenland, in dem eine Kreditwirtschaft den Menschen – übertragen gesprochen – gebratene Tauben nach Wunsch in den Mund fliegen lässt. Alles dient dem Konsum: Tiere, Pflanzen, Rohstoffe und auch Menschen, als Konsumsubjekt und sogar als Konsumobjekt. Das Ende vom Schlaraffenland liegt freilich dort, wo der Mensch sich selbst erübrigt, nachdem er vollständig alles »aufgefressen« hat.

Paradise regained

Ich will zum Ende des Kapitels noch einmal zum biblischen Paradies zurückkehren und zu einer Interpretation des Geschehens dort, die das, was wir Sündenfall nennen, aus einem anderen Blickwinkel beleuchtet. Zunächst wird da laut Bibel allein die Schönheit dessen erfahren, was geschaffen wird oder zu sehen ist. Es dreht sich alles um die Anerkennung der Pflanzen und Tiere nach dem wiederkehrenden Motiv: »Gott sah, dass es gut war.«

Dieser Zustand der Zufriedenheit kippt erst zu dem Zeitpunkt, an dem Gott versucht, »Geschöpfe nach unserem Bild«[126] zu schaffen, also sich selbst zu kopieren. Wenn man es genau nimmt, dann passiert im späteren Sündenfall des Menschen eigentlich nichts anderes: Auch Adam und Eva nehmen sich nach dem Konsum der Frucht selbst wahr. In diesem Sinn hält zunächst die Selbstliebe Gottes und dann die Selbstliebe des Menschen Einzug in die Welt. Und ab da wird die Natur zum Gegner und aus Wertschätzung wird Gegnerschaft und Kampf und Degradierung zum Rohstoff.

Um diesem Sündenfall-Mechanismus zu entgehen, müsste man sich bemühen, die Scheinwerfer quasi auf die Welt zurückzurichten und die Dinge »ursprünglich« anzuschauen, ohne also gleich ihren verwertbaren »Nutzen« im Hinterkopf zu haben. Daher kommt der Vorschlag, die Dinge und Wesen mit einem »objektiven« Auge zugänglich zu machen, aus dem danach durchaus die Wärme der Bewunderung fließen kann. Der Philosoph Baruch de Spinoza hat in seiner Ethik für diese Methode einen Weg ausgeleuchtet:

»Es geschieht in der Natur nichts, was ihr als Fehler angerechnet werden könnte. Denn die Natur ist immer dieselbe, und ihre Kraft und ihr Vermögen zu wirken ist überall gleich. Das heißt: Die Gesetze und Regeln der Natur, nach welchen alles geschieht und Formen in Formen verwandelt werden, sind überall und immer die gleichen. Daher kann es auch nur eine Methode geben, nach welcher die Natur aller Dinge, welche es immer seien, erkannt wird, nämlich durch die allgemeinen Gesetze und Regeln der Natur. Es erfolgen darum die Affekte, wie Haß, Zorn, Neid, an sich betrachtet, aus derselben Notwendigkeit und Kraft der Natur wie alles andere. [...] Hiernach haben sie ihre bestimmten Eigenschaften, die unseres Erkennens ebenso würdig sind wie die Eigenschaften eines jeden andern Dinges, an dessen bloßer Betrachtung wir uns erfreuen. Ich werde daher die Natur und die Kräfte der Affekte und die Macht des Geistes über dieselben nach derselben Methode behandeln [...], als handelte es sich um Linien, Flächen oder Körper.«[127]

Vermutlich würde diese Art des nüchternen Betrachtens bald zu einer Erhöhung des inneren Reichtums des Betrachters führen. Man müsste sich diese geistige Lichtung allerdings hart erarbeiten und viele inneren Vorurteile und Sehgewohnheiten fällen. Schon im Wort »Schlange« etwa ruhen seit Edens Zeiten so viele Vorurteile und Schreckensbilder, dass man schwer zu dem »Wunderwerk Schlange« vordringen kann, welches die Schlange eigentlich ist. Es wäre jedenfalls eine heute noch gar nicht abzusehende Bereicherung unseres Horizonts denkbar, das Leben insgesamt in seiner übernatürlichen Schönheit zu sehen. Unsere Paradies-Geschichte endet ja mit dem Hinauswurf des Menschen und dem Verschließen des Gartens.

Und Gott trieb Adam aus und lagerte vor dem Garten Eden
die Cherubim mit dem bloßen, hauenden Schwert
zu bewahren den Weg zu dem Baum des Lebens.

Was, wenn diese Cherubim keine fremden Wesen wären, sondern symbolisch nur für uns selbst stehen und das hauende Schwert nur die Symbole unserer Selbstbehinderung sind, die einer Selbstvertreibung aus dem Paradies folgte? Was, wenn der Auftrag zur Rückkehr einfach nur lautete: Lerne wieder sehen.

Baumelndes Wachstum

Warum der Baum ein Hoffnungsträger war und immer noch ist, was wir von seinen Strategien des Über- und Zusammenlebens lernen können: Vorbilder für eine neue Form des Wachstums.

Eines der größten Probleme des ökonomischen Systems ist der Zwang zum wirtschaftlichen Wachstum. Das ist einerseits mit hohem Ressourcenverbrauch verbunden, andererseits ist jener Faktor, der dabei am meisten wächst, die globale Ungleichheit. Der Baum zeigt ein Wachstum vor, von dessen Ausmaß die Märkte nur träumen können. Aber seine Systeme des Stoffwechsels kontrollieren dieses exponentielle Wachstum und treiben es in Richtung Ausgewogenheit und Stabilität, zudem sorgt der natürliche Rhythmus für Ruhephasen. Über ein Vorbild für eine neue Wachstumsharmonie.

Der Himmel über Wien

Wenn man in Wien dem Frühling besonders intensiv beim Sprossen und Blühen zusehen und sich an den ersten wärmeren Sonnenstunden erfreuen will, dann geht man auf einen Platz, der »Am Himmel« heißt. Dort kann man nicht nur einen herrlichen Blick über die Stadt genießen, es gibt dort auch einen sogenannten »Baum-Kreis«. Jedem Sternbild ist da eine Baum-Art zugeordnet. Man glaubt ja gar nicht, wie viel man »hineingeheimnissen« kann in so einen Baum, der im Zeichen des Löwen, der Waage oder in einem der sonstigen astrologischen Sternzeichen steht. Manche Menschen, die den Baum-Kreis besuchen, erklären sich aus solchen Konstellationen zwischen Stern und Baum die ganze »Verkorkstheit« ihres Schicksals, sei es nun eichig, buchig oder eschig angelegt. So ist es heute mit den Bäumen. Sie sind in Zeiten derangierter Institutionen des Glaubens mystische Ersatzobjekte geworden, Repräsentanten eines »Geistes der Natur«, den manche ja auch wirklich umarmen wollen, indem sie den Stamm umfangen.[128]

Der Baum hat aber nicht nur einen esoterischen Ruhm, sondern auch einen mythischen: Als Baum der Erkenntnis und als Baum des Lebens im Paradies der Bibel, als »Welten-Esche Yggdrasil« bei den Germanen, als »Huluppu-Baum« in der mesopotamischen Mythologie und so fort. In den Traditionen der Völker begleitet den Baum stets ein eindrucksvolles Maß an Totemismus: die Verkörperung von Energien, Geistern und Dämonen der Natur. Bei den alten Griechen wohnen Gottheiten in Bäumen in heiligen Hainen, die jene schwer bestraften, die ihre Heimstatt fällen. Aus diesen Überlieferungen kann man Ehrfurcht und vielleicht auch eine Art unbewusster Schuld für die Abholzung ablesen, bis hin zu jenem in weiten Teilen des Alpenraumes geübten Brauch, sich bei einem Baum mittels Gebet zu entschuldigen, bevor man die Axt an ihn legt.

Der Zivilisationsstifter

Die zentrale Stellung des Baumes in der Kultur ist kein Zufall und erklärt sich aus seiner Rolle in der Geschichte der Zivilisation. Die Menschen verdanken ihm tatsächlich einiges. Er war und ist Rohstoff für das Feuer, das ihnen Wärme bringt, für den Schaft, der die Metallspitze zum Speer macht und die Klinge zum Messer und das Spalteisen zur Axt. Er ist das Holz, das Pfeil und Bogen ermöglicht, die Palisade, die Feinde abwehrt. Er war der Baustoff für die ersten Häuser, die vor Kälte, Regen und Gefahr schützten; für den Wagen, mit dem der Bauer seine Ernte einbrachte und der Händler Waren auf den Markt schaffte. Er war der Baustoff für die ersten Fischerboote und die Handels- und Kriegsflotten, mit denen Europa die Welt eroberte. Er war der Brennstoff für Metallschmieden. Er war viel früher, vor 360 Millionen Jahren, auch jene Pflanze, die im Karbonzeitalter abgelagert wurde, und die ab dem 19. Jahrhundert als Stein- und Braunkohle die Industrialisierung befeuerte. Er hat in diesem Sinn dem Kapitalismus seine Energie geliefert und einen Teil jenes Reichtums geschaffen, der heute die Industriegesellschaft auszeichnet. All das ist der Baum.

Und wenn wir den Baum ganz nach dem Leistungsprinzip einschätzen wollen, dann liefert er auch noch weitere Superlative. Er ist mit 9000 Jahren eines der langlebigsten Lebewesen dieses Planeten, der wichtigste Versorger mit Sauerstoff und gleichzeitig einer der besten Binder von CO_2. Und bei all dem ist der Baum jenes Wesen, das ein unglaubliches Wachstum an den Tag legen kann. Vom millimetergroßen Samen bis zum ausgewachsenen

Vom millimetergroßen Samen bis zum ausgewachsenen Baum mit etwa 150 Jahren hat sich das Gewicht dieser Pflanze im Durchschnitt verachthunderttausendfach. Im Schnitt nimmt er also um das 5300-fache pro Jahr zu.

Baum mit etwa 150 Jahren hat sich das Gewicht dieser Pflanze im Durchschnitt verachthunderttausendfach. Im Schnitt nimmt er also um das 5300-fache pro Jahr zu. Solche Superlative sind Grund genug für eine Untersuchung, wie diese Leistungen denn zustande kommen können, oder anders gesagt, aus welchem Holz der Baum geschnitzt ist, dass er so viel bewegen und leisten kann, obwohl er doch nichts anderes als eine »einfache« Pflanze ist. In Wahrheit sehen wir uns hier einem hoch differenzierten Zusammenwirken von physikalischen und chemischen Prozessen mit inneren und äußeren Steuerungselementen gegenüber, langen Transportwegen von Stoffen und Symbiosen mit anderen Lebewesen. Der Baum verwandelt anorganische in organische Stoffe und bildet eine autotrophe, sich selbst ernährende Struktur. Sein Stoffwechsel ist das Gegenstück zu jenem im menschlichen Körper: Während der Mensch bei der Zellteilung organische Nährstoffe aufspaltet, dafür Sauerstoff verbraucht und CO_2 freisetzt, produziert der Baum organische Nährstoffe aus CO_2 und setzt Sauerstoff frei.[129]

Der Baum als Fabrik

Wir wollen den Baum hier aber nicht chemisch oder physikalisch betrachten, sondern betriebswirtschaftlich, als Einheit aus einer Vielzahl ineinander verwobener und miteinander kommunizierender Prozesse. Der Baum ist seinem Wesen nach eine Zuckerfabrik. In der Baumkrone einer 150 Jahre alten Buche verwandeln 600.000 Blätter Wasser und Kohlendioxid in der Photosynthese zu Glucose und aus seinen »Blätter-Schornsteinen« (Stomata oder Spaltöffnungen genannt, das sind Poren in der Epidermis, der Haut des Blattes) entweichen Wasserdampf und vor allem Sauerstoff: Bis zu 700 Liter pro Tag sind es. Die Zuckerproduktion an einem Sonnentag beläuft sich insgesamt auf etwa 12 Kilogramm.

Aber das ist noch lange nicht alles. In diese Fabrik wird nicht einfach nur Input (Licht, Wasser, CO_2) hineingesteckt und auf der anderen Seite kommen Zucker und Sauerstoff heraus. Der Baum verwertet die Stoffe selbst und baut die Glucose mithilfe von Mineralstoffen aus dem Boden in verschiedenste Produkte (Zellulose, Stärke, Lignin) um, die er letztlich als Zellen in die entsprechenden Teile (Rinde, Bast, Stamm, Blattwerk und Wurzeln) einfügt. Sie alle sind unterschiedlich aufgebaut. Die Stoffe, die aus der Glucose entstehen, haben am Ende ihrer Transformation vollkommen verschiedene Funktionen, die einen etwa als Teil einer pflanzlichen Solarzelle oder andere als Teil einer hoch effizienten und stabilen Wasserleitung. Der Baum ist in diesem Sinn eine perfekte Umwandlungs- und Umverteilungsmaschine.

Jeder Teil dieser Maschine wird gleichmäßig versorgt, wodurch ein Wachstums-Equilibrium hergestellt wird, das optimale Stabilität für Hunderte von Jahren garantiert. Der zentrale Punkt, um den sich die Baumexistenz dreht, ist aber: Wachstum bedeutet nicht, möglichst schnell an Höhe zu gewinnen, es ist dazu da, die Stabilität des Ganzen bei gleichzeitiger Ausdehnung zu erhöhen. Der Stamm und das Wurzelwerk gewinnen ähnlich schnell an Breite und Dichte wie die Baumkrone (die eigentliche Kapitalfabrik) an Höhe und Ausdehnung.[130]

Wachstumskörper der Wirtschaft

Nun kann man auch die neoliberale, kapitalistische Wirtschaft als Wachstumskörper verstehen. Auch hier stehen alle Teile miteinander in Verbindung und wollen mehr an Kapital, mehr an Profit schaffen. Die Strategie aber unterscheidet sich maßgeblich von der des Baumes. Denn während das System Baum das Kapital (Zucker) der Stabilität unterordnet, passiert das bei der modernen Form des Wachstum-Kapitalismus nicht. Vielmehr wird dort alles der Schaffung von noch mehr Kapital untergeordnet. Die Stabilität des Ganzen ist nicht das primäre Ziel. Das ist ungefähr so, als gewänne die Baumkrone beständig an Ausdehnung, während der Stamm laufend vernachlässigt würde.

Das war nicht immer so. Die Ökonomie als Wissenschaft vom Reichtum entstand ursächlich wegen der Instabilität der Gesellschaften und Staaten in der Zeit der Aufklärung als Instrument zur Erbringung von Wissen für allgemeinen Wohlstand. Es war die Zeit, in der das Papiergeld erfunden und erstmals durch Spekulation enorme Reichtümer geschaffen wurden. Gleichzeitig waren auch Abstürze von ebensolcher Wucht an der Tagesordnung. So stehen an der Wiege der Ökonomie als Wissenschaft Crashes, ausgelöst durch breit angelegte Spekulationswellen. Die englischen und französischen Könige im frühen 18. Jahrhundert spekulierten sich beispielsweise an den Rand des Staatsbankrotts, als sie teilstaatliche Kompanien schufen, deren Anteilsscheine praktisch Wettscheine auf die zu erwartenden Reichtümer in Britisch-Südamerika (der »South Sea Company«) und in Französisch-Amerika (der »compagnie du Mississippi«) waren. Diese Hoffnungen erfüllten sich freilich in keiner Weise.[131]

Zu Beginn des 18. Jahrhunderts begannen sich Gelehrte mit der fortwährenden und durch nichts zu bändigenden Krisenanfälligkeit der Wirtschaft auseinanderzusetzen. Die Franzosen waren dabei die Ersten. Pierre Boisguillebert, Spross einer Familie des königlichen Beamtenadels aus der Normandie, beschäftigte sich damals intensiv mit den Problemen der Finanzpolitik und kann als Vorläufer der klassischen Ökonomen bezeichnet werden. Nicht nur weil sich in seinen Schriften erstmals Forderungen finden wie »laissez faire la nature et la liberté«, sondern weil er als erster Gelehrter nach Aristoteles die Ökonomie als einen Gesamtkörper wahrnahm, in dem Reiche und Arme an einem Kreislauf der Produktion und des Verbrauchs von Gütern teilnehmen. Boisguillebert war ein erster scharfer Kritiker derer, die ihr Geld horten und nicht in den Kreislauf zurück investieren, wie das offensichtlich für viele Spekulanten seiner Zeit galt. Boisguillebert nannte sie »Räuber«, die Produktionsmittel an sich reißen und dann selbst kein Interesse mehr an Arbeit haben, sodass sie dadurch im Gesamtkörper den »Realreichtum vermindern und den Ablauf des Wirtschaftsprozesses stören«.[132]

Auf Boisguilleberts Theorie eines umfassenden Kreislaufs baute der Mediziner und Hofgelehrte Ludwig des XIV., François

Quesnay, seinen »Tableau économique« auf. Auch er nahm die Stabilität des Ganzen als Zielvorstellung, indem er den Grundbesitzer, den Tagelöhner, den Bauern und die Konsumenten in ein errechenbares System des Güteraustauschs fügte. Quesnay machte aus der Volkswirtschaft eine Art Agrarbetrieb, in dem es darum gehen muss, dass die produktive Klasse (die Bauern) mittels freiem Handel und »laissez faire« letztlich der ganzen Nation einen Überschuss erwirtschaftet, den die von Quesnay angeführten »Physiokraten« als »Nettoprodukt« bezeichneten. Es ist dies ein erster Vorläufer des BIP-Wachstums. Und gleich unserem Baum, in dem alles Kapital sofort verwandelt und Teil des Kreislaufs wird, wird ein Wirtschaftskreislauf ebenfalls nur unter dieser Voraussetzung gut funktionieren, sodass »jedermann seine Nettoeinnahmen sofort für Konsumgüter ausgeben sollte«, meinte Quesnay. Passiere das nicht, vergrößerten also einige der Marktteilnehmer bloß ihren individuellen Geldvorrat, dann würden notwendig alle Klassen darunter leiden, denn die Hortung führe ja bei den anderen zur Einkommensschmälerung.[133]

Diese Grundidee erinnert an den Grundgedanken der Nachfragekrise, den John Maynard Keynes mehr als 200 Jahre später als den großen Fluch der Weltwirtschaftskrise 1929 erkannte, dass eben der Gesamtkörper der Wirtschaft austrocknet, wenn der Fluss der Nährstoffe im Wirtschaftskörper nicht mehr funktioniere: »Der berühmte Optimismus der traditionellen ökonomischen Theorie, der dazu geführt hat, dass jeder Ökonom als Candide (einer Romanfigur von Voltaire; Anm.) angesehen wird, der nach Verlassen dieser Welt sich der Bebauung seines Gartens widmet und lehrt, dass alles aufs Beste in dieser besten der möglichen Welten geregelt ist, wenn nur alles sich selbst überlassen bleibt, scheint mir auch auf deren Unterlassung zurückzuführen zu sein, die Hemmung des Wohlstandes zu berücksichtigen, die durch einen Mangel an effektiver Nachfrage ausgeübt werden kann.«[134]

Förster der Finanzen – Bretton Woods

Diese Beispiele sollen demonstrieren, wie sich der zentrale Gedanke durch die Geschichte der Ökonomie zieht, dass nur dann, wenn alles miteinander in beständigem Austausch und Kommunikation steht, Wohlstand auf Dauer garantiert werden kann. Keynes, der Ökonom der Weltwirtschaftskrise, war auch einer der Mitarchitekten beim größten Versuch, eine nachhaltige krisenfeste Struktur im Gebäude des Weltwirtschaftssystems zu etablieren. Auch hier ging es in erster Linie um Kommunikation und Stabilität.

In diesem Sinn trafen sich 1944 über 700 Vertreter der wirtschaftlich mächtigsten 44 Staaten in einem Winterressort im US-Bundesstaat New Hampshire. Ihr Ziel war es, die ständigen Schwankungen von Währungen einzugrenzen. So wurden im Abkommen von Bretton Woods alle großen Währungen an den Dollar und der Dollar an den Goldstandard gebunden. Was an der Oberfläche wie ein Stellmechanismus in einem entfernten System erscheint, hatte gravierende Auswirkungen auf die westliche Gesellschaft und ihren allgemeinen Wohlstand. Der Ökonom Heiner Flassbeck fasste das in einer Würdigung des Abkommens von Bretton Woods treffend zusammen: »Bretton Woods stand ganz besonders für den festen Willen der Wirtschaftspolitik, einschließlich der Geldpolitik, jederzeit für Vollbeschäftigung zu sorgen. Damit zusammenhängend und noch wichtiger: Bretton Woods stand für die systematische Beteiligung aller Menschen am Produktivitätsfortschritt über die Lohnpolitik und zusätzlich für die Bereitschaft des Staates, in die Primärverteilung (vor allem mit einer scharfen Progression bei der Einkommensteuer) einzugreifen, um mehr Gleichheit (darunter auch mehr Chancengleichheit) und gesellschaftlichen Zusammenhalt zu ermöglichen. Bretton Woods stand grundsätzlich auch für ein neues Verständnis für die Rolle des Staates bei der Stabilisierung der wirtschaftlichen Entwicklung in vielen sozialen Belangen.«[135]

Letztlich aber siegten die Versuche, den nationalen Vorteil über alles andere zu stellen. Ab 1969 griffen zunächst die Briten dieses System durch eine massive Entwertung des Pfunds an und am 15. August 1971 gab Richard Nixon bekannt, dass die

USA die Golddeckung des Dollars aufgeben würden. Das war auch das Ende der Stabilität und der Beginn des Zeitalters des Monetarismus, der zu seinem Siegeszug auch gleich seinen großen Bruder, den Neoliberalismus, mitbrachte. Wenn Bretton Woods hier mit der Stabilität des Energiekreislaufs eines Baumes verglichen wird, dann ist das nicht allzu weit hergeholt. Tatsächlich zeigte sich in der Krise von 2008 eindrucksvoll, was passiert, wenn zu viel Kapital in der Finanzindustrie – der »Krone der Wirtschaft« – gebunkert ist: Sie kann schon bei einem lauen Lüftchen den Stamm der Realwirtschaft knicken. Stephan Schulmeister weist in seinem Buch *Der Weg zur Prosperität* nach, wie sehr das Volumen der Finanztransaktionen das System destabilisierte. 2007, im Jahr der Krise, stand das Verhältnis von Finanztransaktionen zu nominellem Welt-BIP 73,5 zu 1. 1990 war dieser Wert noch bei 15,3 zu 1 gelegen. Und dieser Trend hat sich fortgesetzt. In Europa lag er 2013 bei 120 zu 1.[136]

Tatsächlich zeigte sich in der Krise von 2008 eindrucksvoll, was passiert, wenn zu viel Kapital in der Finanzindustrie – der »Krone der Wirtschaft« – gebunkert ist: Sie kann schon bei einem lauen Lüftchen den Stamm der Realwirtschaft knicken.

Nun ist in der Krise die vollständige Zerstörung der Wirtschaft nur deshalb unterblieben, weil die Staaten die »Krone« notdürftig stützten. Aber danach hätte eigentlich eine radikale Rücknahme dieser Maßnahmen erfolgen müssen. Der damalige britische Schatzkanzler Gordon Brown forderte 2009 gar »sehr radikale Änderungen für ein neues Bretton-Woods-System«[137]. Er blieb damit leider allein und vielleicht wäre das auch aufgrund der Verhältnisse gar nicht mehr möglich gewesen. Damit sind wir heute in einer nach wie vor äußerst gefährlichen Situation. Denn die Baumkrone der Weltwirtschaft wurde weiter und weiter überladen und der Stamm, die stützenden Staaten und Privathaushalte, wurde weiter geschwächt. Der weltweite Schuldenberg ist heute so hoch wie nie zuvor und allenthalben sehen Experten eine Krise kommen, welche die Stützen und den Stamm brechen lassen könnte.

Blasen im Blätterdach
und ihre Entleerung

Ein weiteres Problem ist, dass sich immer mehr Kapital in Blasen mit hohem Wachstum zurückzieht, es wird quasi in die Baumkrone gesaugt, und damit kommt das Wachstum an den Wurzeln, wo Arbeitsplätze die Realwirtschaft absichern, nicht mehr an. Die Zeitschrift *Blätter für deutsche und internationale Politik* hat einen interessanten zeitlichen Vergleich zwischen den Volumina beider Sektoren angestellt. War noch um 1980 die weltweite Realwirtschaft der Finanzwirtschaft quantitativ mit 2 zu 1 »überlegen«, so ist sie heute mit 1 zu 3,5 deutlich unterlegen. Schulmeister: »Das Volumen des Handels mit Finanzderivaten und sein exorbitanter Anstieg bedeuten: Der größte Teil des Handels entfällt auf spekulative Transaktionen.«[138]

Die Spekulationen auf den Finanzmärkten fischen sich zwar ihren Wert nicht aus dem Nichts. Alle Veranlagungen, Versicherungspakete und Investitionen, die gehandelt werden, fußen auf realen Werten. Das Problem ist aber die Überbewertung dieser Werte. Ein praktisches Beispiel: Wenn ein Mann einen Kasten kauft und ihn mit Kreditkarte bezahlt, dann spiegelt sich der Kaufpreis des Möbelstücks zunächst in seinen Schulden bei der Kreditkartenfirma wider. Dann aber kommt es zu einer »Hebelung« dieser Summe, denn die Schulden des Möbelkäufers werden in Anleihen gebündelt und als Anlagepakete an Investoren verkauft und weitergehandelt. So kann der Wert des Kastens binnen weniger Spekulationsschritte um das Hundertfache und noch mehr »gehebelt« werden.

Werden allerdings viele der Konsumenten gleichzeitig (etwa durch hohe Zinsen der Notenbank) zahlungsunfähig, wird auch der Wert der Anlagepakete mit einem Schlag vernichtet. Zurück bleibt ein Holzkasten, der gebraucht nur noch auf dem Flohmarkt verkauft werden kann. Genau solche Blasen sind in der aktuellen Konjunkturphase gang und gäbe. Es handelt sich dabei um Autokredite, Leasingkredite, Studienkredite und sonstige Verschuldungsformen.

Vielfalt schafft Stabilität

Kritiker mögen vielleicht meinen, dass die hier angestellten Vergleiche von organischen Wesen wie etwa Bäumen mit der Wirtschaft und Gesellschaft niemanden weiterbrächten. Und dass solche Vergleiche ähnlich wenig Wert hätten wie jenes Bild, in dem das Geld in der Wirtschaft mit dem Blut im Kreislauf des Menschen verglichen wird. Die Funktion des Rinnens und Transportierens, die das eine mit dem anderen gemein hat, ist tatsächlich nicht mehr als eine simple Analogie und die Gemeinsamkeit von Geld und Blut endet hier auch. Aber bei den Analogien in diesem Buch geht es nicht so sehr um die Lebewesen selbst, sondern um ihre Organisationsformen. Und die hat sich im Fall der Bäume seit über 300 Millionen Jahren bewährt.

Die Stabilität der Struktur als vorrangiges – und nicht als nachgeordnetes – Ziel ist also die erste zentrale Eigenschaft, die ich als Anregung für eine Systemdiskussion vorschlagen möchte. Diesem Punkt kann die Baumgesellschaft, das Ökosystem Wald, noch eine weitere Qualität hinzufügen. Und zwar insoweit, als eine steigende Artenvielfalt im Wald auch steigende Gesundheit und Robustheit des Systems bedeutet. Im Optimalfall ist der Wald als Ökosystem aus Dutzenden Arten von Bäumen, Sträuchern und Gräsern von unten nach oben »aufgebaut«. Diese verschiedenen Pflanzen stehen in enger Wechselwirkung und Symbiose mit 1500 Arten von Tieren und mit weit über 10.000 Arten von Pilzen und Bakterien.

Das enge Geflecht von Lebewesen des Waldes ist unübertroffen in seiner Dichte. Es bietet Schutz und Nutzen[139] und ist überaus resistent gegen natürliche Herausforderungen der Witterung und der Schädlinge, ganz im Gegensatz zu ihrer monokulturellen Form.[140]

Auch in einer rein ökonomischen Betrachtungsweise erscheint es logisch, dass Volkswirtschaften, die von möglichst vielgestaltigen Unternehmen und Branchen geprägt sind, resilienter gegenüber Krisen sind. Doch das stimmt auf den ersten Blick nicht. Die vergangene Wirtschaftskrise ist zu einer schweren Prüfung gerade für kleine und mittelständische Unternehmen

Die Betriebswirte und Stadtplaner sollten sich in diesem Punkt an den Forstwirten ein Beispiel nehmen. Die Monokultur von Bäumen im Wald ist längst zum Auslaufmodell geworden.

geworden, weil sie am meisten unter der »Austrocknung« des Kreditmarktes gelitten haben, während die großen wirtschaftlichen Gebilde mithilfe des Staates überleben konnten. Und tatsächlich mussten Direktvermarkter, Weinbauern und Kleinbetriebe, die mitnichten für die Krise verantwortlich waren, mehr bangen als Banken, die munter mitspekuliert und viele Millionen verspielt hatten. In diesem Sinn wäre ein geschützter Kreditbereich für eine solche realwirtschaftliche Diversität wohl von Nutzen, will man echte Resilienz erreichen, die Unternehmer und Arbeitsplätze schützt. Aber auch in anderer Hinsicht gibt es strukturpolitischen Handlungsbedarf für die Bewahrung einer unternehmerischen Buntheit. Und das gilt besonders in einer Zeit, in der die Mietpreise von Geschäftsflächen in den Großstädten für Klein- und Mittelbetriebe ins Unbezahlbare steigen und global oder national agierende Kettenbetreiber, seien es nun Modehäuser oder etwa Starbucks, die regionalen Wirtschaftreibenden an den Rand oder ganz aus dem Markt drängen.[141] Die Betriebswirte und Stadtplaner sollten sich in diesem Punkt an den Forstwirten ein Beispiel nehmen. Die Monokultur von Bäumen im Wald ist längst zum Auslaufmodell geworden. Für solche möglichen Veränderungen der Strukturpolitik kann auch die Flexibilität in der Verarbeitung des Kapitals im Baumkreislauf eine Anregung sein. So wie der Zucker sofort in die notwendigen Moleküle für alle möglichen Baumfunktionen verwandelt wird, dürfte es in Zukunft notwendig sein, Anreize zu schaffen, Kapital bestmöglich zu diversifizieren und an die Realwirtschaft zurückzubinden. Das wäre unter anderem durch gebündelte langfristige Förderungsanleihen für kleine und mittlere Unternehmen erreichbar, aber auch durch neue Formen von Partizipationskapital, zum Beispiel realwirtschaftlich gebundene »Bürgeraktien«[142].

Aber das ist noch nicht alles. An den Finanzmärkten selbst könnte die Bildung von Spekulationsblasen, die beständig Ungleichgewichte und Risiken schaffen, eingeschränkt werden, indem finanztechnische Hemmschwellen nach der »Methode des abnehmenden Grenznutzens« installiert werden. Überhitzenden Märkten würde ab einer gewissen Gewinnmarge jede zusätzliche Gewinneinheit verringert werden. So ließe sich mit wenig Aufwand durch sinkende Gewinnaussichten auf etablierten Bullenmärkten Kapital in andere Märkte locken, während der Ausgangsmarkt auf hohem Niveau um einen Gleichgewichtsgewinn oszillieren würde. Für die Investoren hieße das, neben gleicher Chancenverteilung, auch noch weitgehende Informationstransparenz – beides zentrale Forderungen der freien Marktwirtschaft. Die Finanzmärkte wären das, was sie in ihrer Grundausrichtung sein sollten, nämlich ein System kommunizierender Angebotsgefäße, in denen das nachfragende Kapital etwas stabiler verteilt fließt und gehandelt werden kann, als dies jetzt der Fall ist.

Wachsen und Ruhen

Ich möchte noch ein anderes Phänomen in den Blick nehmen, das sowohl mikro- als auch makroökonomisch und gesellschaftlich interessant sein könnte. Es geht mir dabei um die Wachstumsraten des Baumes, von denen zu Beginn des Kapitels kurz die Rede war, als es um Superlative ging, dass zum Beispiel eine Buche in ihren ersten 150 Jahren jährlich um das 5300-fache wachsen kann. Dieses Wachstum ist nicht nur sichtbar, es ist auch hörbar. Legen Sie im Frühjahr einmal ein Stethoskop an einen Baum mit glatter Rinde, Sie werden staunen, wie sehr das Wachstum im Inneren »rauscht«. Auf faszinierende Art verschränken sich im Wesen Baum gleich zwei Arten von Wachstum: Das exponentielle Wachstum und das Nullwachstum in einer äußerst erfolgreichen Kombination, wobei das Nullwachstum das Gesamtwachstum in keiner Weise hemmt. Der Baum befindet sich also

Auf faszinierende Art verschränken sich im Wesen Baum gleich zwei Arten von Wachstum: Das exponentielle Wachstum und das Nullwachstum in einer äußerst erfolgreichen Kombination, wobei das Nullwachstum das Gesamtwachstum in keiner Weise hemmt.

nicht in einer Dauerwachstumsphase, sondern die Ruhephase des Baumes im Winter bereitet den nächsten Wachstumsschub im Frühling in optimaler Weise vor. Das Blattwerk wird im Herbst abgeworfen, es schützt die Mikroorganismen und Insekten, die in der Wurzelzone unter und mit dem Baum leben, und bedeutet für das Frühjahr einen reichen Düngeeintrag in die ernährenden Humusschichten. Diese Verarbeitung und Verwandlung der scheinbaren Abfallstoffe ist ein Ideal, dem sich der Mensch nur mühsam annähert.[143]

Der Baum selbst ist durch die Rinde geschützt, die durch kleine Lufteinschlüsse die inneren Schichten, das Kambrium (die Nährstoffverteilungsleitung), den Splint (die weicheren Holzteile) und das Kernholz, wie durch Wärmekammern vor der Kälte abschirmt. Die geringe Menge an Wasser, die im Stamm verbleibt, reichert sich mit Zuckerverbindungen an, wodurch es seinen Gefrierpunkt absenkt. Der Zucker wird hier auch als ein Frostschutzmittel genutzt. Während also über der winterlichen Erde und allen Wipfeln und Gipfeln sprichwörtlich »Ruh'« ist (Johann Wolfgang von Goethe), arbeitet der Wurzelstock unter der Erde an seiner Ausbreitung. Besonders feine Haarwurzeln streben ins Erdreich, der Baum sichert praktisch seine Energieversorgung für den kommenden Wachstumsschub ab.

Schlaf, das goldene Drittel des Lebens

Die Winterruhe der Bäume dauert etwa vier Monate, von November bis März. Ein Baum begibt sich ab seinem ersten Wachstum demzufolge ein Drittel des Jahres in den Schlafmodus. Genau dieselbe Menge Schlaf benötigen Tiere, die Winterschlaf halten. Die Schildkröte liegt in unseren Breiten ab November im Kühlschrank (tatsächlich lagern Schildkröten bei etwa vier Grad), der Igel unter seinem Laubhaufen. Nagetiere, wie das Murmeltier, ziehen sich in ihre Höhle zurück. Sie senken ihren Herzschlag auf drei pro Minute ab und reduzieren ihren Energieverbrauch um 98 Prozent. Selbst das im Winter durchgehend wache Wild »schläft« in der Nacht. Messungen haben bei Hirschen die Absenkung der Körpertemperatur während der Stehzeit auf 15 Grad gemessen. Der Mensch selbst benötigt seinen Schlaf täglich – und auch er verschläft im Durchschnitt ein Drittel seiner Lebenszeit.

Diese 30 Prozent Schlafzeit haben es schon deshalb in sich, weil sie durchgehend überall erkennbar sind. Sie lassen sich sogar an den Trainingsplänen von Leistungssportlern ablesen, bei denen jede Muskelgruppe im Training nur kurz, aber intensiv belastet wird, und in der darauffolgenden Ruhephase Zeit bekommt, Kraft aufzubauen und Muskelzellen einzulagern. Ohne Ruhe gibt es keine Leistungssteigerung. Ich will damit sagen, dass die gängige Idealvorstellung der immer arbeitenden und Leistung erbringenden Individuen, auf die eine Gesellschaft der Rastlosigkeit fixiert ist, jeder natürlichen Ordnung zuwiderläuft.

Nun sind Wirtschaft und Gesellschaft zwar keine organischen Individuen und es wäre lächerlich, beiden »Schlafphasen« verordnen zu wollen, in der Hoffnung, sie mögen am nächsten Tag ausgeglichener und leistungsfähiger sein. Trotzdem sollte dem schlechten Ruf entgegengewirkt werden, den der Begriff »Ruhe« in der heutigen Gesellschaft hat. In individuellem Rahmen erscheint die Ruhebedürftigkeit eines arbeitenden Menschen als Zeichen der Schwäche und Faulheit, die ständige Erreichbarkeit und Verfügbarkeit wird – von Führungskräften bis zum einfachen Angestellten – oft als Teil der Arbeitsanforderung erwartet. Das ist nicht nur nachweislich ungesund, es ist auch von Vorgesetzten, die aus den Arbeitenden das Beste für sich herausholen wollen, falsch gedacht, denn es erhöht nicht nur ihren Stresslevel, sondern dämpft auch die Inspiration, die Motivation und die körperliche Leistungsfähigkeit. In diesem Sinn war die Forderung des Sozialisten Paul Lafargue, des Schwiegersohnes von Karl Marx, nach einem Recht auf Faulheit (*La droit à la Paresse*) keine ideologisch verzopfte Schrulle, sondern eine biologisch notwendige und unternehmerisch sinnvolle Idee.

Hysterische Entwicklungsschübe

Mehr noch als in »normalen Unternehmen« ist die Ruhe dort verpönt, wo es um die Entwicklung der Zukunft der Gesellschaft geht. Also dort, wo Forschung und Wissenschaft sich zur Rea-

lität und zur Markttauglichkeit entwickeln sollen. Dort würde Ruhe guttun. Unter »Ruhe« verstehe ich natürlich nicht, dass die Entwickler und Forscher Schlaf brauchen. Ich meine damit, dass manche Entwicklungen es verdienen würden, »überschlafen« zu werden. Denn speziell dort, wo es nicht schnell genug gehen kann, schleichen sich erfahrungsgemäß die meisten Fehler ein. Dazu drei Beispiele:

1. Die Finanzmärkte. Von deren Akteuren wurden jene »Credit Default Swaps« und »Collateralized Debt Obligations« als Wunderwachstumsmittel gefeiert und ohne Risikoanalyse eingeführt, die dann 2008 die Finanzkrise verursachten.

2. Die Digitalisierung. Sie ist ein Phänomen, das unkontrolliert und scheinbar alternativlos in die Gesellschaft eindringt. Schätzungen aus glaubwürdigen Quellen, etwa der OECD, lassen befürchten, dass in den kommenden 20 Jahren jeder zweite Job durch Neuentwicklungen der Digitalisierung verloren gehen wird. Diese Warnungen werden mit dem dürren politischen Verweis zur Kenntnis genommen, dass man sich eben »neu aufstellen« müsse. Bei diesem Stehsatz bleibt es dann meist. Offensichtlich sind die Folgen dessen, was passiert, wenn 30 bis 50 Prozent der Jobs verloren gehen, Politikern nicht vermittelbar. Aber statt diese Entwicklung aktiv durch neue Arbeitszeitmodelle und Lohnformen vorzubereiten, überlässt man die Bevölkerung steigenden Existenzängsten, von denen einige Politiker und Demagogen dann noch profitieren.[144]

Der ethische Höhepunkt der Digitalisierungs-Debatte betrifft die Erfindung des führerlosen Autos, das in Amerika und teilweise auch in Europa bereits getestet wird. Dabei ergibt sich folgende knifflige Frage: Wer stirbt, wenn das selbstfahrende Auto bei einem Unfall die Wahl hat? Es gibt zum Beispiel ein Bremsversagen und drei Fußgänger stehen auf der Straße, allen auszuweichen, ist unmöglich. Wen soll das Auto auswählen? Man sollte annehmen, dass es darüber bittere Debatten gibt. Gibt es aber nicht. Es werden Umfragen getätigt und Listen erstellt. Es sind, wenn man so will, Todeslisten der Wertschätzung. Die Fachzeitschrift *Nature* hat sie veröffentlicht. Am ehesten verschont würde demnach ein Kleinkind, dann eine schwangere Frau. Ganz unten in der Wertungskette stand die Katze, über ihr der Kriminelle – und noch über dem Kriminellen der Hund. In diesem Fall beißen den Letzten tatsächlich die Hunde.[145]

3. Grüne Technologie. Unumstritten sind auch die »grünen« Technologien nicht. Kaum wird etwa die Idee vom Elektroauto geboren, muss sie auch schon markttauglich gemacht werden, vorgeblich aus Umweltschutzgründen. Nun zeigt sich, dass Elektroautos durchaus nicht klimaneutral sind. Nicht nur, dass der Strom, der sie antreibt, zum Teil ja in Kohle- oder Gaskraftwerken erzeugt werden muss. Auch für die Erzeugung einer E-Auto-Batterie werden zwischen fünf und 17 Tonnen CO_2 verbraucht. Das entspricht etwa dem Spritverbrauch eines normalen Pkw auf 50.000 bis 200.000 Kilometer. Die CO_2-Bilanz des Elektromobils ist also ebenso hoch wie die eines halbwegs modernen Spritautos.[146]

Das Grundproblem bei all den neuen grünen und nachhaltigen Entwicklungen ist bisher, dass wir, was auch immer wir erfinden, damit nicht zu einer Senkung der CO_2-Bilanz beitragen, sondern im Gegenteil zu deren Anstieg – wie hoch auch immer die Einsparung sein möge. Die einzigen Zeiträume, in denen diese Bilanz global nachgewiesenermaßen gesunken ist, waren jene Zeiten, in denen die Weltwirtschaft unfreiwillig zur Ruhe kam. Zuletzt war das in der Krise zwischen 2008 und 2010 der Fall.

Pause, und was nun?

Was kann man also nun konkret tun? Die Wirtschaftskrise herbeisehnen, um die Klimakrise zu bekämpfen? Das wäre absurd. Wenn man dem Beispiel Baum folgen möchte, müsste der Unternehmer wie der Finanzminister und auch der Notenbanker das Wirtschaftswachstum als eine natürliche Konjunktur behandeln. Es soll gewachsen werden in Hülle und Fülle, aber ebenso selbstverständlich sollte es Ruhephasen geben dürfen, die der Fehlererkennung und Nachjustierung gewidmet sind. Auch um neue Energie und neue Innovationskraft zu entwickeln.

Ich meine damit selbstverständlich nicht, dass sich die Weltwirtschaft für ein Drittel des Jahres von der Konjunktur verabschieden sollte, sondern es ginge vielmehr um Ruhephasen in einzelnen Abteilungen von Unternehmen und Institutionen, vor allem jenen, die der Forschung und Entwicklung dienen. Es würde nicht bedeuten, dass dann dort nicht gearbeitet wird. Alle Energie würde im Gegenteil in die Prüfung und Absicherung des Erreichten fließen und in seine Stabilisierung. So könnte quer durch die Bank solides Wachstum aufgebaut werden. Die Wirtschaft und die Konjunktur würden quasi Jahresringe anlegen, anstatt von der Dynamik des nimmersatten Wachstums getrieben von Umsatzplus zu Umsatzplus zu hetzen und sich damit selbst vollkommen zu überfordern, wie das heutzutage der Fall ist.

Vielleicht gäbe es unter diesen Voraussetzungen ja auch das eine oder andere Ingenieursteam, das sich daran macht, gemeinsam mit Biologen und Spezialisten der Photosynthese folgendes Verfahren zu entwickeln: Man nehme Sonnenenergie und verwandle sie mithilfe von CO_2 in Zucker, der als Treibstoff für Maschinen genutzt wird. Und aus den Schornsteinen dieser fotosynthetischen Fabriken würde reinster und schönster Sauerstoff steigen. Der Mensch hätte den Weg der Zellteilung verlassen und wäre dem Weg des Baumes gefolgt. Er würde nicht spalten, sondern zusammensetzen. Die Klimabilanz ließe sich sehen. Aber das ist freilich noch blanke Utopie, ein Mythos der Zukunft, der den schönen Titel tragen könnte: »Der Sprit aus dem Spirit der Bäume.«

Pantoffelhelden der Krise

Wie sich die Fortpflanzungsstrategien der Einzeller als Vorbild für schwierige Zeiten erweisen könnten.

Die Krise von 2008 war ein Beispiel dafür, wie die Chance auf Verbesserungen im Gefüge der Globalisierung verschlafen wurde. Noch immer sind die negativen Auswirkungen spürbar, noch immer ist die einzige Antwort der Wirtschaftspolitik auf die spürbaren Verwerfungen billiges Geld durch niedrige Zinsen. Die Natur hat andere Strategien, mit Krisen umzugehen. Sie verstärkt ihre Anstrengungen, eine Vielfalt an Lösungsmöglichkeiten hervorzubringen. Besonders gut beobachtbar ist das am Beispiel der Einzeller, die den Namen Pantoffeltierchen tragen. Sie sind wahre Krisenkünstler.

Wo Zeitdiebe wachsen

Wachstum ist jener Magnet, der alle Energie in der narzisstischen Maschine anzieht und verarbeitet. Wachstum ist der Spender von Reichtum und der Spender der Freiheit des Konsums. Wachstum sichert die Freiheit von Hunger und Not. Wachstum ist Grundbedingung für Erfolg und damit auch Bedingung für gesellschaftlichen Aufstieg unter seiner Herrschaft. Das heißt, dass Wachstum eigentlich alles für uns bedeutet, von der Versorgung mit dem Notwendigsten bis zur Versorgung mit Ansehen und Selbstwert. Diese ungeheuer starke Bindung macht die Kritik an der Wachstumsordnung so schwierig. Das kann man nicht zuletzt an der Kritik selbst erkennen. Denn was ist ein Wachstumskritiker, der mit seinem kritischen Bestseller selbst Wachstum auf dem Buchmarkt schafft und an diesem Wachstum seinen Erfolg misst? Man ist also, gleich wie man es anfängt, gefangen in einer Werte- und Wertungsskala, die Erfolg und Misserfolg misst, unabhängig davon, was die Absicht ist. Im Grunde ist es so: Wie kann der Bestsellerautor meinen, die Maschine sei kaputt, wenn er selbst ein beredtes Beispiel dafür ist, dass sie blendend funktioniert?

Wir leben also mit einem Paradox und trotzdem sind wir optimistisch: Der Mensch habe doch noch immer alle Probleme gelöst, so heißt es. Hat er das? Muss er sich nicht vielmehr eingestehen, dass er ein »kollaterales« Wesen ist? Ein Wesen, das seine Taten mit einer gewissen Absicht setzt und sein Ziel vielleicht auch erreicht, das dabei aber die unbeabsichtigten Folgen für sein Umfeld nicht kontrollieren kann? Ein Wesen, das mit jedem Schritt seines Fortschritts unzählige schädliche Nebeneffekte setzt, die er nicht sehen kann oder sehen will? Dieser Kollateralschaden lässt sich heute aber ganz gut messen: Nehmen wir nur das Artensterben, die Vergiftung der Ozeane, die Überfischung, die Ausbreitung der Wüsten, die Landflucht, die großflächige Zerstörung von Waldflächen und die steigende Konzentration von Treibhausgasen in der Atmosphäre. Angesichts dessen scheint hier vor allem für eines kein Platz: Für jenen Optimismus, der meint, dass man nur so weitermachen müsse wie bisher, denn es werde schon irgendwie gutgehen.

Unser Realismus kann hingegen hier beginnen: bei den Fehlern, die am Grund dieser Phänomene liegen. Einer davon ist unsere etwas primitive Sicht des Wachstums. Vom Markt aus betrachtet ist es die absolute oder relative Zunahme des Volumens in einer fixen oder relativen Zeiteinheit. Der menschliche Intellekt setzt nun das Wachstum als Wachstum von Output oder Produktion oder Kapital absolut. Diese Überzeugung scheint unveränderbar. Und weil sie das ist, meint der Mensch, müsse er so viel Arbeit in so wenig Zeit wie möglich packen, damit das rechnerische Wachstum von Kapital und Output aufrecht bleibe. Er vergisst, dass dieses Laufen und immer schnellere Rennen einen schleichenden Diebstahl von Zeit mit sich bringt und einen Verlust von Zufriedenheit. Diese Zufriedenheit kann auch nicht dadurch zurückgewonnen werden, dass der Zielfaktor wächst. So wird Wachstumszeit zu Wachstumsstress – und das bei absolut steigendem Reichtum.

Hetze, hetze manche Strecke

Indem man sich die Zeit raubt, steigt gleichzeitig die Fehleranfälligkeit, und psychologisch gesehen erhöht Stress die Aggressionsbereitschaft enorm. Das Individuum unter der Wachstumsordnung ist angehalten, von Erfolg zu Erfolg zu hetzen. Aber das müsste nicht sein, wenn man Wachstum als einen ganzheitlichen Prozess des Organismus der Gesellschaft annimmt, wenn man die

Indem man sich die Zeit raubt, steigt gleichzeitig die Fehleranfälligkeit, und psychologisch gesehen erhöht Stress die Aggressionsbereitschaft enorm. Das Individuum unter der Wachstumsordnung ist angehalten, von Erfolg zu Erfolg zu hetzen.

Definition dessen, was man als positives Wachstum versteht, über die ökonomische Sphäre hinaus erweitert und die Sättigung und Zufriedenheit auch als Faktoren und als Ziele ins System integriert, nicht als unwillkommene Bremsen. Der Baum und die mit ihm verbundenen Ökosysteme waren im letzten Kapitel Anschauungsfeld für solche ganzheitlichen Vorgänge, die exponentielles Wachstum auch mit Ruhephasen verbinden und die stets die Aufrechterhaltung der Stabilität des Gesamtkörpers als Ziel jeder Aktion haben.

Wachstum um des Wachstums willen ist nun, wie schon gezeigt, eine der Hauptursachen für die Krisenanfälligkeit unseres Systems. Und nun ginge es um die Frage: Was tun, wenn eine Krise eintritt? Gibt es spezielle Strategien oder Modelle in der Natur, mit Krisen umzugehen? Und zwar sowohl mit Krisen, die aus dem Wachstum selbst entstehen, als auch mit Krisen, die Erscheinungen einer schon eingetretenen wirtschaftlichen Depression sind. Könnte man also ganz grundsätzlich Anregungen von der Natur beziehen, die einen Beitrag zu einem stabilen Ganzen leisten, unabhängig von den spezifischen Ursachen, oder – wie die Ökonomen sagen – abseits von endogenen oder exogenen Schocks? Man kann das auch provokativ umdrehen und auf die aktuellste solcher Krisen beziehen, indem man fragt, ob unsere 2008 praktizierte Krisenpolitik in der Natur eine Chance hätte? Die Antwort wäre wohl nein. Und gäbe es grundsätzliche Modelle, die in allen Krisensituationen anwendbar wären? Die Antwort ist ja.

Krisen sind in der Natur nicht nur Katastrophen, die Populationen von Tieren in extremen Stress versetzen. Sie sind auch Prozesse der Prüfung und Klärung von Fehleranfälligkeit. Es geht dabei entweder um existenzielle Bedrohung durch feindliche Arten, um Ressourcenknappheit oder die Umstellung des Klimas. Wenn man so will, ist jeder Wintereinbruch und jede Periode extremer Hitze eine Art Krise für Flora und Fauna. Jede Krise setzt Mechanismen in Gang, welche die Individuen – so gut es geht – neu einstellen, und im (erfolgreichen) Extremfall so weit verändern, dass sie in Nischen überleben können, selbst wenn der Rest des gewohnten Habitats verloren gegangen ist.

Ich habe lange nach einem Lebewesen gesucht, das diese Phänomene und Strategien im Krisenfall besonders anschaulich darstellt und damit ein gelungenes Beispiel und Vorbild für unsere Krisenformen böte. Lachse in Wintergewässern wurden erwogen, Rehe im frostigen Schweden und das Murmeltier in unseren Breiten. Sie alle reagieren im Grund mit gleichen Strategien – einerseits der Sammlung zu größeren Gruppen und andererseits bei tiefen Temperaturen mit herabgesetzten Körperfunktionen, also dem Sparmodus. Letztlich aber war keine Spezies besser und erfolgreicher auf Krisenfälle vorbereitet als die ältesten aller Lebewesen – und gleichzeitig auch die kleinsten.

Die verlachten »Animalcula«

Als diese kleinsten aller Lebewesen im Jahr 1677 entdeckt wurden, da schaute die Welt der Könige und Gelehrten, der Philosophen und Mathematiker geradewegs in die andere Richtung, ins Universum. Man ergötzte sich an der Entdeckung neuer Sterne und an der Erforschung der Kräfte, die das Weltall zusammenhalten. Latein war noch immer die gebotene Sprache der Wissenschaft. Und wer Latein nicht konnte, war eine lächerliche Figur.

Eine solche war Antoni van Leeuwenhoek aus Delft. Er war der Sohn eines Korbflechters, ein junger Mann, der keinen rechten Beruf erlernen wollte. Stattdessen betrieb er mit ungeheurem Geschick Naturwissenschaften. Und während alle anderen in den Nachthimmel starrten, erforschte er die Welt im Kleinen. Im ganz Kleinen. Er war der Erfinder des Lichtmikroskops und die Qualität seiner Glaslinsen blieb bis ins späte 19. Jahrhundert hinein unerreicht. Aber was sah van Leeuwenhoek dort, wo sonst niemand hinschauen wollte, auf den Flügeln eines Schmetterlings oder in den Augen einer Fliege? Eine unerhörte Pracht von Farben und komplizierten Mustern. Wirklich mulmig wurde ihm aber, als er in einem Tropfen Wasser kleine, von Wimpern umfasste Lebewesen entdeckte, die sich schnell bewegten und gegeneinander rieben. Er nannte sie »Animalcula« (Tierchen). Und er sprach mit denen darüber, die damals ihre Augen nur in den Sternen hatten. Die verlachten ihn natürlich, die Herren der »British Society« in London, die damals so etwas wie den Olymp der Wissenschaften darstellten. Aber van Leeuwenhoek gab nicht auf und jene, die seine »Little Animals« zunächst höhnisch lächerlich gemacht hatten, verstummten schnell. Der Sohn des Korbmachers hatte das Geheimnis des Lebens in seiner Urform entdeckt und plötzlich wurde offenbar, dass der Mikrokosmos ebensolche Wunder bereithält wie der Makrokosmos der Milchstraße. Mehr noch – der Mikrokosmos ist voller Leben, der Makrokosmos hingegen (vielleicht) nur voll von totem Gestein.[147]

Nun haben diese Einzeller ihre Strategien des Überlebens nicht nur in Millionen, sondern in Milliarden von Jahren erprobt. Mit ihnen begann das Leben auf der Erde vor etwa vier Milliarden Jahren. Und sie sind immer noch da und werden auch da sein, sollte das Anthropozän durch den Klimawandel mit dem Untergang der Menschheit und aller höher entwickelten Lebewesen enden. Sie sind also das Alpha des Lebens auf diesem Planeten und sie werden vermutlich auch sein Omega sein, sollte dieser Planet einst absterben.

Und ist es nicht erstaunlich, dass ausgerechnet die einfachsten Lebewesen die anpassungsfähigsten von allen sind? Wir sind mit Charles Darwins Evolutionstheorie aufgezogen worden, also mit der Lehre, dass die besser Angepassten überleben und die weniger gut Angepassten untergehen; dass es folglich einen Verdrängungswettbewerb gibt, den man artig »Selektion« nennen kann und dass das eherne Grundgesetz der Natur in einem »Survival of the Fittest« besteht. Aber es scheint dem Schöpfer dieser brillanten Ideen selbst bewusst gewesen zu sein, dass er damit bloß eine gute und plausible Theorie vertrat, wenig mehr. Neben seiner ersten Skizze von einem Stammbaum zur Entstehung der Arten schrieb Darwin nicht ein triumphales »Das ist es!« oder gar ein »Heureka!«, um seine Idee zu adeln. Er kritzelte bloß die Worte: »I think.« Und er hatte recht mit dieser skeptischen Notiz. Die Naturwissenschaft hat seit dem 19. Jahrhundert einiges dazugelernt und deshalb ist Darwins Fantasie vom Stammbaum zwar in großen Linien richtig, wie auch in der Annahme der Selektion. Aber sie allein kann die Phänomene und Lebensformen insgesamt nicht erklären. Vielmehr hat dieses Bild von der Evolution des Lebens über Jahrzehnte die Forschung immer wieder in ein und dieselbe Untersuchungsrichtung gedrängt. Und wie sich nun herausstellt, hat sie damit ihren Horizont extrem verengt, vor allem, was das Gegenteil von Selektion betrifft: die reiche Welt der Kooperationen und horizontalen Bindungen. Hier stehen wir noch am Anfang der Erkenntnis.

Die Bakterien und Einzeller wurden trotz ihrer primitivsten Art des Lebens nicht nur nie verdrängt, sie bieten auch zum Thema Kooperation ein ungeheuer reiches Anschauungsmaterial. Und wenn man dieses Kapitel vorab zusammenfassen möchte, könnte man sagen: Die Bakterien antworten auf Krisen mit einer Strategie, die höchst erfolgreich genau das Gegenteil von dem tut, was die Krisenmanager der angeblich höchstentwickelten Spezies vorschlagen – und schädlicherweise auch noch umsetzen. An dieser Stelle könnte man freilich schon voreilig entgegnen, die Bakterien seien ja nicht mit jenen komplexen Gefahren und Herausforderungen konfrontiert, denen wir uns gegenübersehen. Doch auch da können die Kleinsten überraschen.

> **Bakterien antworten auf Krisen mit einer Strategie, die höchst erfolgreich genau das Gegenteil von dem tut, was die Krisenmanager der angeblich höchstentwickelten Spezies vorschlagen – und schädlicherweise auch noch umsetzen.**

Das ewige Leben

Bakterien und andere Einzeller sind wahrhaft großartige Extremlebewesen. Sie können der Sauerstoffarmut der Höhen und dem Druck der tiefsten Meerestiefen standhalten. Sie sind die Ersten, die in giftigen Umgebungen leben und Giftstoffe und Schwermetalle in ihren Stoffwechsel einbeziehen. Sie sind sehr hohen Temperaturen und globalen Eiszeiten gewachsen. Sie brauchen nicht einmal Sauerstoff zur Atmung. Vielmehr sind sie zusammen mit den Pflanzen für die Sauerstoffproduktion auf unserem Planeten verantwortlich.

Sie haben trotz ihrer mikroskopischen Kleinheit in der Erdgeschichte meterhohe Gesteinsschichten aufgetürmt, die ihre Stoffwechselprodukte sind. Sie haben aber nicht nur die Anpassung an verschiedenste Elemente gemeistert, sie können sogar erfolgreich mit dem schwierigsten Problem von allen umgehen: mit dem Tod. Sie überleben nachweislich 25 Millionen Jahre ohne Sauerstoff in einem Bernstein-Einschluss und können danach wiedererweckt werden.[148]

Viren, Sporen und Bärtierchen sind derart perfekt in ihrer Strategie, dass sie die Gesetze der Physik herausfordern. Sie widersprächen, wenn sie sprechen könnten, vermutlich lauthals dem Zweiten Hauptsatz der Thermodynamik, dass alles Leben der Entropie, dem Zerfall, dem Tod, dem Chaos zustrebe. Ein Virus, ein Bakterium und seine Artgenossen tun das nicht. Der österreichische Nobelpreisträger Erwin Schrödinger kommt durch moderne Forschungen hier gleichsam zu posthumen Ehren. Denn er hatte eine Ahnung, die in ihrer philosophisch-wissenschaftlichen Schönheit jener des Baumes der Evolution von Charles Darwin durchaus nicht unterlegen ist. In den 1930er-Jahren schrieb er einen Aufsatz zum Thema: »Was ist Leben?« Sein aus physikalischen und biologischen Beobachtungen gezogenes Fazit: »Leben entzieht sich der Entropie.«[149]

Leben entzieht sich dem Zerfall? Für unsere menschlichen Ohren und Erkenntnisapparate ist das schwer nachvollziehbar. Spätestens ab dem mittleren Alter streift die meisten die unangenehme Ahnung, dass man sich auf ein Ende vorzubereiten habe. Dieses Erkennen löst bei sehr vielen eine durchaus verständliche Krise aus, in der ein vielfach unterschätzter seelischer Energiestrom seine Richtung wechselt und statt auf Leben und Erfüllung nun in Richtung Depression und Leere driftet.[150] Doch die »Little Animals« kümmert das natürlich wenig. Carl von Linné, der Schöpfer der Nomenklatur des Tier- und Pflanzenreichs, hat sie aufgrund ihrer Vielgestalt noch unter den Begriffen »Chaos« und »Gewürm« versammelt. Sie sind nichts weniger als das, und diese Tatsache zeigt sich auch an jenem Vertreter der Einzeller, den ich nun als Beispiel für eine mögliche Krisen-Bionik heranziehen werde. Er ist eines der häufigsten Lebewesen unserer Breiten, und er liebt die Natur besonders da, wo sie feucht und flüssig ist.

Pantoffeltierchen – blass oder grün

Man findet sie in den Pfützen und in der Regentonne, im Wasser in der Gießkanne, in unseren Gärten und auf unseren Balkonen. Sehen kann man sie allerdings nur unter dem Mikroskop. Das konnte aber ihren Ruhm nicht schmälern. 2007 haben es die Pantoffeltierchen sogar zum Titel »Einzeller des Jahres« gebracht. Dass das just jenes Jahr war, in dem die größte Finanzkrise seit 1929 die Globalisierung erschütterte, war wohl reiner Zufall, man kann es aber auch, wie wir gleich sehen werden, als ein vielsagendes Zwinkern des Schicksals sehen.

Das Pantoffeltierchen oder »Paramecium« gehört zur Gruppe der »Wimperntierchen«. Sie sind äußerst nützlich, denn ihre Hauptspeise sind Bakterien im Brackwasser. Gewöhnlich kann man an ihrer Häufigkeit gut die Wasserqualität ablesen – auf die einfache Formel gebracht: Je mehr weißes Paramecium vorhanden ist, desto weniger ist das Wasser ein bekömmliches Getränk. Man könnte auch sagen, faules Wasser macht das Paramecium blass. Je mehr grüne Pantoffeltierchen vorkommen, desto reiner ist es. Da das Pantoffeltierchen gerne von Fischen verspeist wird, ist es auch gut eingegliedert in die Nahrungskette im Süßwasser. Es reinigt und nährt.

Aber das ist noch nicht das Interessanteste an den Pantoffeltierchen. Das Erstaunlichste ist die Art, wie sie sich fortpflanzen. Wenn die Umwelteinflüsse günstig sind, das Wetter feucht und warm ist, dann teilt sich das Pantoffeltierchen selbst. Es kopiert sein genetisches Material eins zu eins und vervielfältigt sich. Auf diese Weise entstehen pro Tag aus einem Pantoffeltierchen sieben andere vollkommen gleiche Pantoffeltierchen. Wissenschaftlich formuliert handelt es sich um eine »Mitose«, bei der die beiden Zellkerne, ein aktiver Makronukleus und ein inaktiver Mikronukleus kopiert und dann in eine neue Zelle integriert werden. Das ist der Normalvorgang und in diesem Sinn serielle Arbeit.

Wobei gesagt werden muss, dass die Mitose bei aller Häufigkeit ein hochkomplexer Vorgang ist, bei dem das Genom des Pantoffeltierchens (auf dem 40.000 Gene liegen, also doppelt so viel wie beim Menschen) in einem biochemischen Vorgang vervielfältigt wird: Während sich die Erbinformation von Makro- und Mikronukleus eigentlich nicht unterscheidet, wird das Genom beim Makronukleus in der Mitose mehr als 800 Mal verdoppelt. Wir haben es mit einem einfachen und gleichzeitig unglaublich differenzierten System zu tun.

Wenn sich allerdings die Witterung oder die Rahmenbedingungen verschlechtern, dann wird die Angelegenheit sehr viel abwechslungsreicher. Die Pantoffeltierchen beginnen dann miteinander zu »konjugieren«, wie die Zoologen sagen. Das funktioniert wie Sex und ist wohl auch genau das: Zwei Pantoffeltierchen legen zunächst die Mundfelder aneinander und verschmelzen dort. Es ist der perfekte Kuss auf Einzellerbasis, ein »Vom-Winde-verweht-Moment« in höchster Not. Alles Trennende, auch die Wimpern, verschwinden nun, die Großkerne lösen sich auf, die Kleinkerne, in denen das Genom geschützt liegt, teilen sich, und zwei von ihnen bewegen sich aufeinander zu und verschmelzen. Es entstehen ein Kleinkern und ein neuer Großkern mit einer neuen Genmischung. Damit hat diese Form »des totalen Sex« sein Ziel erreicht.

Die krisenhafte Situation bewirkt eine gesteigerte Vielfalt genetischen Materials und die Entstehung von Kreuzungen, die dann unter Umständen besser geeignet sind, mit dem Notstand zurechtzukommen. Die massenhafte Herstellung von Variationen wird bei der evolutionären Selektion dazu führen, dass letztlich die besten Neukombinationen fortbestehen. Es ist dies tatsächlich eine äußerst sinnvolle Strategie. Sie ist vertikal und horizontal zugleich, sie mischt und sucht

> Zwei Pantoffeltierchen legen zunächst die Mundfelder aneinander und verschmelzen dort. Es ist der perfekte Kuss auf Einzellerbasis, ein »Vom-Winde-verweht-Moment« in höchster Not.

dann das beste Ergebnis. Und noch eines ist wichtig. Die Einzeller suchen nur dann nach neuen Kombinationen, wenn diese tatsächlich gebraucht werden, weil die alten vermutlich nicht ausreichen würden, um eine Situation zu überstehen.

Nehmen wir nun an, unsere Wirtschaft wäre auch nur in Ansätzen so fähig wie Pantoffeltierchen: Würde sie dann im Fall einer wirtschaftlichen Depression nicht alles unternehmen, um zu neuen Kombinationen und Verfahren zu kommen, um so besser die Zeit der Not zu überstehen? Aber sie macht das genaue Gegenteil. Sie trampelt sozusagen in alten Pantoffeln auf ausgetretenen Pfaden durch die Landschaft, indem sie immer bestrebt ist, dem krisenhaften Wachstum bei einem Einbruch noch einen Schub daraufzusetzen oder aber wie das Kaninchen vor der Schlange zu erstarren.

Wie Krisen nicht gelöst werden

Man kann das an der bis heute größten Krise im Finanzsystem beispielhaft nachvollziehen. Nach jenem »schwarzen Donnerstag« am 24. Oktober 1929 begann die US-Regierung, mit der Krise so umzugehen, wie sie das immer gelernt hatte: Sie tat zunächst ein Jahr lang gar nichts. Präsident war damals Herbert Hoover, ein überzeugter Anhänger einer ökonomischen Schule, die der Wirtschaft zutraute, sich selbst zu heilen. Die amerikanische Notenbank setzte auf einen Sparkurs und verknappte die Geldmenge um 30 Prozent, um einem Währungsverfall vorzubeugen, was aber nicht zur Gesundung führte, sondern zu einer heftigen Deflation: Die Privathaushalte begannen im Schock ihr Geld zu horten. Zahllose Unternehmen gingen in Konkurs, weil ihre Produkte nun keinen Absatz mehr fanden und die Preise unter den Erzeugungskosten lagen. Als die Zahl der Arbeitslosen bereits in die Millionen ging und die Suppenküchen der Heilsarmee nicht mehr ausreichten, die Hungernden durchzufüttern, fand sich der Präsident immerhin bereit, um private Spenden zu bitten. Diese philanthropische Art des Sozialsystems, in dem die Wohlhabenden auf freiwilliger Basis geben oder auch nicht, half kaum (wie überhaupt Philanthropie des Kapitals stets einen mikroskopischen Eingriff in ein System darstellt, aber niemals jene zugrunde liegenden Übel beseitigen kann oder will, die das Kapital selbst mit hergestellt hat).

Die Wirtschaft blieb also bis 1932 weitgehend sich selbst überlassen. Die Aktienwerte waren auf einen Tiefststand gesunken, von 331 auf 41 Punkte. Die »Große Depression« zog ihre Vernichtungsspur. Die Gefahr von Arbeitslosigkeit verursachte eine eklatante Konsumzurückhaltung, die wiederum Pleiten und noch höhere Arbeitslosigkeit nach sich zog. Bis 1933 war die Arbeitslosenquote von drei auf 24 Prozent gestiegen und das BIP der USA war um 28 Prozent geschrumpft. Erst als alles Warten keinen Effekt zeigte, wurde das bis dahin Unerhörte ausprobiert: 1,5 Milliarden Dollar an Investitionen in die öffentliche Infrastruktur, später dann weitere Investitionen unter Roosevelt, die als »New Deal« in die Geschichte eingehen sollten. Die Regierung hatte – auf unser Beispiel umgemünzt – eingesehen, dass in der wirtschaftlichen Genetik gleichsam nach »pantoffeltierischem« Vorbild die Vereinigung von öffentlichen Geldern und kapitalistischer Struktur doch besser wirkte als das hilflose Warten auf Wachstum.

Die Amerikaner orientierten sich nun an einem neuen ökonomischen Ziel. Sie wollten nicht mehr bloß »eternal prosperity« für Gewinner an der Börse herstellen, wie vor der Krise 1929, sondern sie stellten Vollbeschäftigung in den Mittelpunkt, also die Partizipation aller an allem. Franklin D. Roosevelt formulierte das so, als er gegen Hoover antrat: »Aus der ganzen Nation schauen Männer und Frauen auf uns, die von der politischen Philosophie der Regierung vergessen wurden, um Führung und eine gerechtere Chance auf einen Anteil am nationalen Wohlstand zu bekommen. Ich verpflichte mich zu einer Neuverteilung der Karten für das amerikanische Volk. Das ist mehr als eine politische Kampagne. Das ist ein Ruf zu den Waffen.«[151]

Das Programm, das sich an die Forderungen von John Maynard Keynes anlehnte, startete 1933, aber die vier Jahre davor hatten schon eine beträchtliche Verwüstung hinterlassen. Erst 1941 konnte das Ziel Vollbeschäftigung mit dem Eintritt der USA in den Weltkrieg erreicht werden. Nun herrschte Kriegswirtschaft und es kam zu einer eindrucksvollen, aber traurigen Bestätigung des »keynesianischen Denkens«: die Vollbeschäftigung auf Staatskosten zur Herstellung von Vernichtungsmaschinen. Die Arbeitslosigkeit fiel zwischen 1939 und 1944 von 17 auf ein Prozent. Das Bruttosozialprodukt verdoppelte sich in dieser Zeit nahezu und der Privatkonsum stieg von 220 auf 255 Milliarden Dollar.[152]

2008 – Keynesianismus für die wenigen

Einen anderen Fall der Gleichförmigkeit haben Regierungen im Jahr 2008 flächendeckend gesetzt, als die Hyperspekulation mit Immobilien die Weltwirtschaft abstürzen ließ. Die Staaten entschieden sich für eine Art »perversen« keynesianischen Eingriff, indem sie öffentliches Geld in die Finanzwirtschaft leiteten statt in die Realwirtschaft. Sie füllten auf, was die Krise vernichtet hatte. Gleichzeitig fingen sie den abstürzenden Bankenmarkt mit Niedrigzinsen auf. Das gelang zwar eindrucksvoll. Doch die Schulden blieben.

Der »genetische Code« der Finanzwirtschaft hat sich seit 2008 in keiner Weise verändert. Die Möglichkeit einer grundlegenden Reform des Weltfinanzsystems wurde versäumt. Man machte weiter wie bisher, steigerte die Schulden und hoffte auf den Aufschwung. Der kam zwar, aber unter Rahmenbedingungen, die höchste Instabilität durch immer weiter wachsende Schulden und Handelskonflikte auslöste. Sie gelten heute als möglicher Beginn einer Rezession, einer »Depression in der Depression« (John K. Galbraith). In ihrem Buch über Finanzkrisen haben die Ökonomen Carmen Reinhart und Kenneth Rogoff nachgewiesen, dass die Krisenanfälligkeit mit zunehmender Kapitalmobilität steigt. Dieser Trend zeigt sich seit 1800 immer wieder und es gibt keinen Grund anzunehmen, er würde nicht auch heute gelten.[153]

1929 wie 2008 und auch 2019 verhalten wir uns kaum anders als Pantoffeltierchen bei schönstem Wetter. Wir tun so, als habe die Krise gar nichts mit uns zu tun, mit den Prinzipien, mit denen wir Wachstum ordnen, und mit der Art, wie wir Reichtum definieren und anhäufen. Tatsächlich sind wir aber schon seit Jahren mitten in einer Krise nach der Krise. Dass es schon Jahrhunderte brauchte, um wenigstens Ansätze einer Krisentheorie in der Ökonomie zu entwickeln, das »deficit spending« von John Maynard Keynes spricht eigentlich Bände. Aber die Idee, dass man mit einer Strategie der 1930er-Jahre die Herausforderungen einer globalen Wachstumskrise des 21. Jahrhunderts auch noch wird meistern können, hat etwas Frivoles. Steigende Staatsinvestitionen bei einem gleichzeitigen Ansteigen der Staatsschulden werden auf Dauer nichts Gutes bewirken, wenn das angestrebte materielle Wachstum die Ursache für unbeabsichtigte und unkontrollierbare Folgeerscheinungen, wie etwa Energieverbrauch und Klimawandel, ist.

John Maynard Keynes gelang es in den 1930er-Jahren, die Beschäftigung in den Mittelpunkt der gesellschaftlichen und politischen Aufmerksamkeit zu rücken. Zu Recht, wenn man vergleicht, wie schnell und einfach die faschistischen Verführer in Deutschland und Österreich aus dem Heer der Arbeitslosen radikalisierte Anhänger rekrutieren konnten. Wenn man das heute in Betracht zieht und die entscheidende Rolle der Arbeitswelt mitbedenkt, merkt man erst, wie tief die aktuelle Krise tatsächlich ist. Immerhin dürfte die Digitalisierung die Hälfte der einschlägigen Arbeitsplätze in den kommenden 20 Jahren vernichten.

Die Welt des Anthropozäns befindet sich in einer »Doublebind-situation«. Wenn wir wachsen, sind wir toxisch für das Klima und die Umwelt, ohne Wachstum steht aber gleich die Gesellschaftsordnung der Demokratie infrage. Es ist also höchste Zeit, gleich Einzellern in den Krisenmodus zu schalten und zu versuchen, den eigenen Ist-Zustand zu ändern.

Die Auffächerung des Lebendigen

Ein Bild, das dabei helfen könnte, die Tragweite dieser Entscheidungen zu erfassen, stammt aus der Geschichte der Einzeller. Es geht dabei um eine Revolution, die sich vor etwa 2,5 Milliarden Jahren abgespielt hat. In dieser Zeit geschah etwas Unfassbares: All die Jahrmilliarden davor hatten die Einzeller, vor allem anaerobe Bakterien und Einzeller ohne ausgeprägten Zellkern mit Membran (die »Prokarioten«), die Erde alleine bevölkert. Sie

hatten, wie schon erwähnt, die größten Katastrophen der Klima-
geschichte ohne Schaden überstanden, unter anderem die kom-
plette Vereisung des Planeten. Aber davor war etwas eingetreten,
das Forscher die »Große Sauerstoffkatastrophe« nennen. Diese
Einzeller, vermutlich Blaualgen, hatten so viel Sauerstoff als Ab-
fallprodukt ihres Zellstoffwechsels ausgestoßen, dass über kurz
oder lang alle anaeroben Lebewesen ausgelöscht wurden.

So weit die Theorie. Das mit dem Sauerstoff dürfte zwar
stimmen. Aber die Katastrophe lässt sich nicht nachweisen und
das Massensterben der anaeroben Bakterien auch nicht. Und
doch geschah mit nachweislicher Sicherheit etwas Außergewöhn-
liches. Die robuste Struktur von Linnés »Gewürm« erhob sich
plötzlich über sich selbst. Ein Prokariot wurde in einem revolutio-
nären Schritt zum »Eukarioten«, zum Einzeller mit einem robus-
ten Zellkern und allen Voraussetzungen für die Vereinigung von
arbeitsteiligen Strukturen in seinem Inneren.

Plötzlich wurde es möglich, Geschlechter auszubilden, eine
komplexe innere Membranstruktur aufzubauen und ein dynami-
sches »Cytoskelett«, auf dem genetische Informationen und chemische Austauschstoffe für den Zellstoffwechsel wie auf einer Schiene
transportiert werden konnten. Plötzlich wurde es auch möglich,
neue Gestalten zu bilden, komplex, aber dafür weniger langlebig.
Aus diesem ersten Eukarioten, so der Stand der Forschung, wurden letztlich alle vielzelligen, sterblichen Lebewesen.[154]

Die Biologen rätseln immer noch, wie diese Höherentwick-
lung genau vor sich gegangen ist. Aller Wahrscheinlichkeit nach
wurde aus einem einzigen Prokariot durch »Endosymbiose«, also
der Verschmelzung mit einem anderen Prokarioten oder einem
primitiven Großzeller (»Archaee«), ein neues Wesen. Was die
Wissenschaftler zudem wissen, ist, dass nach diesen ersten zwei
Milliarden Jahren eine große »Hemmung« weggefallen sein muss,
die die Endosymbiose ermöglichte. Das hat vielleicht mit dem
Verbrennungspotenzial von Sauerstoff zu tun, dass die Einzeller
also den Sauerstoff – ihr für sie giftiges Ausscheidungsprodukt –
in ihren Treibstoff verwandelten.

Das Überspringen dieser energetischen Hürde verursachte
die Entstehung aller »Supergruppen« von Vielzellern, die heute

das Geschehen bestimmen, seien es Pflanzen, Strahlentiere oder die Gruppe der »Unikonta«, die unter anderem die Gruppe der Säugetiere, also auch die Menschen beinhaltet. Diese plötzliche Auffächerung des Lebendigen aus einem einzelnen Wesen durch einen Sprung über eine physiologische und physikalische Hürde bezeichnen die Biologen als »monophyletische Radiation«.[155]

Kreislaufbrechend in die Zukunft

Ein ähnlicher Ansatz müsste der Gesellschaft am Ende der Digitalisierung gelingen, um sich vom Kreislauf des ewig Gleichen befreien zu können und diesen Modernisierungsschub zu einem positiven Ergebnis zu bringen. Dazu wird es aber notwendig sein, sich von alten Schemata des Denkens und Handelns radikal zu befreien und Neues zu versuchen sowie aus diesen Versuchen der Selbstbefreiung neue Strategien des Handelns zu entwickeln.

Leider tun wir derzeit das Gegenteil von dem, was Einzeller im Krisenmodus tun würden. Anstatt horizontal in Austausch zu treten und intensiver als je zuvor miteinander zu kooperieren, ziehen wir künstliche Grenzen ein. Wir schotten Märkte voneinander ab. Wir entwickeln politische Leitbilder, die alles Fremde als Gefahr brandmarken und die Nationen isolieren – unter dem Vorwand, »das Volk« oder »das Abendland« retten zu wollen.

Es kann aber in der gegenwärtigen Phase nicht mehr um ein Ende der Globalisierung gehen, sondern um ihre Fruchtbarmachung für neue, erweiterte Ziele. Der Erfindergeist des Einzelnen ist vermutlich der Weg aus der Krise, aber er braucht die Kraft der vielen, um in kurzer Zeit etwas bewegen zu können. Das kann mit regionalen Versuchen ökonomischer Selbsterhaltung beginnen und bei neuen Parametern der Welthandelsorganisation und den Entwicklungszielen enden. Es braucht also in jeder Hinsicht, individuell, sozial und global, eine Selbstkorrektur im besten Sinne: nach vorwärts. Zu der heute überhandnehmenden Angst vor allem Neuen und Fremden

> **Der Erfindergeist des Einzelnen ist vermutlich der Weg aus der Krise, aber er braucht die Kraft der Vielen, um in kurzer Zeit etwas bewegen zu können.**

können die Einzeller noch eine Art Glosse beisteuern. Es gibt im Reich der Einzeller nicht nur Eukarioten mit voll entwickeltem Teilungssystem plus sexueller Kapazitäten, wie das bei den Pantoffeltierchen der Fall ist. Es gibt auch »sekundär abgeleitete« Eukarioten: Sie haben Teile ihrer Komplexität zurückentwickelt oder verkümmern lassen. Die meisten von ihnen betreiben auch keine Kopulationsvermehrung.[156] Sie vermehren nur sich selbst und der Genpool bleibt gleich. Sie behalten sozusagen ihre »Einfach-Gestricktheit«. Aber das hat seinen Preis: Die abgeleiteten Eukarioten sterben normalerweise schon nach wenigen Generationen aus. Ihr Genpool und damit ihr »Lösungspool« sind nicht überlebensfähig.

Auch für menschliche Organisationen ist das gültig: eine Ordnung, die nicht lernfähig ist, die ihre Codes und Methoden nicht hinterfragt und den Status quo für unabänderlich hält, wird früher oder später an dieser Erstarrung zugrunde gehen. Und das nur, weil so viele nicht hören wollen, dass einem alten Spruch zufolge »nichts im Leben sicher ist«. Dabei wäre diese Unsicherheitsregel gar nicht unangenehm. Man müsste nur ähnliche Schlüsse ziehen wie die Pantoffeltierchen, die angesichts ihrer wahrhaft innovativen Krisenarbeit »Pantoffelhelden« genannt werden müssten.

Wolfspack und Musketiere

Wer sich ein Wolfsrudel aus dem Blickwinkel der Gruppenpsychologie ansieht, erhält Anregungen für Management und Führung ohne Zwang und Angst.

Die Führung von Unternehmen lag lange in den Händen von Managern mit machtbewusstem, allein verantwortlichem, manchmal autoritärem Führungsstil. Die Wölfe leben vor, wie vertrauensvoller Umgang selbst bei wichtigen Entscheidungen funktioniert und flache Führungsstrukturen, Spiel, Übung und Intuition die besten Ergebnisse liefern. Mit einem solchen Stil würden die meisten menschlichen Unternehmungen gut funktionieren, verlieren würden nur Narzissten. Gleichzeitig können Wölfe auch Vorbild dafür sein, wie man Komplexität durch Intuition meistern kann.

Beheulenswerte Vorurteile

Der Wolf ist eigentlich ein bedauernswertes Tier. In kaum einen anderen tierischen Zeitgenossen wird ohne sein Zutun so viel hineinprojiziert wie in dieses relativ gewöhnliche, hündische Wesen. Über die Jahrhunderte galt er als ein Intimfeind des Menschen. Dieser sah in ihm einen Gefährder der Zivilisation – einen Feind der Unschuldigen und Schwachen und einen grausamen Räuber. Historisch belegte Untaten sind bezeichnenderweise selten in den Annalen zu finden – dafür sind die fantasierten Geschichten über die Bosheit der Wölfe umso häufiger. Im Sagenschatz versucht er als Meister Isegrimm die drei kleinen Schweinchen in ihren Häusern zu erjagen, bei den Brüdern Grimm frisst er die Großmutter vom Bett weg und das kleine Rotkäppchen zum Dessert. Generell zeigt der Wolf also märchenhaft oft die Zähne und ist ein Symbol für Gefahr.

Immerhin verliert er bei seinem verworfenen Wirken in unseren Erzählungen stets den Kampf – und meist auch sein Leben –, wenn ihm etwa der Jäger den Bauch aufschlitzt. Sogar in die Staatsphilosophie hat es das Tier geschafft, denn noch immer wird in der politischen Arena diskutiert, ob Thomas Hobbes recht hatte, als er meinte, jeder Mensch sei seinem Nächsten ein Wolf (einzig Furcht, Verlangen und Verstand würden ihn antreiben), und deshalb brauche es die strenge Hand eines souveränen Herrschers, des Leviathan, um ihn unter Kontrolle zu halten.[157]

Der Wolf kommt aus der Vermenschlichung nicht heraus. Dabei wäre dieses Raubtier für sich gesehen schon interessant genug. Es muss einem keinen »Wolfskuss« auf den Mund schmatzen oder »Wolfsweisheit« produzieren, um geschätzt werden zu können.

In jüngster Zeit ist der Wolf aber durch seine Wiederansiedelung in Mitteleuropa zu neuen Ehren gelangt. Sein Bild hat sich nun um 180 Grad gedreht und zwar von unten nach oben: Falsch ist es immer noch, dafür aber positiv falsch. In Bestsellern steht zu lesen, dass der Wolf »dem Menschen ähnlicher als jedes andere Lebewesen« sei. Man möchte ausrufen: Affen aller Kontinente, empört euch! Aber egal, in dieser Tonart geht die Begeisterung auch in anderen Publikationen hoch. Das intelligenteste und sanfteste Wesen, aktiv in Jugend- und Altenpflege, soll der Wolf sein und derlei mehr. An solchen Behauptungen lässt sich viel Eingebildetes und wenig Wahres ablesen, außer: Der Wolf kommt aus der Vermenschlichung nicht heraus. Dabei wäre dieses Raubtier für sich gesehen schon interessant genug. Es muss einem keinen »Wolfskuss« auf den Mund schmatzen oder »Wolfsweisheit« produzieren, um geschätzt werden zu können. Im Nordosten Europas und Russlands gibt es etwa 45.000 Wölfe, die in dünn besiedelten Gebieten in Rudeln zusammenleben, in Nordamerika gibt es wesentlich mehr. Die globale Population dürfte sich auf 300.000 belaufen (in Österreich gibt es zwei Dutzend). Vor 15 Millionen Jahren hat sich die Familie der Wolfsartigen vermutlich aus einer der heute ausgestorbenen Arten »Cynodesmus« oder »Tomarctus« aus der Familie der »Borophaginae« entwickelt, hundeähnlichen Raubtieren, deren Überreste man in Nordamerika gefunden hat. Das erstaunlichste Merkmal des Wolfes ist nicht seine Raubtierhaftigkeit, sondern dass er eigentlich relativ wenig von einem erfolgreichen Raubtier hat. Sein Kiefer ist nicht das kräftigste, seine Krallen stumpf. Er kann keine Bäume erklettern und scheut das Wasser. Und dennoch ist der Wolf ein höchst erfolgreiches Tier. Denn was er als Individuum nicht zu leisten vermag, das leistet er als Gruppe. Und um dieses Gruppenverhalten soll es hier gehen, um sozialen Zusammenhalt – und wie er hergestellt werden kann, denn diesen braucht eine Gruppe, um erfolgreich miteinander zu arbeiten. Aber auch um Strategien geht es, Aggressionen in Gruppen abzubauen. Weil die Wölfe diese Kunst seit Millionen von Jahren üben, sind sie beispielgebend, und wenn man ihre Strategien als Inspiration nimmt, sogar für Menschen erfolgversprechend.

Gleichzeitig wechseln wir mit dem Wolf sozusagen das Revier in diesem Buch. Ging es in den vorhergehenden Abschnitten vornehmlich um die makroökonomischen Zusammenhänge unseres Systems, so geht es nun um die Mikroökonomie: um das Unternehmen und seine Führung, um die Art, wie Gruppen, Familien, Cliquen miteinander umgehen und geleitet werden sollten. Und grundsätzlich geht es um Rationalität, Motivation, Energiehaushalt – und vor allem um Beziehungsfitness.

Ein Bild braucht tausend Worte

2011 sorgte in den sozialen Netzwerken ein Bild für einen Sturm an Begeisterung und wenig später für einen Sturm der Empörung. Es zeigte eine große Gruppe von mehr als 30 Timberwölfen in Kanada, die im tiefen Winter hintereinander durch den Schnee stapften. Der Wolfsfreund, der die Aufnahme auf Facebook stellte, umkreiste einige der abgebildeten Wölfe mit bunten Farben und behauptete in der Bildzeile, dass man hier sehen könne, wie ungeheuer sozial Wölfe seien. Denn die Alten und Schwachen dürften vorausmarschieren, während sie der Leitwolf von hinten sichern würde.[158]

Die Begeisterung war groß, ein beispielhaftes evolutionäres Sozialwesen schien endlich entdeckt worden zu sein. Nur: Nichts davon stimmte. Beginnend schon mit der Tatsache, dass Wölfe niemanden schützen müssen. Vor wem sollten Raubtiere an der Spitze der Nahrungskette denn Angst haben? Vor wild gewordenen Hirschen oder Bären im Winterschlaf? Kurze Zeit später klärte ein BBC-Kameramann den Fake auf und alle waren enttäuscht. Denn das Bild erfüllte aufs Erste eher Gender-Klischees: Vorneweg liefen die Weibchen, so der Dokumentarfilmer. Sie traten mit Mühe den Tiefschnee nieder, was für die ganz hinten laufenden größten Wolfsmännchen bedeutete, dass sie dem ausgetretenen Pfad bequem folgen konnten. Das Patriarchat in tierischer Ewigkeit? Nicht im Geringsten, denn tatsächlich handelte es sich um eine ausgeklügelte Betriebsanordnung. Die ungewöhnliche Größe der Gruppe deutete auf einen außergewöhnlichen Zusammenschluss mehrerer Rudel hin (in der Regel besteht ein Rudel nur aus acht Wölfen). Dergleichen mutet zumindest ungewöhnlich an, gemessen an unseren Vorurteilen, nach denen der Wolf dem Wolf ein blutiger Feind sei, und das Rudel heilig.[159]

Aber der Zusammenschluss ergibt dann einen Sinn, wenn es, wie in diesem Fall, um die Jagd auf das größte Säugetier der nordamerikanischen Steppen geht: den Bison. Ein solcher Bison wiegt in ausgewachsenem Zustand über eine Tonne und ist für einen einzelnen Wolf, von denen die größten Exemplare gerade einmal 70 Kilogramm auf die Waage bringen, unbezwingbar. 25 Wölfe hingegen haben dort wirkliche Erfolgsaussichten, wo wenige keine Chance haben.

Zudem braucht es ausgeruhte und große Wölfe, um einen solchen Angriff erfolgreich abzuschließen. Je weniger sich diese Jagdwölfe bei der »Anreise« anstrengen müssen, desto mehr Energie bleibt ihnen für den Angriff. So erklärt sich die Formation bei diesem Gruppenausflug der Timberwölfe im kanadischen Tiefwinter. Wenn man nun überlegt, wie viel strategisches Denken nötig ist, um einen solchen Schlachtplan aufzusetzen – zunächst so viele Artgenossen wie möglich zusammenzubringen, um dann loszuziehen, die weniger Kräftigen den Pfad austreten zu lassen, während die Kräftigen Kraft sparen dürfen für die Jagd –, ist das schon sehr komplex und deshalb überaus erstaunlich.

Die Verhaltensbiologen wissen noch nicht, wie genau eine solche Strategie zustande kommt. Wir können allerdings daran erkennen, wie wenig wir wissen. Das ist keine Tragödie, sondern vielmehr ein Grund, diesem Raubtier mit »unwissender Hochachtung« zu begegnen. Diese Achtung ist Voraussetzung, um den Wolf ernst zu nehmen. Allerdings nicht als Fabel- oder Kitschtier, sondern als Betriebswirt und Manager.

Hier geht es vor allem um Gruppenverhalten und Integration, die für Manager und Führungskräfte von Wert sein könnten.

Denn die seit Generationen erfolgreichen Verhaltensmuster des Wolfes laufen den aktuellen Rollenmodellen im Unternehmensbereich zuwider, was die Struktur der Gruppe und die Herstellung von Gemeinsamkeit betrifft.

Der Wolf ist zunächst kein Wesen, das anderen beständig an die Gurgel fährt, um Unterwerfung einzufordern. Er macht das nur, wenn er von einem Rivalen in der Paarung herausgefordert wird. Es wäre auch nicht günstig, denn der Wolf muss im Team zusammenarbeiten, um zu überleben. Er kann sich Außenseiter und Ausgestoßene schlicht nicht leisten.[160] Es gilt immerhin, das Primärziel zu erfüllen: die erfolgreiche Jagd.

Konkurrenzlos zielbewusst

An diesen Beutezügen nehmen auch Tiere teil, die als Leitwölfe bereits von einem jüngeren Wolf ersetzt wurden, und führen diese in manchen Fällen sogar an. Man muss aus dieser integrativen Strategie allerdings nicht den Schluss ziehen, dass Wölfe das Alter »ehren« oder dass es unter Wölfen nicht auch blutige Konkurrenz geben kann. Aber diese Gegensätze sind unwichtig, wenn man miteinander in der Verfolgung eines übergeordneten Ziels zusammenarbeitet, um etwa die Ernährung sicherzustellen.

Dieses Arbeiten an einem gemeinsamen Ziel geht in menschlichen Unternehmen bisweilen verloren. Häufig stehen die eigenen Karrieremöglichkeiten, der Aufstieg um jeden Preis und die Verhinderung des Erfolgs eines Konkurrenten im Mittelpunkt. Das ist in einem von narzisstischen Tendenzen und Symptomen geprägten System zwar nicht überraschend. Aber kaum jemand bedenkt, was durch die permanente Konkurrenz an negativer Energie entsteht, die letztlich die Gesamtleistung des Unternehmens massiv beeinträchtigen wird. Tatsächlich ginge es ja wie bei einem Wolfsrudel auf der Jagd darum, gemeinsam einem Ziel nachzustreben.

Der US-Sozialpsychologe Muzaffer Sherif wies diese Mechanismen schädlicher Konkurrenz anhand eines Experiments mit Jugendlichen in einem Ferienlager nach. Er formte durch verschiedene Spieldesigns, in denen Jugendliche in zwei Teams gegen-

Neun von zehn Personen, die im Job psychisch belastet sind, stehen unter Zeitdruck: Mehr als ein Drittel der Männer und circa ein Viertel der Frauen fühlen sich im Arbeitsalltag gehetzt. 10 Prozent werden als Burn-out-gefährdet angesehen.

einander antraten, eine Konkurrenzsituation. Das führte letztlich zu Aggressionen und gegenseitiger Ausgrenzung, auch abseits des Spiels. Selbst gemeinsame abendliche Besuche im Kino oder in Lokalen führten zu Auseinandersetzungen und Gewalttätigkeiten zwischen den Teammitgliedern.

Die Betreuer konnten die gegenseitige Destruktion erst bremsen und in Kooperation verwandeln, als sie beide Teams gemeinsam an einem Problem arbeiten ließen.[161] Die Praxis ist in vielen Unternehmen und von vielen Führungspersonen freilich eine andere. Nicht umsonst wird der Begriff »Druck am Arbeitsplatz« bei Befragungen von Managern und Arbeitnehmern häufig genannt, wenn es um Destruktivität im Arbeitsleben geht. Nach Umfragen fühlen sich 30 Prozent der Deutschen und ein Drittel der erwerbstätigen Österreicher psychischen Belastungen ausgesetzt. Neun von zehn Personen, die im Job psychisch belastet sind, stehen unter Zeitdruck: Mehr als ein Drittel der Männer und circa ein Viertel der Frauen fühlen sich im Arbeitsalltag gehetzt. 10 Prozent werden als Burn-out-gefährdet angesehen. Othmar Hill ist ein bekannter Wirtschaftspsychologe und Managementberater, der seit Jahrzehnten mit diesen Phänomenen konfrontiert ist. Führungskräfte geben an, dass sie 40 Prozent ihrer Arbeitszeit für Verteidigungs- und verdeckte Angriffstaktiken aufwenden müssen, »Intrigen und Mobbing, von der Schule bis in den Beruf, werden allmählich zum Normverhalten«, so Hill.[162]

Hill ist bei Weitem nicht der Einzige, der hier einen Mangel ortet.[163] Auch Otto F. Kernberg berichtet aus seiner Praxis über den Aufstieg des Narzissmus als Führungsstrategie und seine zerstörerischen Folgen auf die Dynamik der Arbeitsgruppe. Er unterscheidet drei Haupttypen solcher Führungspersonen, wobei allen gemeinsam ist, dass sie extrem schlecht mit Kritik umgehen können, wenn diese von den »Untergebenen« an sie herangetragen wird.

Da ist zunächst jene Persönlichkeit, die den von ihr verspürten »Druck« auf das Personal überträgt, etwa durch Unausgeglichenheit oder impulsives Verhalten, Wutausbrüche und dergleichen mehr. Vielleicht als eine Art Entschuldigung betonen diese narzisstisch-infantilen Führungskräfte zudem, wie überarbeitet und erschöpft sie sind, und geben so ein großes Bedürfnis nach Trost und Unterstützung zu erkennen. Mit heftigen Konsequenzen, so Kernberg, sie erzeugen dadurch »in der gesamten Institution ein allgemeines und hartnäckiges Gefühl von Erschöpfung und Überlastung«.

Narzisstisch-charismatische Führer hingegen »setzen Erwartungen unrealistisch hoch an und unterlassen es, der Aufgabendurchführung realistische Grenzen zu setzen. Wenn das Gefühl vorherrscht, dass das gesamte Gefühlsleben des Personals am Arbeitsplatz zu befriedigen sei, ist der Burn-out die natürliche Folge«. Anzeichen für ein solches Führungsversagen sind »ein dramatischer Verfall der Arbeitsmoral, eine starke Fluktuation des Personals. Ein chronisches Gefühl der Frustration, des Versagens, des Chaos und der Angst kann sich in einer solchen Organisation ausbreiten«. Auch die Tendenz, die Gruppe in leistungsstarke, unkritische »Freunde« und faule, kritische »Feinde« zu trennen, ist bei diesem Typ gegeben.

Am gefährlichsten für das Team ist aber nach Kernberg der »oberflächlich joviale Narzisst«, dessen Freundlichkeit eine tiefe emotionale Unzugänglichkeit maskiert. Das Vertrauen der Mitarbeiter wird untergraben, häufig sind scheinbare Freundlichkeit und Flexibilität mit einem passiven und konventionellen Stil der Aufgabendurchführung verbunden. Plötzliche Krisen im administrativen Bereich dieser Führer können die ersten Hinweise darauf geben, dass sich unter der Oberfläche etwas zusammenbraut.[164]

Kompetitiv erfolgsvernichtend

Daraus ergibt sich kein besonders schönes Bild: Frustration, Erschöpfung und persönliche Krisen sind natürliche Folgen in jenen Betrieben, die Überarbeitung und Kadavergehorsam als Leistung implizit einfordern und sich selbst als besonders »Karriere-fokussiert« wahrnehmen. Im Gegensatz zu dieser Selbsteinschätzung sind sie aber erfolgsvernichtend. Das wäre so, als würden die Wölfe im Einsatz gegen einen Bison knapp die Hälfte ihrer Zeit darauf verschwenden, sich gegenseitig auszubremsen. Das Ergebnis wäre nicht nur ein glatter Misserfolg, sondern, auf Dauer gesehen, die Selbstauslöschung des Rudels. Deshalb mag es bei Wölfen zwar genug Konflikte geben, aber wenn es darauf ankommt, arbeiten die Wölfe uneingeschränkt zusammen. Im Fall der Führungselite müsste es also heißen: »Homo homini lupus? Ach, wäre es doch so!« Tatsächlich gibt es Strategien, die diese destruktiven Energien in Unternehmen und Gruppen effizient beseitigen können. Und auch hier könnten uns die Wölfe mit ihrem Sozialverhalten ein Beispiel geben.

Zunächst geht es um die Effizienz von Ruhephasen. Die Ruhe habe ich schon im Kapitel über die Bäume beleuchtet. Genau wie bei diesen Pflanzen hat Ruhe bei den Wölfen aber nicht nur mit Schlaf zu tun, sondern vor allem mit Entspannung und mit von der täglichen Routine abweichenden Handlungen. Säugetiere, die sich in Gesellschaften sozialisieren, etwa Wölfe (aber nicht nur sie), sind beständig daran interessiert, sich untereinander auszutauschen. Und zwar in einem Rahmen, der den Härten des Alltags quasi entzogen ist. Das Spiel ist deshalb ein essenzieller Teil ihres Daseins, in dem Strategien erprobt und Experimente gewagt werden können. Für junge Wölfe geht es da um Sozialverhalten, um das Ausloten von Grenzen, die Schulung von körperlichen Möglichkeiten. Für die alten ist es Teil emotionaler Entspannung. Betont sei hier, dass bei Wölfen in *allen* Altersgruppen gespielt wird.

In zwischenmenschlichen und betriebswirtschaftlichen Zusammenhängen ist diese Funktion ebenso wichtig. Denn Spiele lösen nicht nur bekanntermaßen positive Emotionen aus, sie sind auch strukturell interessant. Sie lösen temporär Hierarchien, disziplinäre Muster und vertikale Strukturen auf. Der Manager oder die Abteilungsleiterin kann im Spiel getrost gegen den Mitarbeiter verlieren, genauso wie es im Wolfsgehege möglich ist, dass sich der Leitwolf unter den Tatzen der Welpen ergibt. Spiel ist Entspannung von belastenden Strukturen und Gruppendruck. Und muss man nicht unwillkürlich fragen, ob Spiel nicht generell die bessere Arbeit wäre? Zu einer solchen Erkenntnis wird man vielleicht erst in den Jahren der angewandten Digitalisierung finden. Ob in der Zwischenzeit werktätige Entspannung an einem Tischfußballtisch geübt wird oder mit einem Frisbee im Park um die Ecke, ist unerheblich, solange sie nur stattfindet. Sie kann aber nur dort geschehen, wo man Menschen ein wenig von den erstarrten Regeln der Berufswelt befreit. Vor allem eine Arbeitswelt, die beständig Kreativität einfordert, wird nicht erfolgreich sein, wenn sie Erfolg mit dem Führen von Anwesenheitslisten und Schreibtischpräsenz verwechselt. Beides sind implizite Anreize, Tätigkeit entweder nur zu simulieren oder Zeit totzuschlagen. Unter dem Deckmantel der Arbeitszeitaufzeichnungen kann auch, wie oben angesprochen, 40 Prozent der Zeit für Intrigen gegen Kollegen verschwendet werden, statt auf ein gemeinsames Ziel hinzuarbeiten. In diesem Sinn sind auch die Erfolge der Arbeitszeitverkürzung zu sehen. Denn sie bringen zufriede Arbeitende und mehr Output.[165] Und das auch in Zeiten, in denen die Politik Rufen erliegt, den 12-Stunden-Tag wieder zu erlauben.

In der Kürze liegt Arbeitswürze

Findige Unternehmer haben längst den gegenteiligen Weg eingeschlagen. Sie verkürzen die Arbeitszeit bei voller Lohnfortzahlung und erhalten dadurch bessere Ergebnisse. Wissenschaftliche Studien geben ihnen recht.[166] Diese Erkenntnis ist übrigens nicht neu, sondern reicht bis in die Zeit der »Großen Depression« in den USA zurück. Zwischen 1929 und 1932 versuchte Elton Mayo, ein Professor der Universität Harvard und Begründer der Betriebssoziologie, die sozialen und betriebswirtschaftlichen Folgen von Pausen für die Belegschaft zu messen. In einer Fertigungswerkstatt der »Western Electric Company« führte er in einem stufenweisen Verfahren Unterbrechungen des Schichtbetriebes ein, von 10 Minuten täglich bis hin zur probeweisen Einführung eines freien Wochenendes. Und siehe da, der Output der Arbeiterinnen stieg trotz steigender Pausenzeiten sukzessive an, von 2500 auf 2900 Stück pro Woche.[167] Mayo formte darüber hinaus einzelne Gruppen, die sich selbstständig organisieren

163

durften, um ein gewisses Ziel zu erreichen. Auch das geschah mit vollem Erfolg. Drittens wurden die Mitarbeiter in die Entscheidungen der Organisationsentwicklung je nach ihrer Kompetenz durch Befragungen eingebunden. Dadurch stiegen die Werte der Identifikation. Außerdem ließ Mayo Chefposten in Abteilungen einfach vakant und wie aus dem Nichts taten sich »informal leaders« hervor, die ohne Hierarchie Leitungsarbeit leisteten und von den Mitarbeitenden anerkannt wurden.

Zur gleichen Zeit forschte der aus Wien stammende Mathematiker und Psychologe Kurt Lewin zum Thema »Dynamik der Gruppe« am MIT (Massachusetts Institute of Technology). Seine Ergebnisse widersprachen den Erwartungen der damaligen Psychologen, allen voran den Freudianern, dass nämlich Gruppen ihre psychischen Energien quasi auf einen Führer projizieren *wollen*. Lewin und sein »Research Center for Group Dynamics« fanden heraus, dass vor allem kleinere Gruppen ihre Motivation großteils aus der Interaktion miteinander beziehen. Ihr vorrangiges Ziel ist nicht, sich beeinflussen zu lassen, sondern das konstante Gleichgewicht der Gruppe abzusichern. Lewin nannte das die »Interdependenz der Gruppe«.[168]

Lewin sollte recht behalten, denn zumindest bei nicht neurotischen Versammlungen scheint es immer zunächst den Versuch zu geben, sich ohne vertikale Struktur von Befehlendem und Gehorchendem zu bewegen. Das ist auch dann der Fall, wenn Hierarchien ausgebildet werden, wie etwa in Vereinen oder Gruppen mit einem homogenen Ziel und ohne Machtansprüche.

Deshalb funktionierten wohl auch die grünen Bewegungen zu Beginn der 1980er-Jahre mit ihren basisdemokratischen Verfahren ganz gut. Allerdings nur so lange, bis es um die Verteidigung von Machtpositionen ging. In Österreich warfen diese Kämpfe sogar die Partei aus dem Parlament. Die Struktur eines Wolfsrudels gleicht zwar nicht jener der Anfangsbewegung der Grünen. Aber sie funktioniert auch nicht, wie jahrzehntelang behauptet, durch die Alleinherrschaft eines Alphatieres und den Unterwürfigkeitsritualen des Rudels. Es zeigt sich, dass eine solche Hackordnung nur dort besteht, wo sich Wölfe in Gefangenschaft organisieren müssen und es (wie bei den Grünen) nicht mehr um die Eroberung von Ressourcen geht, sondern nur noch um ihre Verteilung.

In freier Wildbahn entfallen bei Wölfen aber solche Verteilungskämpfe. Dort bilden jene durchschnittlich acht Wölfe eine familiäre Struktur, in der der älteste Wolf und das mit ihm lebende Weibchen gemeinsam die Leitung innehaben. Der Rest des Rudels, könnte man sagen, läuft von selbst und wie selbstverständlich mit – und muss das auch.[169] »Alle für einen und einer für alle« ist im Wolfsrudel also kein Zeichen von Musketier-Edelmut und Erhabenheit, sondern eine Frage des gemeinsamen Ringens um das Notwendige. Die flache Führungsstruktur kann auch als ein starker Hinweis darauf verstanden werden, dass mit dem »Unternehmen Wolf« alles in Ordnung ist und dass vor allem seine Ziele von den Mitgliedern der Institution geteilt werden. Wir erleben so etwas viel seltener in der betrieblichen Umgebung der Wettbewerbsgesellschaft. Im menschlichen Umfeld wäre es deshalb vielleicht ein guter Wolfsrat an Management und Mitarbeiter, sich zu überlegen, worin das Notwendige der eigenen Tätigkeit besteht. Wozu man also da ist, was das Ziel, der Telos, ist? Zulässig wären alle Antworten außer den folgenden: Geld, Gewinn und Macht. Und was meinen Sie, wie viele Unternehmen mit positivem Sinn-Test blieben dann noch übrig, wenn man noch dazu fragen würde, was die Welt von den Produkten des Unternehmens an langfristigem Nutzen habe?

> Die flache Führungsstruktur kann auch als ein starker Hinweis darauf verstanden werden, dass mit dem »Unternehmen Wolf« alles in Ordnung ist und dass vor allem seine Ziele von den Mitgliedern der Institution geteilt werden.

Sich-gehen-Lassen und Kontrollverlust

Ich meine, die bisher angeführten Beispiele haben gezeigt, dass der verfemte »animalische Instinkt« in der Lage ist, Gruppenverhalten zu optimieren und Operationen auszuführen, die äußerst komplex erscheinen, wie etwa das Versammeln der Rudel und die komplizierte Gangordnung der Wölfe auf Bisonjagd. Und all das machen die Tiere, unserem Wissensstand entsprechend, in blindem Selbstvertrauen. Sie gehen nicht bewusst, »Es« geht mit ihnen.

Wer von uns würde so etwas wagen? »Sich-gehen-Lassen« ist eine Handlung, die bei Menschen oft einen massiven Einsatz von Drogen erfordert, damit die Sorglosigkeit des »Sich-treiben-Lassens« gelingt. Denn für uns, die wir in der Sicherheit zahlloser Strukturen leben, ist das »Es«, das uns gehen macht, ein Zeichen von Kontrollverlust und damit ein Auslöser von Angst.

Die entsprechende Schreckensvision des Kontrollverlusts hat zuletzt flächendeckend mit der Krise von 2008 in unseren Köpfen Einzug gehalten. Vor allem in jene der Manager in den betroffenen Betrieben. Ihr Schock ist nachvollziehbar: Auf der Universität lernen sie, dass Unternehmen nach Kennzahlen und überschaubaren Bilanzen funktionieren und wie sie auf externe Entwicklungen zu reagieren haben, beispielsweise auf die Änderung der Nachfrage oder die Entwicklung neuer Technologien. Niemand bringt ihnen bei, wie es ist, Opfer eines globalen Meltdowns zu werden. Und so müssen sich viele gefühlt haben, als würden sie ohne Fallschirm aus dem Flugzeug geworfen.

Aber dieses erlebte Trauma des Kontrollverlusts und der Führungsangst wurde nicht wirklich thematisiert. Man sprach vielmehr über Manie und Panik »im System«, nicht über jene Ängste, die Unternehmer, leitende Angestellte und Politiker befallen hatte. Das war ein Versäumnis. Denn ein Trauma bewirkt oft eine psychische Erstarrung oder den verzweifelten Versuch der Wiederherstellung des Ausgangszustandes, des »Ungeschehen-Machens«. Dementsprechend fraß sich die Verzweiflung auch bis in die Sprache des Managements hinein und ein seltsam sperriger Begriff begann, sich breitzumachen: »Komplexität.« Komplexität bedeutet Unüberschaubarkeit, sie ist im Gegensatz zur »Kompliziertheit« nicht mehr bewältigbar.

Komplexität steht der Definition nach für die Herausforderungen der Globalisierung und der Digitalisierung. Aber sie ist eigentlich Ausdruck einer Krise des Managements an sich. Dieses versucht, seine Krisendämonen zu vertreiben, indem es nicht mehr auf das Gespür für Entwicklungen und der Anwendung von persönlichen Erfahrungen setzt. Wegen der Komplexität werden nun Algorithmen gebaut, die relative Wahrscheinlichkeiten und Risikoerwartungen in Unternehmen koordinieren sollen. Es ist eine irrige Hoffnung, dass Mathematik, die dafür geschaffen wurde, die komplexe Wirklichkeit auf den einfachsten theoretischen Nenner zu bringen, nun auch dafür da sein soll, die Wirklichkeit in Zahlen wiedererstehen zu lassen. Unwahrscheinliche Ereignisse sind zudem nicht dadurch beherrschbar, dass man ihre Unwahrscheinlichkeit in Zahlen ausdrückt. Aber man könnte freilich mit solchen Unwägbarkeiten umgehen lernen, indem man auf jene Flexibilität setzt, die solche unwahrscheinlichen Ereignisse einfach annimmt und mit ihnen spontan und kreativ umgeht. Wenn man hier wieder zum Wolfsrudel zurückkehrt, sieht man, dass diese Tiere pausenlos mit dem Unerwarteten oder nicht Überschaubaren (also der Komplexität) konfrontiert sind und dass ihr Verhalten nur deshalb so erfolgreich ist, weil Wölfe situationsgebundene Antworten finden.

Eines der anschaulichsten Beispiele dafür war ein in der Jagd lange erfolgloses Rudel von acht Wölfen im Yellowstone-Nationalpark. Regelmäßig waren sie auf die kräftigen Hirsche ihres Reviers losgegangen und regelmäßig hatten sie gegen die großen, schnellen Tiere den Kürzeren gezogen. Dann wechselten sie die Strategie und liefen dem Wild nicht einfach nur nach, sondern ein besonders starker Wolf umging die Hirsche weiträumig. Nach einiger Zeit begannen die anderen Wölfe, ihm das Wild zuzutreiben. Man mag das Instinkt nennen oder Taktik. Erfolgreiche situationsbedingte Korrektur von mangelhaften Abläufen könnte jedenfalls nicht besser laufen.

Dieser tierische Querverweis ist nicht einfach nur als Veranschaulichung gedacht. Er weist vielmehr auf die Einsicht hin, dass die Welt immer komplex war. Die Welt ist nie plötzlich unüberschaubar *geworden*, sie war auch in jeder »guten alten Zeit« unübersichtlich, für uns selbst wie für Tiere und alle Lebewesen. Wir wollen Unüberschaubarkeit häufig nur nicht sehen, oder wir sehen sie ausgerechnet dann, wenn uns der Plan fehlt. Man bläst da eine Hoffnungslosigkeit auf, redet von menschlicher Unfähigkeit und träumt gleichzeitig davon, dass noch zu entwickelnde Maschinen und Programme die Komplexität besiegen könnten.

Der Computer und der Algorithmus sind in diesem Sinn die letzten Ausflüchte des »Homo oeconomicus«, der seine Welt nicht mehr begreifen kann. Ich behaupte aber, dass die Komplexität niemanden erschrecken muss, weil sie eben alltäglich und allgegenwärtig ist. Und dass der Mensch immer dann erfolgreich ist, wenn er die Komplexität und ihre Folgen – also das unerwartete Ereignis oder Problem – annimmt, es erforscht und es taktisch und systematisch löst. Diese Flexibilität in schwierigen Umständen ist nicht zuletzt auch das hervorragendste Zeichen des Kapitalismus gewesen.

Er überlebte in seiner demokratischen Version die diktatorischen Anfeindungen zweier Weltkriege, den Faschismus und den Kommunismus. Er veränderte sich vom Eigennutzen-definierten Manchester-Kapitalismus des 19. Jahrhunderts zur sozialen Marktwirtschaft, indem er Forderungen von jenen, die ihn kritisierten, übernahm und weiterentwickelte. Diese Entwicklung ist aber ein politischer Akt und der Kapitalismus in dieser Form eine politische Ökonomie. Indem er das politische Element im Neokapitalismus vernachlässigt, beraubt sich der Kapitalismus auch seiner Flexibilität. Das wird letztlich das Scheitern der Globalisierung zur Folge haben. Vor allem in Strukturen mit unüberschaubar vielen Einflussfaktoren auf das Gesamtgeschehen, also in Staaten, in Gruppen von Menschen und in Unternehmen, haben erfolgreiche Krisentaktiken mit schöpferischer Entwicklung mehr zu tun als mit Buchhaltung und Mathematik. In diesem Sinn müsste man die statischen Anleitungen der Betriebswirtschaft zumindest stark erweitern, wenn es um Entwicklungsprobleme geht. Es empfiehlt sich jedenfalls, das Unternehmen als einen gesamthaften Prozess wahrzunehmen, als ein von statischen Vorgaben befreites Werden. Diese Einsicht rührt nicht aus der Ökonomie her, sondern aus dem Werk eines französischen Philosophen, der

Es empfiehlt sich jedenfalls, das Unternehmen als einen gesamthaften Prozess wahrzunehmen, als ein von statischen Vorgaben befreites Werden.

versuchte, die positiven Errungenschaften der menschlichen Rationalität mit den Empfindungen des Menschen in Einklang zu bringen.

Die Entdeckung der Intuition

Henri Bergson lebte in einer Übergangszeit. Im späten 19. Jahrhundert waren die Errungenschaften der Wissenschaft in Technik und Medizin, in Physik und Chemie derart prägend, dass sich der Optimismus eine gesellschaftsbestimmende Position erobert hatte. Im Positivismus herrschte die Überzeugung der Lösungskompetenz des menschlichen Geistes für alle noch nicht gelösten Probleme der Menschheit. Die einen forschten an der Lösung der Energiefrage in der Physik, Sigmund Freud versuchte sich mit dem Vokabular und der Denkweise der Naturwissenschaft am Seelenleben. Der Philosoph Auguste Comte nahm an, dass auch die Rätsel der Metaphysik durch die Wissenschaft gelöst werden könnten. Dieser Optimismus fand auf den Schlachtfeldern des Ersten Weltkrieges ein jähes Ende. Danach stellte sich die Frage, wie so etwas hatte passieren können: dass Menschen sich mit den Errungenschaften der Techniker und Ingenieure zu Millionen vernichteten, an der Somme, in Verdun und auf den Schlachtfeldern des Ostens.

In dieser Zeit arbeitete Bergson an der Universität von Paris. Er hatte das Grauen gleichsam kommen sehen und gegen die Einseitigkeit der Forschung angeschrieben.[170] 1907 erschien ein Werk, in dem Bergson die Vielfalt des Lebens in die Weltsicht zurückbringen wollte, eine Weltsicht, die sich traditionell auf den Menschen konzentriert und die Dinge der Natur seinen Interessen untergeordnet hatte. Dieses Buch heißt *Schöpferische Entwicklung*. Es behandelt konkret die Frage, warum der Mensch so vieles kenne und wisse, gleichzeitig aber nicht fähig sei, dem Geheimnis des Lebens auch nur nahezukommen.

Die gängigen Erklärungen von Wissenschaft und Religion brachten Bergson nicht weiter. Die Wissenschaft schien ihm in der Kausalität gefangen, indem sie versuchte, alles aus dem Mechanismus von Ursache und Wirkung zu begreifen. Das Kleinere,

Trägere, Schlechtere entwickle sich zum Größeren, Schnelleren, Besseren. Bergson meinte, man könne die Entstehung von Mehr (den Fortschritt, das Bessere) nicht einfach durch ein Weniger (das Kleinere, das Schlechtere) erklären, das sei paradox. Gleichzeitig glaubte er auch nicht an eine Vorsehung, in der ein von Gott verordnetes Schicksal den Endzweck des Lebens bestimme. Beide Konzepte waren dem Philosophen zu starr und erklärten seiner Auffassung nach nicht die ungeheure Vielfalt des Lebens.

Er konnte sich die Welt und ihre immer neu zu entdeckenden Wunder nur erklären, indem er sie von einem »élan vital« durchzogen sah, einer schöpferischen Kraft, die beständig neue Lösungen für neue Umstände zur Welt bringt. Und zwar ohne dabei auf ein Ergebnis oder letztes Ziel fixiert zu sein. Die Welt hat ja tatsächlich keine Existenz als bleibende Materie, sie ist ein Werden und Vergehen. Nichts steht fest. Kein Stein bleibt auf dem anderen. Alles fließt. Im »élan vital« wirken laut Bergson zwei Kräfte zusammen, Instinkt und Intellekt. Der Instinkt übernimmt dabei die Rolle der Anpassung. Er irrt sich nie, kann aber auch nichts neu entwerfen. Der Intellekt dagegen ist die tastende Instanz. Sie lotet ununterbrochen aus und sucht. Sie irrt in diesem Sinn auch oft, aber sie ist nicht blind. Bergson sagt: »Es gibt Dinge, die nur der Intellekt zu suchen fähig ist, die er aber, sich selbst überlassen, nie finden wird. Diese Dinge würde der Instinkt finden; aber er wird sie nie suchen.«[171]

Bergson beschreibt mit diesem schönen Satz nichts anderes, als dass jede Entwicklung der schöpferischen Kraft zwar ein Beweis für das Leben ist, dieses Leben aber trotzdem ein Geheimnis bleibt, denn der Instinkt spricht nicht und der Intellekt weiß nicht (genug). Das Wichtigste ist, dass man der Anwesenheit dieses beständigen Werdens und Tuns blind vertraut. In diesem Sinne hat der oft verwendete tröstende Spruch »Es wird schon werden« höchste Bergson'sche Qualität.

Die Hochzeit von Instinkt und Intellekt nennt Bergson die »Intuition«. Sie funktioniert, so meint er, umso besser, je mehr man sich gedanklich aus dem emotionslosen Raum der täglichen Routine und der mechanistischen Strukturen befreit und Emotionen mit dem Instinkt und dem Intellekt in Verbindung treten lässt. Oder wie es der Philosoph Gilles Deleuze in seinem Bergson-Kommentar formuliert: »Im Lichthof dieser Zwischenzone kann es nun geschehen, dass etwas Außerordentliches gedeiht: Die schöpferische Emotion. Diese hat mit den Zwängen der Gesellschaft nichts mehr zu tun, auch nichts mehr mit den Auseinandersetzungen, in die sich das Individuum stürzt.«[172] Bergson selbst fand ein wunderschönes Bild für die Offenbarung der Intuition: »Sie trägt uns hinein, wie man vorübergehende Spaziergänger in einen Tanz hineinzieht.«[173]

Das alles bedeutet nun nicht, dass Manager und Angestellte alles liegen und stehen lassen sollten, um sich der Eroberung der Zukunft durch Eingebungsfunken zu widmen. Das wäre absurd und für den Betrieb tödlich. Es würde schon ausreichen, sich abseits des alltäglichen Tuns alternative Schienen des Denkens zu öffnen, gleichsam spielerisch Emotion zu vermitteln, oder sich durch betriebsfremde Geister anregen zu lassen. Oder einfach gemeinsam zu kochen und »zu blödeln«. Der Leitsatz für diese Art der »Betriebs-Werdung« könnte lauten: Es ist nicht alles Wirkliche vernünftig und es gibt viel mehr als das Sichtbare. Nur wenn man das weiß, kann man werden. Man kann auf diese Weise Komplexität, die wir als Gefahr sehen, als Ressource nutzen. Denn in ihr verbergen sich ungeahnte Möglichkeiten und viele Wege der Lösung. Wie sagt Bergson: »Im Sein gibt es Unterschiede, aber nichts Negatives.« So auch nicht im Chaos. Man muss sich nur darauf einlassen – und sich selbst ein wenig mehr vertrauen, beinahe so wie ein Wolf in seiner eigenen Art der »Intuition«.

Bienen-Schwärmerei

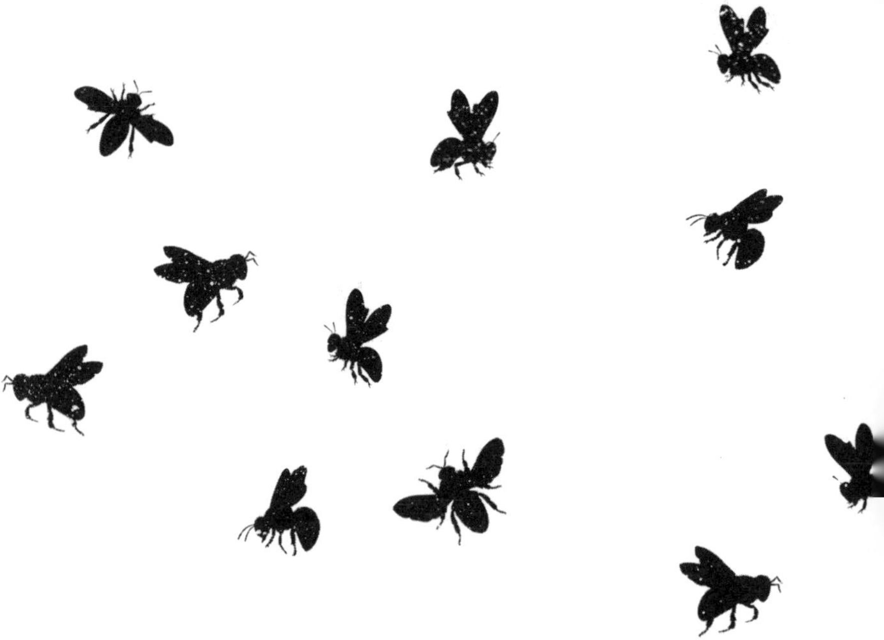

Wie Kommunikationsmuster des beliebtesten Insekts die Politik und Medien befruchten können und erneuern sollten.

Die Digitalisierung hat zwar die menschliche Kommunikation revolutioniert. Aber sie hat auch die klassischen Medien unter enormen Druck gesetzt. Hass im Netz und Fake News verbreiten Unsicherheit und Verwirrung. Wem kann man noch trauen? Die Bienen zeigen nicht nur, wie eine große Gruppe scheinbar ohne jede Führung einen Konsens über Zukunftsfragen herstellen kann. Ihre Kommunikation ist auch vorbildlich transparent, wichtige Informationen werden unter einem »Vielaugenprinzip« mehrfach geprüft. Ihr Beispiel zeigt auch, wie lösungsorientierter Informations- und Meinungsaustausch funktioniert und wie sehr im Vergleich dazu unsere mediale Berichterstattung angstgetrieben ist und Konflikte befeuert.

Das Bienen-Karma

Zu jener Zeit, als die griechischen Philosophen begannen, über den Tod und das Jenseits nachzudenken, glaubte die Mehrzahl von ihnen an den Hades als dauernden Verwahrungsort der Seelen. Es ist ein äußerst trostloser Ort mit grauen Hallen, von traurigen und bleichen Geistern durchwandert, die immer wieder von Rachedämonen verfolgt und gepeinigt werden. So dachten die Griechen im Allgemeinen. Platon hingegen ersann in einem seiner Dialoge eine Alternative: Im *Phaidon* entwirft er eine Seelenwanderung als eine Art transzendenter Meritokratie zwischen Tier und Mensch. So käme ein dummer Mensch nach seinem Hinscheiden im Körper eines Esels wieder zur Welt. Eine böse und gierige Seele überdaure als Geier, Wolf oder Habicht. Ein guter Mensch aber, so Platon, habe die »glückseligsten« Möglichkeiten, seinen Geist in »geselliger und zahmer Gesellschaft« wiedererstehen zu lassen. Nämlich als Mensch oder – als Biene.[174]

Man sieht daran nicht nur, wie sehr die Animal Spirits die Fantasie beflügeln, sondern auch, wie hoch die Biene von jeher geschätzt wurde und noch immer hochgehalten wird. Nicht von ungefähr kommt ja auch die Geschichte, Platon seien Bienen als Kleinkind am Mund gegangen, daher rühre seine Beredsamkeit.

Darin steckt auch schon das Thema dieses Kapitels. Die Kommunikation und die Übergabe dieser Gabe von den Bienen an die Menschen – und das ist durchaus nicht fabelhaft gemeint. In diesem Kapitel wird es um hervorragende Mitteilungsstrategien der Bienen gehen, von denen sich Medien und Politik inspirieren lassen könnten. Die Medien könnten mit Bienenlist der Verflachung und Hassbesetzung des Dialogs in der Gesellschaft entgegensteuern, und die Politik könnte sich eine neue Funktion als Ermöglicher von gesellschaftlichen Reformideen erarbeiten, statt in permanentem Streit und einer destruktiven Debattenkultur zu erstarren.

Ein göttliches Zucker-Wesen

Die Geschichte der Bienen beginnt wissenschaftlich gesehen vor etwa 100 Millionen Jahren, als sie sich aus einer vegetarischen Wespenart entwickelt haben. Die allermeisten der heute existierenden 20.000 Bienenarten leben allein oder in kleinen Gruppen. Nur 12 Arten haben ein komplexes System der Organisation und der Verständigung entwickelt, das es ihnen möglich macht, Staaten zu bilden. In diesen leben bis zu 30.000 Individuen in arbeitsteiliger Gemeinschaft. Unter den 12 Arten ist die »Apis mellifera«, die Honigbiene, die bekannteste. Von ihr soll hier die Rede sein.

200 Milliarden dieser Honigbienen werden weltweit von Imkern gehalten. Sie besorgen die Befruchtung unserer Obstbäume und produzieren den Honig. Letzterer, das muss man wohl so sagen, ist der eigentliche Grund für die Wertschätzung der Honigbiene. In diesem Fall geht also Beliebtheit durch den Magen *und* durch den Kopf. Man stelle sich den von Hunger geplagten Menschen in der afrikanischen Savanne vor, der sich vornehmlich von Insekten, Fleisch und Gräsersamen ernähren muss. Da kommt dieses Wesen, das noch nie Süßes geschmeckt hat, zum ersten Mal an einen Tropfen Honig. Dieses erste Geschmackserlebnis kann natürlich die Vorstellung auslösen, dass dieser Stoff etwas Himmlisches sei. So ging der Honig in den Legendenschatz der Völker ein. Göttervater Zeus wird der Sage nach von Bienen

ernährt, ebenso Dionysos, der Herr von Lust, Rausch und Wahn. Die Biene ist auch das geweihte Tier der Göttin der Fruchtbarkeit, Demeter. Und so werden im Altertum auf den Feldern Honigopfer dargebracht und als die Nahrung der Götter stellen sich die Griechen Nektar vor, neunmalsüßen Honig.

Körper und Anpassung

Die dichte Behaarung der Biene ist eine ausnehmend effiziente Methode des »Mitnehmens« jedweder Pollen, aus denen die Arbeiterinnen eines Stocks im Laufe eines Sommers insgesamt 20 Kilogramm Honig produzieren können. Dieser Honig wird zur Fütterung der Larven und der Königin verwendet. Die Königin ist keine Monarchin, sondern ein Gebärwesen. Nachdem sie auf ihrem Königinnen-Flug von Drohnen etwa fünf Millionen Samenzellen übernommen hat, kehrt sie in den Stock zurück und beginnt, befruchtete und unbefruchtete Eier zu legen. 150.000 werden es etwa im Laufe des Sommers sein. Aus den befruchteten schlüpfen die Arbeiterinnen, aus den unbefruchteten (etwa fünf Prozent der Gesamtzahl) die Drohnen. Die Arbeiterinnen haben zahlreiche Aufgaben zu erfüllen. Sie halten etwa durch Bewegung ihrer Flügel die Temperatur im Stock konstant und sind verantwortlich für die Luftzirkulation. Sie sammeln die Pollen, produzieren den Honig, sichern die Ausgänge des Stocks. Sie sorgen auch für die Fütterung der Larven, die Reinigung des Stocks, den Bau von Waben. Die Drohnen hingegen – da trifft auch die Darstellung des Willi in der »Biene Maja« ins Schwarze – sind tatsächlich nur faule Samenproduzenten, einzig dazu da, eine fremde Königin zu befruchten.

In größeren Weiselzellen abgelegte befruchtete Eier werden zu Königinnen. Die ursprüngliche Königin verlässt mit etwa 10.000 Arbeiterinnen und einem Teil des Honigvorrats den Stock, sobald die Nachfolgerin geschlüpft ist. Vom Stock geht es zu einem Zwischenstopp, bei dem sich die Kolonie an einen Baumast oder einem anderen Ort zu einer bartförmigen Traube zusammenfindet. Und nun, in dieser ungeschützten Lage, startet die Suche nach einem neuen Nest. Hier beginnt auch die für menschliche Zusammenhänge interessante Kommunikationsge-schichte, die der Bienenforscher Thomas Seeley als »Bienendemo-kratie« bezeichnet.[175]

Zunächst wechseln einige der älteren Arbeiterinnen sozusagen ihren Job und werden »Scout-Bienen«. Sie schwärmen aus und begutachten für den Schwarm infrage kommende Plätze. Haben sie eine entsprechende Nistmöglichkeit ausgemacht, die ihnen das richtige Volumen, die richtige Lage zur Sonne, ein passend kleines Einflugloch und ein aussichtsreiches Nahrungsangebot in der Umgebung bieten würde, kehren sie zum Schwarm zurück. Auf der Schwarmtraube balancierend, beginnen sie nun einen Werbungstanz für ihren Platz. Dieser Tanz teilt den anderen Bie-nen die Eigenschaften des neuen Baus mit und dauert etwa eine Minute. Die Bewegungen animieren andere Bienen, den Platz zu begutachten. Sind sie derselben Meinung, tanzen sie nach ihrer Rückkehr auf dem Schwarm den gleichen Tanz.

Nun gibt es aber nicht nur eine Scout-Biene, sondern vie-le. Jene, die anderswo ein geeignetes Objekt gefunden zu haben glauben, werben für das ihre ebenso wie die erste. So versuchen bald mehrere Bienen mit jeweils eigenen Tänzen, eine Mehrheit für ihre Immobilie zu gewinnen. Im Lauf der ersten beiden Tage kristallisieren sich meist zwei Favoriten heraus, spätestens am drit-ten Tag wird eine Entscheidung getroffen. Nun tanzen alle Bienen an der Oberfläche des Schwarms nur noch eine Schrittkom-bination und schließlich heben alle Bie-nen gemeinsam ab, um das neue Quartier zu beziehen. Die Art, wie die Bienen mit dem Problem umgehen, unter Beteiligung sehr vieler Mitwirkender und sehr vieler Möglichkeiten rasch zu einer eindeutigen Entscheidung zu kommen, ist effizienter als die meisten menschlichen Verfahren. Sie hat auch, verglichen mit anderen Stra-tegien, die größten Erfolgsaussichten. Es geht einerseits um Partizipation und Mit-bestimmung, wie Thomas Seeley in sei-

Die Art, wie die Bienen mit dem Problem umge-hen, unter Beteiligung sehr vieler Mitwirkender und sehr vieler Mög-lichkeiten rasch zu einer eindeutigen Ent-scheidung zu kommen, ist effizienter als die meisten menschlichen Verfahren.

nem Buch eingehend darlegt, andererseits geht es auch um optimale Kommunikation.

Vorbild 1: Effizienz in einer Extremsituation

Der Bienenschwarm befindet sich nach dem Ausschwärmen, wie schon bemerkt, in einer äußerst gefährlichen Situation. Er ist ungeschützt und seine Mitglieder leben von den knappen Ressourcen, die sie aus dem Stock mitgebracht haben. Eine solche Situation würde die meisten Menschen in höchste Sorge versetzen. Vermutlich sind die Bienen das ebenfalls, wenn man die Betriebsamkeit, mit der sie ihren Zustand zu beenden und ein neues, dauerhaftes Nest zu finden versuchen, als Maßstab nimmt.

Dieses Nest muss natürlich auch die besten Bedingungen erfüllen. Ist es zu groß, zu wenig warm, zu offen für Feinde oder zu feucht, kann das zum Absterben des Schwarms führen. Viele Faktoren sind also entscheidend. Und ausgerechnet in dieser Situation überlassen die Bienen die Entscheidung nicht einer Kommandierenden oder gar der Königin, sondern alle entscheiden mit. Und sie (f)liegen damit vollkommen richtig: zunächst einmal, weil eine Biene alleine niemals eine solche Auswahl an Möglichkeiten in kurzer Zeit herstellen könnte, wie die Vielzahl von Scout-Bienen. Zweitens aber, weil dieses Verfahren durchgehend von einem Vielaugenprinzip begleitet ist.

Vorbild 2: Check, Re-Check – Multi-Check

Sobald eine Biene einen Ort mit ihrem Tanz anpreist, haben alle anderen die Möglichkeit, die Stelle zu überprüfen. Das passiert auch in den nächsten Stunden und Tagen. So kann der Ort unter wechselnden Bedingungen beobachtet werden, etwa unter Einfluss von Regen oder Wind. Es gibt dort also keinen Re-Check, sondern einen Multi-Check und eine Anhäufung von zusätzlichen Informationen, die die Entscheidung für oder gegen einen Ort erleichtern. Das Bild des Vorschlags wird also nicht nur geprüft, sondern ergänzt und vertieft. Oft verschwinden Nestvorschläge, die zunächst großen Anklang gefunden haben, nach wenigen Stunden gänzlich. Der Grund dafür könnte die Entdeckung eines großen Nachteils sein.

Vorbild 3: Die flachste Hierarchie für die beste schnelle Entscheidung

Während dieser ganzen Zeit bewegt sich die Königin keinen Millimeter von ihrem Schwarm weg. Sie zeigt auch keinerlei Aktivität für oder gegen eine Nestvariante. Damit sind alle denkbaren Hierarchien in der Entscheidung ausgeschaltet. Die Informationssammlung des Schwarms bleibt also horizontal, ebenso wie die Entscheidung selbst. Der Millionen Jahre überdauernde Erfolg dieser Methode führt zur Frage: Ist ein derartiges Verfahren auch in einem menschlich-politischen Prozess möglich?

Die Antwort fällt zwiespältig aus. Gut möglich sind solche Strukturen, wie ich schon im Kapitel über die Wölfe darzulegen versucht habe, vor allem in kleinen Einheiten und Unternehmen, die sich eine gewisse Organisationsautonomie geben können. Darunter fallen auch Gemeinden, in denen das Bürgerbeteiligungsverfahren in den vergangenen Jahren auch große Erfolge feierte. In einigen wenigen Unternehmen entwickeln sich sogar Ansätze zur »Demokratisierung« von Entscheidungsprozessen, die ähnlich positive Ergebnisse bringen. Überall also, wo die Mitglieder einer Gruppe über das Ziel des gemeinsamen Schaffens oder des gemeinsamen Prozesses übereingekommen sind, wird die Bienenstrategie große Erfolge zeitigen.

Für derzeit geltende übergeordnete Strukturen aber, also für die nationale und internationale Politik, die großen Wirtschaftseinheiten und die globalen Produktions- und Lieferketten, wären kommunikative Prozesse, in denen sehr viele mitentscheiden könnten, undenkbar. Sie müssen den großen Energieströmen gehorchen, die dem System des blinden Wachstums folgen: der Vorherrschaft des kurzfristigen Erfolgs, den Interessen von Shareholdern, der narzisstischen Erfolgsmechanik. Das Bienenbeispiel zeigt, wie konstruktive, zielorientierte Kommunikation positiven Wettbewerb im Sinne einer umfassenden Problemlösung stiftet und eine vollkommen effiziente, auf Wettbewerb gründende Kooperation. Vergleicht man diese Mechanismen nun mit jenen in unserer Gesellschaft, wird klar, dass wir bei globalen oder internationalen Problemlösungsversuchen immer dem genauen Gegenteil dieser optimalen Lösungen den Vorzug geben.

Ziele und Zielverhandlungen

Das beginnt schon beim Ausverhandeln gesellschaftlicher Ziele. Also das, worüber die Gruppe entscheiden will. Bei den Bienen ist dieses Ziel klar und wird von allen geteilt: ein Platz, an dem der Zustand der Gruppe verbessert und ihr Überleben gesichert ist. Wenn man sich an die Verhandlungen der Politik zur Gründung der Europäischen Union zurückerinnert, dann gab es auch hier ein ähnlich klares Ziel der Verhandler um Robert Schumann: kein Krieg mehr, sondern Zusammenarbeit für den gemeinsamen Vorteil. Auch das schon genannte Beispiel für den Finanzrahmen von Bretton Woods war eine solche Verhandlung von vielen Akteuren (um genau zu sein 700), an deren Ende ein von allen mitgetragenes Ergebnis stand, nämlich die stabile Finanzordnung.

Solche übergeordneten Ziele gäbe es heute genug, aber es gibt keines, das alle entscheidenden Politiker teilen würden und kein Ziel, das in einer Entscheidungsfindung einstimmig festgelegt würde. Die großen politischen Einheiten haben vielmehr ihre richtungsweisende Kompetenz verloren. Das zeigt sich heute in den UN-Klimakonferenzen, bei denen es seit Jahren nur darum geht, die Ziele des Kyoto-Protokolls von 1998 einstimmig zu verwässern, statt sie einstimmig umzusetzen oder gar zu erweitern. Die Ziele der USA sind zuletzt auch handelspolitisch mit denen der EU, Russlands und Chinas nicht mehr kompatibel. Alle wollen Wachstum für sich selbst, tolerieren aber das Wachstum der anderen nicht. Und so führt der Weg zum Ziel nicht mehr über die gemeinsame Öffnung der Märkte, sondern über ihre Schließung im Sinne der Abschottung.

Informationsflüsse verrauschen

Diese geänderten Zielvorstellungen einiger Weltmarktteilnehmer bedeuten natürlich für den Informationsfluss entscheidende Einschränkungen. Das strategische Gegeneinander lässt die Transparenz sozusagen versickern. Statt der klaren, gemeinsamen und strategischen Schlussdokumente von Konferenzen, etwa der G20 nach ihren jährlichen Gipfeltreffen, gibt es nun zum Teil nur noch ein Gewirr an widersprüchlichen Darstellungen, die über die Kanäle des globalen Dorfes geschickt werden. Statt klaren Informationsflüssen zeigen sich dem Weltbürger oft nur übelriechende Tümpel der Desinformation. Aus den Neurowissenschaften ist das Phänomen des »Verrauschens von Information« bekannt, bei dem ein Rezipient aus Tausenden Wahrnehmungsteilchen ein ganzes Bild oder Urteil formen muss. Diese Zusammenführung zu einem kohärenten Bild gelingt im globalen Dorf zunehmend weniger. Das wird auch auf Ebene der medialen Umsetzung sichtbar und hier besonders in den sozialen Netzwerken von Facebook bis Twitter. Bei den Bienen gibt es das eherne Dreieck der Kommunikation, bestehend aus Absender, Mitteilung und Empfänger, noch in klarer Form. Jede Biene weiß, welche der Kundschafterinnen die Mitteilung über den neuen Nistplatz gemacht hat. Und die Absenderin weiß klar um alle ihre Rezipientinnen Bescheid. Diese Transparenz verschwimmt aber im digitalen Netz in einem Nebel von Daten. Der Absender (etwa der Kreml im US-Wahlkampf) wird durch die Zwischenschaltung von Bots und anderen Agenten anonymisiert. Nachrichten ohne Absender geistern nun ungefiltert und ungebremst durch das Netz, treiben Verschwörungsblüten und schädigen den Ruf und die Glaubwürdigkeit jener, die sich nun nicht mehr wehren können. Hillary Clinton und George Soros sind die bekanntesten Opfer solcher Rufschädigungen.[176]

Gleichzeitig sinkt auch die Erwartungshaltung der Empfänger, dass öffentliche Personen die Wahrheit sagen und auch dafür haften sollen, was sie behaupten. Das beste Beispiel dafür ist US-Präsident Donald Trump, dem immer noch an die 50 Prozent der US-Wähler das Vertrauen aussprechen, obwohl er in den ersten 787 Tagen seiner Amtszeit nachgewiesenermaßen 9179 Mal die Unwahrheit sagte (Stand 17. März 2019).[177]

Trump ist Auswuchs und Anwalt eines Systems der Unterhaltungspolemik, die nur noch Gefühlsströme bedient, aber keinen Anspruch mehr auf Realitätsnähe hat. Sie braucht sie auch nicht.

> Statt klaren Informationsflüssen zeigen sich dem Weltbürger oft nur übelriechende Tümpel der Desinformation.

Sie schafft sich stattdessen ihre eigene Wirklichkeit, indem sie Probleme und Konflikte schafft, die davor so nicht existiert haben. Die Rezipienten des Dreiecks, die Bürger, rutschen so aus ihrer Rolle des selbstbestimmten Entscheiders und werden zu Instrumenten, Waffen und willigen Manipulierten im Kampf der Demagogen. Und das alles, während sie im Glauben gehalten werden, Teil einer kritischen Öffentlichkeit zu sein. Die effizienten Bienen würden in den USA wohl eher über die wirklichen Kernprobleme der Gesellschaft beraten – das dramatisch steigende Ausmaß an Ungleichheit, die systematische Benachteiligung der Schwarzen, die Abhängigkeit der gesamten politischen Klasse vom Geld großer Konzerne und so fort.

In der Realität passiert aber das Gegenteil. Flüchtlingstrecks werden zu feindlichen Volksstürmen aufgeblasen. Frauen und Kindern schickt man die Nationalgarde entgegen. Und das nur, um Angst bei den Wahlen zu erzeugen, die jenen nutzt, die Sicherheit versprechen, und sei es durch Gewalt. Die Zuspitzung der Konflikte durch ideologische Prägungen und die Erzeugung von negativen Emotionen verhindern aber auch eine rationale Mehrfachprüfung der Informationen, die man im Bienen-Beispiel gut beobachten konnte. Statt einer konstruktiven, flach aufgestellten Gruppe von Entscheidern, die sich untereinander objektiv austauschen, zeigen sich in menschlich-digitalen Diskussionen oft verfeindete Lager, deren bevorzugte Meinungsdarstellung nicht mehr die Diskussion mit dem Gegner ist, sondern das Selbstgespräch in den Filterblasen und Echokammern von Facebook, wie auch Eli Pariser in seinem Buch *Filter Bubble* zeigt.[178]

Medien, Politik und die Eroberung der Zukunft

Die technischen und diskursiven Möglichkeiten, um aus dieser Unbeweglichkeit herauszufinden, können uns die Bienen natürlich nicht geben. Aber sie zeigen vor, wie offene Diskussionen geführt werden müssten und dass man bei wichtigen sachlichen Entscheidungsfindungen Partei- und Führergehorsam sowie Emotionen heraushalten müsste. Der Hauptcharakterzug der

Der Hauptcharakterzug der Entscheidungsfindung ist bei den Bienen die kooperative Herangehensweise an das Problem. Kein Teil ihrer Aktionen ist destruktiv und keiner zielt auf die Erhaltung des Status quo ab.

Entscheidungsfindung ist bei den Bienen die kooperative Herangehensweise an das Problem. Kein Teil ihrer Aktionen ist destruktiv und keiner zielt auf die Erhaltung des Status quo ab. Wenn man sich ein bisschen etwas von ihnen abschauen wollte, dann wäre es diese gelassene Effizienz, und der konstruktive Geist, der in diesem gemeinsamen Unternehmen herrscht (und herrschen muss). Diese Eigenschaften sind vor allem der Zukunftsorientierung geschuldet, der Konzentration auf das Neue. Daran könnten sich Medien und die Politik ein Beispiel nehmen.

Die klassischen Medien werden ja derzeit von den Entwicklungen der Digitalisierung und der sozialen Netzwerke eher mitgerissen, als dass sie sie mitgestalten. Sie sehen ihre Funktion hauptsächlich in der Kritik und Kommentierung des Gegenwärtigen. Diese Funktion ist wichtig, vor allem in einer Zeit der Populisten. Aber sie darf nicht die einzige vordringliche Kommunikationsaufgabe bleiben. Medien des 21. Jahrhunderts sind mehr als eine kontrollierende Macht im Staat und schlechterdings viel mehr als bloße Berieselungs- und Unterhaltungsstationen. Sie müssten sich vielmehr als Pol gesellschaftlicher Kreativität verstehen.

Die Medienmanager müssten ihre Selbstsicht dafür nur ein wenig von den Zwängen entkoppeln, die sie tagtäglich plagen: den Auflagenzahlen, dem Vertriebsdruck und den Werbeerlösen. Man sieht in den Auflagenrückgängen von Qualitätsmedien ohnehin, dass es so nicht weitergehen kann und dass der Medienzirkus zunehmend zur Medientragödie wird. Es wird in diesem Sinn aber keine Antwort sein, sich der Buchhaltung zuliebe auf die Ebene des Boulevards und der Instinkt-Befriedigung der Leser zu begeben und Clickbaiting zu betreiben. Es ist auch klar, was beim Wiederkäuen angeblicher Aktualitäten herauskommt: Ich habe die Zahl der Erwähnung von Debattenbegriffen in den Medien verglichen. Das Ergebnis lautet, dass Zeitungen mit oder ohne ihren bewussten Willen das Geschäft der Populisten besorgen. Der Stichwortcheck in den von der »Austria Presseagentur« im Onlinearchiv zugänglichen 565 deutschsprachigen Printmedien in den vergangenen eineinhalb Jahren ergab ein eindeutiges Bild.[179] Die Themen sind nachfolgend gereiht nach der Anzahl der Nennungen:

- Flüchtlinge 177.372
- Arbeitsplätze 155.474
- Digitalisierung 129.331
- Islam 102.000
- Klimawandel 73.000
- Ungleichheit 36.520
- Bürgerbeteiligung 10.072
- Mindestsicherung 7398
- Biodiversität 7045
- Umweltzerstörung 2531
- Nanotechnologie 927
- Steueroasen 319
- Finanztransaktionssteuer 245
- Verteilungsgerechtigkeit 127

Man kann leicht den starken Überhang angst- und konfliktbehafteter Themen und Themenkreise erkennen, die von wichtigen Zukunftsthemen, wie etwa »neue Technologien« und »Verteilungsgerechtigkeit«, deutlich untertroffen wurden. Und auch dort, wo zahlreiche Nennungen auftraten, wie etwa beim Klimawandel, zeigte sich: Die Berichterstattung ist eher am »Katastrophismus« orientiert als an sachlicher Auseinandersetzung. Studien der Universität Hamburg und anderer Wissenschaftler belegen dieses Bild.[180]

So äffen Zeitungen und Zeitschriften eigentlich trotz ihrer behaupteten Themenführerschaft die Themensetzungen rechter und zum Teil »Fake-News-affiner« Bewegungen nach beziehungsweise verschaffen diesen Öffentlichkeit, selbst wenn ihre Redakteure das nicht beabsichtigen. Aber wäre nicht vielmehr ein breiter, alternativer Ansatz zu entwickeln, der dem Themenangebot nicht nur Qualität, sondern auch eine neue Realitätsnähe und Zukunftsrelevanz gäbe? Der ORF hat sich beispielsweise immer als »Fenster zur Welt« verstanden. Das war ein schönes Bild für das 20. Jahrhundert und galt für viele klassische Medien. Im Zeitalter von »Windows« steht das Fenster zur Welt aber immer und jedem offen – auf allen Kanälen. Medien, die auf Qualität setzen, kommen also unter starken Konkurrenzdruck. Sie könnten sich Luft verschaffen, indem sie sich viel mehr als bisher als gesellschaftliche Abhörstationen für neue Ideen und gleichzeitig als Relaisstationen dieser Ideen wahrnehmen, nicht unähnlich den Scout-Bienen in der Natur im Einsatz für ihre Nestvorschläge. Medien wären die Sprachrohre für Veränderung und dabei kritische Überprüfer der Tauglichkeit des Vorgeschlagenen. Sie wären die Antennen, die die Menschen nicht nur miteinander, sondern mit der Zukunft verbinden. Ihre Helfer und Quellen könnten, auch viel mehr als bisher, die Wissenschaftler und die sozialen Dialogträger der Gesellschaft sein.

Die Medien würden neuen Ideen aber nicht nur öffentliche Aufmerksamkeit verschaffen, sie wären auch Transmissionsriemen, welche die Ideengeber mit der Politik verbinden. Das bringt uns zu den Politikern selbst. Diese sind in den vergangenen Jahren Sinnbilder für Stillstand und Lähmung geworden und haben sich daraus erst wieder befreit, als sie zu den Mitteln der rechten Parteien griffen und die Ausgrenzung von Andersdenkenden und die Spaltung der Gesellschaft mitbeförderten. Damit graben sie der freien Demokratie und sich selbst das Wasser ab. Sie müssten noch mehr als die Medien ihre Rolle neu definieren. Es wäre eine Art Rückkehr zu einem Bild, in dem der Politiker Lösungen für die Gesellschaft erarbeitet und umsetzt, nicht bald dieser bald jener Stimmung nachläuft. Entsprechend einer solchen neuen, alten Selbstauffassung sind Politiker Vertreter und Treuhänder öffentlichen Vermögens zur Finanzierung der Verwirklichung von Reformideen. Darunter fallen auch Feldversuche zur Erprobung reformorientierter Wirtschaftsmodelle.

Mutige Probegemeinden, die Parallelwährungen, Grundlohnmodelle und Modelle des sozialen Zusammenhalts ausprobieren wollen, müssten gefördert, nicht entmutigt werden.

Eine solche Bindung an konkrete Inhalte erfordert natürlich eine Umstellung für Politiker und ihre Parteien. Die Mandatare wären nicht mehr dem Apparat verpflichtet, sondern der Öffentlichkeit. Sie bräuchten keine Angstthemen zu besetzen, da sie Wichtigeres zu tun hätten. Sie müssten auch keine »Flüchtlingsrouten schließen« und Menschen ertrinken lassen. Sie dürften sich auch nicht mehr hinter Minderheiten und Weltverschwörungsgeistern verstecken. Sie müssten, Bienen gleich, arbeiten, vermitteln und aufbauen, nicht anschaffen und spalten.

Und nun zum Bienenschluss. Das Wort Inspiration ist dieser Tage ein Wort, an dem sich Konferenzen und Sonntagsreden in großen Worten abarbeiten. Im alten Griechenland war das Orakel von Delphi jener Ort, an dem der Gott der Weissagung, der Heilung und der Kunst, Apollon, die Menschen durch seine Eingebungen mit Inspiration erfüllte. Die Orakelsprüche wurden den Fragenden in Delphi von einer Priesterin des Apollons übermittelt. Ihr Beiname beim Volk war »die delphische Biene«. Für die Kommunikatoren in unseren Ländern hätte sie heute vermutlich folgenden Rat: ausschwärmen!

Fledermäuse stupsen Egozentriker

Wie man die Beziehungsfähigkeit auch in einer Zeit der Selbstdarstellung wiedergewinnen kann.

Wie geht man mit Egoisten um? Wie verhält man sich im Umgang miteinander, um den größtmöglichen gemeinsamen Nutzen zu haben? Vampirfledermäuse üben sich im »Nudging«, um selbstsüchtiges Verhalten durch gewaltloses »Anstupsen« zu ändern. **Indem sie das System der Nahrungsgabe zur Perfektion führen, zeigen sie aber auch den Erfolg der Gegenseitigkeit und können zum Nachdenken anregen, wie man selbst in aussichtsloser Lage durch kleine Schritte Veränderungen in der Gesellschaft bewirken kann. Ein Loblied auf eines der unterschätztesten Wirbeltiere.**

Roulette der Vorurteile

Gemeinhin wird der Mensch als rational und als die Zukunft planend vom Tier unterschieden, als fähig zur »kumulativen Kulturentwicklung«[181], indem er eine Errungenschaft nach und auf der anderen aufbaut. Das mag sein. Er ist auch unbestritten der einzige Mathematiker und vermutlich auch der einzige Nachdenker über die »höchsten Dinge«. Erstaunlich aber ist, dass es diesem höchsten Logiker gar nichts ausmacht, die Tierwelt in einen Tummelplatz seiner eigenen Albträume und Fantasmen zu verwandeln. Bald werden diesem, bald jenem Tier menschliche Ängste und Vorurteile an den Hals gedichtet. Der Löwe sei königlich und majestätisch, der Fuchs besonders schlau, der Pfau eitel, der Esel dumm und geil, die Schlange falsch, der Delfin lieb, die Spinne – na eben »pfui Spinne«. Kaum jemand kommt ungeschoren davon. Die Fledermaus hat bei diesem Spiel um Gunst und Verachtung eine besonders schlechte Karte gezogen: Sie ist der Teufel, die Hexe, der Vampir in Personalunion. Aus dieser Vertreterin der Ordnung der Fledertiere wurde also früh ein übel beleumundeter Dämon. Wenn sie in menschlich überkommenen Traditionen zu etwas nütze sei,

> **Die Fledermaus hat bei diesem Spiel um Gunst und Verachtung eine besonders schlechte Karte gezogen: Sie ist der Teufel, die Hexe, der Vampir in Personalunion.**

dann nur zum imaginierten Heilmittel. Die abgezogene Fledermaushaut wird in Indien von »Heilern« verwendet, um Verletzungen zu kurieren (wobei die Behandlung unter Umständen statt zu heilen die Tollwut überträgt). In Afrika werden allerlei Amulette mit Körperteilen der Fledermaus gebastelt. Ein Aberglaube, der dem aufgeklärten Westen übrigens keineswegs fremd ist. Man sehe nur den »König der Löwen«, den erfolgreichsten Kinderfilm aller Zeiten, in dem im Handumdrehen neben den üblichen Vorurteilsschienen Hyänen zu Nazis mutieren. Das ist nicht weit entfernt von Albertus Magnus, einem großen Theologen und Kirchenlehrer (und nebenbei Lehrer von Thomas von Aquin), der an Kurzsichtigkeit leidenden Studenten den ebenso kurzsichtigen Rat gab, sich mit Fledermausblut das Gesicht zu beschmieren, denn das erhöhe die Fähigkeit, in der Nacht zu sehen. Soweit also zum Hirngespinst und seiner Verbreitung bis in die allergescheitesten Köpfe hinein.

Als Animal Spirits habe ich die Fledermäuse wegen ihres Sozialverhaltens ausgewählt, wegen ihrer engen Beziehung zueinander. Ihre Art des Umgangs miteinander kann den individuellen Blick dafür schärfen, wie Beziehungen in unfreundlichen Zeiten freundlich gestaltet werden können. Wie man sich »Selbst-Gegebenheit« erarbeiten kann und wie die Gabe in neuer Form die Beziehung zu Mensch und Umwelt stärken kann. Ich möchte auch ein paar Anregungen geben, wie man damit bei sich selbst beginnen und zeigen kann, wie durch fledermausartiges »Anstupsen« oder »Nudgen« in optimaler Weise egoistisches Verhalten verändert werden kann.

Ausnahme-Könner

Die Fledermaus ist ein ganz wunderbar ausgestattetes Lebewesen. Sie und der Flughund sind die einzigen Säugetiere, die es geschafft haben, wie die Vögel fliegen zu lernen. Sie hat auch seit ihrem Entstehen vor etwa 50 Millionen Jahren einen unglaublichen Formenreichtum entwickelt. Heute gibt es über 1000 Arten von Fledermäusen. Die kleinste von ihnen, die Schweineohrfledermaus, wiegt nur zwei Gramm und ist drei Zentimeter groß. Die größte hat hingegen 200 Gramm und bis zu 70 Zentimeter Flügelspannweite (die australische Gespensterfledermaus). Auch alle Formen von Ernährungsvorlieben sind vertreten, vom Fleischfresser bis zum bienengleichen Blütennektarsammler und Vegetarier.

Der Körperbau und die Gesichts- und Schädelform sind dabei auf Flug und die Lebensart abgestimmt. So haben die Pollensammler ein langgezogenes, spitzes Gesicht, das es ihnen ermöglicht, mühelos bis zum Grund von Blumenkelchen vorzudringen. Dagegen haben die Früchte- und Samenfresser unter den Fledermäusen wuchtige Schädel, deren Kiefer eine hohe Beißkraft aufweisen. Die Flugtauglichkeit wird durch hohle Knochen und filigranen Körperbau erreicht, dazu gesellt sich noch stark erhöhte Leistungsfähigkeit: ein großes Herz, ein sehr voluminöser Brustkorb und die Fähigkeit – verglichen mit dem Menschen –, die dreifach erhöhte Menge an Sauerstoff ins Blut aufzunehmen. Durch ihre Anpassungsfähigkeit haben es die Fledermäuse geschafft, aus eigener Kraft die am weitesten verbreitete Wirbeltierart des Planeten zu werden (bevor der Mensch kam und durch unabsichtliche Ansiedelungen die Ratte in diesen Rang erhob).

Trotz ihrer gespenstischen Unbeliebtheit ist die Fledermaus in manchen Eigenschaften dem Menschen ähnlich. Zum einen lebt sie lang, bis zu 30 Jahren. Zum anderen hat sie eine sehr geringe Fortpflanzungsrate. Ein Weibchen bringt höchstens ein Fledermausjunges pro Jahr zur Welt. Zum dritten betreibt die weibliche Fledermaus eine Art Empfängnisverhütung, besser gesagt eine Befruchtungsverzögerung. Sie paart sich in den Wintermonaten mehrmals mit verschiedenen Männchen, kann aber deren Samen mehrere Monate in sich konservieren und die Schwangerschaft erst dann einsetzen lassen, wenn besonders günstige Bedingungen herrschen. Meist tun sich in der Trächtigkeit in den Sommerquartieren bis zu 50 Weibchen zusammen und bilden eine Wochenstube. Dieses Verhalten wiederholt sich jährlich. Die gleichen Weibchen bilden jeweils eine Geburtenabteilung. Die Nachkommenschaft wird gemeinsam gestillt und zwar bis zu fünf Monate lang. Die Fledermaus ist auch ein sehr soziales Wesen. Sie kann damit extreme Nachteile ausgleichen, die ihr ihre Entwicklung aufgrund der extremen Anpassung an das Fliegen aufgebürdet hat.

So hat sie in ihrer Entwicklung zugunsten der Gewichtsverringerung alle Möglichkeiten eingespart, Energie oder Fett einzulagern. Bei wechselndem Jagd- oder Sammelerfolg kann das gefährliche Konsequenzen haben. Denn die Fledermaus verhungert rasch. Sie hat nichts Angespartes und auch keine Vorräte. Deshalb ist es Gruppenorder in vielen Fledermausgesellschaften, dass jene, die Beute gemacht haben, auch jene füttern, die weniger Glück hatten. Bei der in Südamerika heimischen Art der Vampirfledermaus hatte der US-Fledermausexperte Gerry Carter vom Smithsonian Tropical Research Institute in einem gemeinsamen Projekt mit der Uni Konstanz die Möglichkeit, dieses Fütterungsverhalten genau zu beobachten.[182]

Es stellte sich zunächst heraus, dass Fremdfütterung nicht die Ausnahme, sondern ein allgemeiner Brauch ist. 30 Prozent der hervorgewürgten Nahrung gingen nicht an die jeweiligen Jungen, sondern an Nachbarn, die es schlechter erwischt hatten. Carter konnte aber auch Individuen beobachten, die das Füttern der hungrigen Artgenossen verweigerten, mit der Konsequenz, dass sie selbst auch von anderen nicht gefüttert wurden.[183]

Das Verhalten der fütternden Fledermäuse scheint dabei nicht auf reiner »Mitfledermäuslichkeit« zu beruhen. Es hatte statistisch eindeutige Vorteile für die Gruppe: Nach vorliegenden Studien haben nämlich nur etwa 60 Prozent aller Vampirfledermäuse bei ihren Jagdausflügen Erfolg. Würde es keine Zufütterung geben, würde die Mehrheit der Population binnen eines Jahres verhungern. Durch die gegenseitige Fütterung überleben immerhin 76 Prozent der Tiere.[184]

Das Beispiel der Fledermäuse zeigt nicht nur den Erfolg von gegenseitiger Hilfe in Notlagen. Es weist noch eine Besonderheit auf: den sanften Umgang mit dem nicht fütternden Tier. Der Egoist wird weder angegriffen noch der Höhle verwiesen. Es gibt keinerlei Gewaltanwendung. Er kann letztlich selbst entscheiden, ob er wieder in die Gruppe zurückkehren möchte, indem er selbst wieder füttert. Kein Teilnehmer der Gruppe verschwendet Energie darauf, den Egoisten zu unterdrücken oder ihn zu vertreiben. Man betreibt vielmehr durch die Nichtfütterung ein Anstupsen, ähnlich dem Nudging, wie es der Wirtschaftswissenschaftler und

Verhaltensökonom Richard Thaler in seinem Buch *Nudge. Wie man kluge Entscheidungen anstößt* vertritt.[185]

Dieses Verfahren läuft darauf hinaus, ein bestimmtes Verhalten ohne sozialen oder moralischen Druck anzuregen. Es ist nicht unähnlich einer erprobten Methode der Psychoanalyse, in der der Analytiker nicht mit Hypnose oder in der Gruppe arbeitet, sondern als persönlicher Begleiter auftritt. Die Form des »diagnostischen Gesprächs« ist auch ein erprobter Weg, mit dem besonders schwer zu behandelnden Phänomen des krankhaften Narzissmus umzugehen. Der Begleiter wählt dazu – mit etwas komplexerem menschlichen Hintergrund – die Taktik der Fledermäuse. Er stößt Prozesse im Patienten an, die idealerweise zu einer Verhaltensänderung führen. Der Analytiker muss dabei besonders behutsam vorgehen. Der Grund dafür ist das Verhältnis des Patienten zu seiner Umwelt. Der Narzisst ist in seiner psychischen Reifung gescheitert und hat einen Rückschritt in seiner Selbst- und Objektvorstellung vollzogen. Dabei konstruiert er sein übersteigertes Größen-Selbst, indem er zwar alle »guten« Seiten seiner Persönlichkeit bei sich behält, sämtliche negativen Komponenten seiner Psyche aber abspaltet, verdrängt und auf andere Personen oder Gegenstände projiziert.[186]

Das führt zu einem Rückfall in eine primitive Objektbeziehung, die man vereinfacht so beschreiben kann: Aus der Sicht des Narzissten besteht die Umwelt aus guten und bösen Gegenständen und Individuen, das eigene Selbst ist ideal gut und von allem Bösen abgeschieden. Der Narzisst hält sich für genial und meint, sich schützen zu müssen. Deshalb errichtet er einen seelischen Wall und schottet sich von allen Einflüssen ab, die sein Weltbild stören könnten. Jeder Versuch, zum Patienten durchzudringen, wird sofort mit einer Abwehrreaktion beantwortet, zumeist durch Abwertung und Aggression.

Der US-Psychoanalytiker Vamık D. Volkan berichtet von einem Patienten, dessen Analyse trotz schlechter Prognose durch behutsames Vorgehen gelang, ähnlich dem »Nudging«, das die Wissenschaftler bei den Fledermäusen in ihrer Egoisten-Geschichte beobachten konnten.

Der Patient Joseph, ein junger Student mit einer langen

Krankengeschichte, zeigte zu Beginn der Behandlung klassische Symptome einer schweren narzisstischen Störung. Er scheute menschlichen Kontakt und wertete alle Personen in seiner Umgebung als »durchschnittlich« ab. Er zog sich, wenn möglich, in sein Zimmer zurück und hatte große Probleme damit, Türen zu öffnen, weil er dahinter Feinde und Schmutz vermutete. Der Analytiker Volkan begann mit einfachen Fragen und Anregungen, Joseph dazu zu bewegen, sich selbst wahrzunehmen, sein Verhalten zu hinterfragen und sich mit seinen uneingestandenen Aggressionen auseinanderzusetzen. Langsam vergegenwärtigten sich bei ihm die abgespaltenen negativen Wahrnehmungen der Umwelt. Er sah beispielsweise »das Böse und das Gute« des Therapeuten gleichzeitig und letztlich gelang es ihm, seine bösen Vorstellungen über die Person mit den guten zu vereinen. So entwickelte er erste Ansätze zu einer integrierten Persönlichkeit. Aber erst als er es im Zuge der Selbstbefragung schaffte, seine eigenen negativen Eigenschaften zu akzeptieren, konnte er mit anderen Menschen Freundschaften schließen und Personen akzeptieren.[187] Das Volkan-Verfahren klingt einfacher, als es ist. Der Analytiker muss seine Botschaften quasi durch eine schallisolierte Mauer hindurchsenden und noch dazu alle sonstigen Abwehranlagen überwinden, mit denen sich der Narzisst umgibt.

Wie soll nun aber vorgegangen werden in einer Gesellschaft, die sich den narzisstischen Typus als erfolgreichen Vertreter der Leistungsgesellschaft zurechtgebogen hat? Das scheint schwierig bis unmöglich, wenn man die Welt als ein statisches Gebilde wahrnimmt. Aber das ist sie nicht. Sie lässt sich bewegen und wird permanent bewegt. Man muss sich die Gesellschaft als einen »Superorganismus« vorstellen. Einen Körper, zusammengesetzt aus vielen kleinen und kleinsten Teilen, wobei alle diese Teile spezielle Funktionen für das Ganze haben. Tatsächlich ist es ja auch so. Der Superorganismus wächst und verbraucht Energie durch unsere Aktionen. Er lässt sich langsam aber sicher auch durch Verhaltensänderungen von Einzelnen, die von anderen Menschen kopiert werden, ändern.

Das Konzept des Superorganismus stammt aus der Insektenforschung. Mittlerweile hat es aber durch die Arbeiten des

US-Anthropologen Alfred Kroeber auch in die Sozialforschung Einzug gehalten. Es steht hinter dem neueren, mathematischen Konzept der Schwarmintelligenz, die der Bienenforscher Thomas Seeley in seinem Buch über Bienendemokratie erwähnt. Der Informatiker Douglas Hofstadter zog schon vor 30 Jahren Parallelen zwischen einem Ameisenstaat und dem menschlichen Gehirn – in beiden würden kleine, für sich genommen unbedeutende und »dumme« Individuen durch Zusammenarbeit zu einer höheren Intelligenz »erwachsen«. Behaviouristen, Biologen und Mathematiker haben dazu in den letzten Jahren zahlreiche bestätigende Arbeiten geliefert.[188]

Wie vereint sich nun das »Nudging« der Fledermäuse mit der Schwarmintelligenz der Menschen? Indem das Nudging bei jedem Einzelnen von uns beginnt, kann es sich in Gruppen fortpflanzen und in politischen Bewegungen tiefgreifendes Umdenken auslösen, an dessen Ende vielleicht ein neuer Wachstumsbegriff steht. Eine neue Art, in Betrieben miteinander zu arbeiten, miteinander zu kommunizieren und Probleme zu lösen. Damit ein solcher Prozess beginnen kann, ist freilich sanftes »Selbst-Nudging« erforderlich. Man braucht dazu keine spezielle Ausbildung. Es genügt, sich einfach Fragen zum eigenen Leben zu stellen. Nur eine Frage pro Tag. Die erste, gleich beim Läuten des Weckers in der Frühe, könnte lauten: Würde ich heute arbeiten gehen, wenn ich dafür nicht bezahlt würde? Und was würde ich gegebenenfalls stattdessen tun? Eine weitere: Kann ich meine Arbeit so erklären, dass andere Menschen ihren Sinn verstehen? Oder: Warum macht eine Runde »Mensch ärgere Dich nicht« zufriedener als eine Folge Tatort? Und warum schauen wir trotzdem Tatort? Und beim »Zu-Bett-Gehen«: Mit wie vielen Menschen habe ich heute gesprochen?

Mit diesen und anderen einfachen »Warum-tust-du-das?-Fragen« stößt man letztlich zum Kern vor. Sie öffnen den Wall

> Indem das Nudging bei jedem Einzelnen von uns beginnt, kann es sich in Gruppen fortpflanzen und in politischen Bewegungen tiefgreifendes Umdenken auslösen, an dessen Ende vielleicht ein neuer Wachstumsbegriff steht.

der tatsächlichen oder der nur eingeübten Verpflichtungen, der unser Privat- und Berufsleben einhegt und ablenkt vom wirklich Wesentlichen: den Sinnfragen für das Individuum und die Gesellschaft. Der Psychiater Viktor Frankl hat diese Sinnsuche ins Zentrum seiner Logotherapie-Lehre gestellt und gemeint: »Das Leben selbst ist es, das dem Menschen Fragen stellt. Der Mensch ist der vom Leben her Befragte, der dem Leben zu antworten, das Leben zu ver-antworten hat.«[189] Treffender kann man die Größe der Verantwortung nicht ausdrücken, die in der Selbstverantwortung liegt, für sich selbst und für das Ganze. Man muss nur beginnen hinzuhören, was einem das Leben sagt oder einen spüren lässt. Die meisten Menschen spüren ja sehr genau, was ihnen guttut oder sie im Gegenteil krank macht. Das wäre einmal ein echter Neuanfang im Sinne Frankls.

Von Gabe und Gegen-Gabe

Ich möchte nun noch einmal auf jene Aktion der Fledermäuse zurückkommen, von der auch zu Beginn des Kapitels schon die Rede war. Dass sie in ihrer Höhle hängen und durch das Füttern und Gefüttert-Werden ein Millionen Jahre altes System der Gabe und der Gegen-Gabe ausüben. Nun wird die Gabe zwar allgemein als eine erste menschliche Wirtschaftstat gesehen, die in Tausch und Handel mündete. Aber die innere Bedeutung scheint vergessen zu sein (beziehungsweise versucht man, sie sich alle Jahre zu Weihnachten wieder zusammenzureimen). Ich werde versuchen, sie in einen »fledermäuslichen« Zusammenhang zu stellen und im menschlichen Sinn zu verbreitern. War oben von der gestörten Objektbeziehung des Narzissten die Rede, geht es nun um die wesentlich gesündere menschliche Tradition der Gabe, die von den ersten Ethnologen im frühen 20. Jahrhundert bei indigenen Völkern beobachtet wurde.

Beim Volk der »Kwakiutl«, das im Westen Nordamerikas von der Fischerei und der Jagd lebt, ist das Geschenk zentraler Bestandteil des sozialen Zusammenlebens. Die Tradition heißt »Potlatch«, übersetzt »weggeben«. Wenn ein angesehener Kwakiutl einen wichtigen Anlass begeht, dann lädt er die Würdenträger aus der Umgebung zu sich ein und opfert auf, so viel er kann und hat: persönliche Gegenstände, Zedernholzkästen, Kanus, Harpunen, Lebensmittel – oft seinen ganzen Vorrat. Es ist eine Art Vertrauensopfer. Denn der Beschenkte wäre der Tradition nach verpflichtet, den Schenkenden ähnlich großzügig zu beschenken, wie er beschenkt wurde. Der Schenkende gibt sich so symbolisch in die Hand des Beschenkten. Die Gabe ist bei den Kwakiutl der Anker für das soziale Ansehen, sie besiegelt die Verteilung von Rechten, besiegelt die Verbindung von Clans bei Hochzeiten und begleitet die Verstorbenen ins Jenseits. Im Wesentlichen aber schenkt der Kwakiutl mit den Gegenständen auch einen Teil seiner Seele. Indem Tauschpartner jeweils geliebte Gegenstände des anderen besitzen und sie in Ehren halten, ist eine ganz intensive Beziehung hergestellt. Der eine Edle schätzt so den anderen, und es ist Frieden zwischen ihnen. Selbst die Macht der Vorfahren des einen wohnt in den Geschenken beim anderen und schützt nun auch ihn und jene, an die der Beschenkte die Gaben weiterreicht. Der französische Soziologe Marcel Mauss hat dieses Ritual zum Anlass genommen, über die Gabe in der menschlichen Kultur nachzudenken.[190] Seine von allen Ahnenriten und aller Transzendenz entkleidete Schlussfolgerung: Gabe ist nicht bedingungsloses Geschenk, sondern Gabe bedeutet Pflicht. Gaben binden die Menschen aneinander und vernetzten sie, sie sind die Hülle für den Zusammenhalt. Traditionen ähnlich dem »Potlatch« fanden sich überall auf der Welt, bei den Tschuktschen Sibiriens, auf Samoa und den Trobriand-Inseln, bei den Maori, bei den Pygmäen und bei den Bewohnern der Andamanen-Nordinsel. In Europa finden sich Spuren im antiken griechischen Recht der Dorer und Ionier. Bei Aristoteles stehen öffentliche Ämter noch in engem Zusammenhang mit der Gabenpflicht (freilich soll der Aufwand den Schenkenden nicht überfordern).[191] Auch Xenophon hält an ihr in seinem *Oikonomikos* fest.[192]

> Gabe ist nicht bedingungsloses Geschenk, sondern Gabe bedeutet Pflicht. Gaben binden die Menschen aneinander und vernetzten sie, sie sind die Hülle für den Zusammenhalt.

Überall in der menschlichen Geschichte gab es also Systeme von Gaben, die mehr umfassten als den Tausch, auf dem unser Wirtschaftssystem beruhen soll. Heute stellt sich die Frage, ob uns der ökonomische Fortschritt, der mit der Reduktion der Gabe zur ökonomischen Ware begann, nicht einen gesellschaftlichen Rückschritt brachte, indem er die Verbindung zwischen Anbieter und Käufer nach dem Kauf-Akt kappte. Vielleicht wäre es gut, eine Neubewertung im Sinne des »Potlatch« vorzunehmen: Dass nämlich Geschenke nicht so sehr eine materielle Gabe darstellen, sondern Beziehungen repräsentieren. Je älter und gebrauchter, je geliebter der Gegenstand ist, desto mehr Beziehung stiftet er auch.[193]

Es gibt ein auch noch heute beobachtbares seltsames Wechselspiel: je materieller die Zeit, desto immaterieller das beste Geschenk. Heute ist es nicht mehr der magische Stein, das glänzende Spielzeug oder das neue Auto, die am höchsten geschätzt werden, sondern die Zeit, die man mit jemandem verbringt. Man schenkt Gegenwart. Und noch mehr zeigt sich darin die gewitzte Wahrheit, die in dem Spruch der Kwakiutl liegt: Wer gibt, den gibt es auch. Der Rest sind tote Seelen.

Und so gesehen kann die These des Soziologen Mauss entkräftet werden, dass Gabe immer Gegengabe verlangen würde. Dort nämlich, wo die Gabe gar nicht beabsichtigt ist und keinen ökonomischen Kriterien entspricht. Wenn sie nicht einmal etwas Persönliches ist, ganz ohne Verpackungen und Konfektionen. Sobald ein Geschenk bedingungslos gegeben wird und ohne konkretes Ziel, ist es tatsächlich zeitlos und immer da, es ist das Präsent im Präsens, ein »present« in der Present Tense, ein »présent« im Présent. Die Geschenke, von denen hier zum Schluss die Rede ist, werden nicht so sehr verstanden, wie sie gefühlt werden. Wenn man etwa am Morgen in den Frühling hineinspazieren kann und das Gras wächst und die ersten Blüten sprießen und Blätter sprossen. Was ist dann das, was man spürt? Was ist das Kind, das lustig um uns herumspringt oder dem man zusieht, wenn es sich freut? Und was ist auf niedrigerer Ebene ein Gedanke, eine Idee, die einem zufällt, von irgendwoher, aus dem Nichts?

Ist das nicht alles Gabe? Und ist nicht das Schönste daran,

dass man gar nicht weiß, woher es kommt? Dieses »Es gibt« der Philosophen ist unter Umständen das, was übrig bleibt, wenn alle anderen Geschenke verteilt sind. Die Gegenwart als Geschenk schlechthin.

Je mehr man besitzt, desto mehr ist man in Gefahr, dieses kleinste Geschenk von allen zu vergessen. Das ist schade, weil nur in diesen Augenblicken eine kleine Ahnung davon entsteht, dass wir beständig werden und gleichzeitig vergehen, damit es andere geben kann und anderes, das wachsen wird, wenn wir schon längst wieder zeitlose Teile des »Es gibt« geworden sind. Wenn wir das in diesem Sinne in die Ewigkeit denken können, dann würden uns die alten Chinesen mit einem Symbol der Weisheit behängen, das für langes Leben, Glück, Gesundheit und einen leichten Tod steht. Dieses Symbol heißt »Fú«, übersetzt: »Fledermaus.«

Mit den Waffen der Liebes-Affen

**Wie Bonobos effizient
Konfliktvermeidung betreiben und
wie wir Aggression in positive Energie
verwandeln können.**

In diesem Kapitel wird es um den Kern menschlicher Verhaltensweisen gehen. Jener Eigenschaft, die das Lebendige (nicht nur im Menschen) ausmacht, die aber zunehmend in eine mechanisch-sterile Sphäre abgeschoben wird. Es geht um die Fähigkeit, sich anders als nur oberflächlich miteinander in Beziehung zu setzen. Diese Fähigkeit ist der eigentliche »Missing Link« zur Bewältigung unserer Probleme. Sie berührt alle Problemkreise, die das vertikale System und seine narzisstischen Wucherungen erzeugen. Es geht um die Verarbeitung von Macht und Unterordnung, die Lösung von Konflikten, den Umgang mit Angst und Aggression und letztlich um die Einsamkeit des Menschen trotz tausendfachen Kontakts in sozialen Netzwerken. Die Bonobo-Affen leben beispielhaft vor, was uns im Lauf unserer äußeren, technischen und wirtschaftlichen Entwicklungen an innerer Qualität verloren ging, und zeigen sich als Vorbild für reife Menschlichkeit.

Krieg und Frieden

In den vergangenen Jahren war oft bewundernd von Kooperation im Tierreich die Rede. Es schien beinahe, als müsse Kooperation unter den Menschen wiederbelebt werden, indem man die Schönheit der Zusammenarbeit in der Tierwelt in den prächtigsten Farben ausmalte. Ameisen, Termiten, Sardinenschwärme, Wale und Löwen, Graugänse und Pinguine – überall zeigt sich Kooperation. Tatsächlich aber ist Kooperation ein zweischneidiges Schwert. Denn sie ist kein moralischer Wert, sondern ein Instrument zur Erreichung eines Zieles. Gerade zwei eng miteinander verwandte Arten von Menschenaffen, die im Zentrum dieses Kapitels stehen, wenden sie vollkommen gegensätzlich an: Schimpansen und Bonobos.

Schimpansen verstehen Kooperation im Sinne des Zusammenschlusses von Individuen, um regelrechte Kriege zu führen. Die Primatenforscherin Jane Goodall musste einen davon im Gombe-Nationalpark in Tansania Mitte der 1970er-Jahre miterleben. Davor hatte Goodall von den freundlichen Menschen-affen berichtet und Wellen der öffentlichen Zuneigung zu ihren Schimpansen entfacht. Jedem hatte sie einen Namen gegeben, sie hatte die Geburt der Jungen miterlebt und die zärtliche Zu-neigung der Erwachsenen, das sanfte Sterben der Alten. Doch von einem Tag auf den anderen änderte sich alles, als sich ihre Schimpansengruppe nach dem Tod eines Alphatieres spaltete. Die gegnerischen Gruppen begannen einander aufzulauern und zu massakrieren. Der »Schimpansen-Krieg von Gombe« dauer-te vier Jahre und kostete 11 von insgesamt 30 Schimpansen das Leben. Goodall wurde von den Szenen lange verfolgt: »Oftmals, wenn ich in der Nacht aufwachte, sprangen mir spontan entsetz-liche Bilder in den Kopf – Satan (einer der Schimpansen; Anm.), wie er seine Hand unter Sniffs Kinn hält, um das Blut zu trin-ken, das aus der großen Wunde in seinem Gesicht fließt; der alte Rudolf, normalerweise so gütig, aufrecht stehend, um einen Vier-Pfund-Stein auf den ausgestreckten Körper von Godi zu schleu-dern; Jomeo, wie er einen Streifen Haut von Dés Oberschenkel reißt; Figan, wie er auf den angeschlagenen, zitternden Körper von Goliath, einem seiner Kindheitshelden, wieder und wieder losgeht und einschlägt.«[194]

Hunderte Kilometer weiter nordwestlich, im Wamba-Nationalpark, beobachtete der Primatenforscher Gen'ichi Idani im Dezember 1986 Bonobo-Affen auf einer Lichtung. Idani hatte eigentlich nur eine einzige Gruppe erwartet. Doch nun kamen zur gleichen Zeit zwei Gruppen aus gegensätzlichen Richtungen aus dem Wald. Idani erwartete einen handfesten Konflikt, wie er passieren würde, wenn zwei Schimpansen-Clans aufeinander-treffen. Doch das geschah nicht. Die Bonobo-Gruppen bezogen zunächst nur Stellung in einem Abstand von wenigen Schritten zueinander und sahen ihr Gegenüber an. Dieses Schauspiel dauer-te etwa 30 Minuten. Dann erhob sich die Chefin des einen Clans und näherte sich einer fremden Äffin, begann sie mit einer Frucht zu füttern, sie zu liebkosen und ihre Genitalien zu streicheln. Der Rest der Affen stimmte in das Verhalten ein, es entspann sich ein Kosen, Streicheln, Kopulieren und gegenseitiges Füttern in allen Geschlechts- und Alterskombinationen.[195]

Die Bonobos von Wamba und die Schimpansen von Gombe, zwei nah verwandte Arten, zwei Kooperationsformen. Die Bonobos beim friedlichen Ausbau ihrer Beziehungskultur durch Sex, die Schimpansengruppe beim Blutbad unter Brüdern. Auf den folgenden Seiten wird es um beides gehen, um Aggression und ihre Folgen, um Beschwichtigung und Harmonisierung und was es zu gelingenden Beziehungen zwischen Individuen und in Gesellschaften braucht. Wobei, um falsche Erwartungen gleich zu zerstreuen: Sex (und Essen) allein sind nur bei den Bonobos die Antwort.

Der Fluss trennt Beziehungskulturen

Die Bonobos wurden erst 1929 als eigenständige, von den Schimpansen unterschiedene Art »entdeckt«. »Pan paniscus«, so der zoologische Name des Bonobos, unterscheidet sich von seinem viel häufigeren Schimpansen-Cousin »Pan troglodytes« durch einen grazileren Körperbau, wesentlich kleineren Ohren, rosa gefärbten Lippen und in der Mitte gescheiteltem Kopfhaar. Bonobos leben in einem Gebiet in Zentralafrika, das zu 100 Prozent aus tropischen Regenwäldern besteht, aufgespannt zwischen dem Kongostrom im Norden und den Flüssen Kasai und Sankuru im Süden. Das Siedlungsgebiet der Bonobos ist von jenem der Schimpansen umgeben.

Die Art der Bonobos dürfte sich vor etwa 1,8 Millionen Jahren von den »Gemeinen Schimpansen« getrennt haben, vermutlich zu der Zeit, als der Kongofluss entstand und die späteren Bonobos von den anderen Schimpansen abschnitt. So entstand im Süden eine neue Art und eine neue Methode affigen Gemeinwesens. Zum einen, weil bei den Bonobos die Weibchen das Kommando haben. Zum anderen, weil sie eben viele Auseinandersetzungen im Inneren der Gruppe, aber auch zwischen Gruppen regeln, indem sie Sex anbieten. Seit der Entdeckung dieser Eigenheit gelten sie als »Hippies« unter den Tieren mit ihrem »Make-love,-not-war«-Verhalten. Es ist aber eine andere, besondere Art von Sex. Es scheint keine gesteigerte Aufregung oder Verliebtheit der Partner zu geben. Die Werbung basiert

Bonobo-Sex hat auch nichts mit menschlichen Vorstellungen von Freiheit und »Hippietum« zu tun. Diese Form sexuellen Austausches ähnelt vielmehr einer gut strukturierten inneren und äußeren Diplomatie.

auch häufig auf Bezahlung durch Nahrung. In diesem Sinn lässt sich auch eine Analyse des Bonobo-Experten und derzeit vielleicht berühmtesten Primatenforschers Frans de Waal lesen, wenn er seinen ersten Kontakt mit den Bonobos schildert, wie er sich 1983 im Zoo von San Diego abgespielt hat: »Ich verbrachte ganze Tage hinter der Kamera an der Außenseite des Geheges und filmte das Verhalten der Bonobos. Immer wenn der Betreuer der zehn Affen sich anschickte, Futter in das Gehege zu bringen, begannen die Bonobos sich gegenseitig zum Sex einzuladen. Männchen luden Weibchen ein und Weibchen luden Männchen und andere Weibchen ein.«[196] Wie de Waal feststellte, entwickeln sich die Zusammenarbeit und der Austausch bei den Bonobos auf der Basis von Einladungen und nicht aufgrund von Befehlen oder Überwältigung. Man kann es so zusammenfassen: Der Sex der Bonobos dient der allgemeinen Beziehung, nicht der Unterwerfung. Sex bezeichnet damit keinen persönlichen Machtanspruch. Er ist auch keine karnevaleske Tradition, gleich dionysischen Exzessen, in denen die Kopulation als Ventil dient, enge gesellschaftliche Strukturen für eine begrenzte Zeit zu sprengen. Bonobo-Sex hat auch nichts mit menschlichen Vorstellungen von Freiheit und »Hippietum« zu tun. Diese Form sexuellen Austausches ähnelt vielmehr einer gut strukturierten inneren und äußeren Diplomatie.

Welche Schlussfolgerungen ließen sich daraus für menschliche Angelegenheiten ableiten? Wohl nicht die Kopulation als allgemeines Mittel der Gesellschaftspolitik, sehr wohl aber die Eindämmung und die Bewältigung von Konflikten und seelischen Störungen durch die Wiederentdeckung der Zuwendung als zentrales (und gänzlich asexuelles) Element der Gesellschaft. In einer Zeit, in der die Gesichter viel zu oft den Bildschirmen von Smartphones oder anderen Computern zugewandt sind, geht nämlich eine wichtige Art der Zuwendung in der Gesellschaft verloren –

das Gespräch und der Kontakt zueinander. Drei Milliarden Menschen besitzen ein Smartphone, jährlich steigt diese Zahl um etwa 260 Millionen an. Ein durchschnittlicher US-Amerikaner verbringt sechs Stunden pro Tag vor dem Bildschirm oder dem Touchscreen, bei Jugendlichen ist die Zahl noch höher, bis zu zehn Stunden.[197] Da ein Mensch etwa 17 Stunden pro Tag wach ist, konsumiert unsere Netz-Gegenwart mittlerweile beinahe die Hälfte unserer bewussten Zeit.[198]

Die Psychoanalytikerin Rotraud A. Perner hat das in ihrem Buch *Der einsame Mensch* detailreich beschrieben: »Heute leben wir im globalen Dorf und schaffen uns über Facebook bzw. Fakebook, wenn wir darin flunkern, Inseln von Selbstdarstellungen, die wir dann für Identität halten. Gleichsam als Auslage für das Unternehmen Ich-AG mag das wohl passen – aber für echten Austausch mit Sehen, Hören, Spüren und Fühlen reicht das nicht. Manche bleiben auf dieser Insel der Einsamkeit stecken.«[199]

Tatsächlich führt Einsamkeit zur Depression. Mehrere Studien fanden das unabhängig voneinander heraus – Wissenschaftler in Japan, Italien, den USA und Deutschland bestätigten in den vergangenen Jahren den direkten Zusammenhang zwischen Internetsucht und Depression. »Wir können nicht in Stunden messen, ab wann die Nutzung des Internets oder des Computers krankhaft ist, aber wir haben Patientinnen und Patienten, die bis zu 60 Stunden unter der Woche und quasi das gesamte Wochenende im Internet surfen oder online spielen«, erklärt Kathrin Sevecke, Direktorin der Univ.-Klinik und Leiterin der Kinder- und Jugendpsychiatrie in Hall in Tirol, zu einer von ihr erstellten Studie.[200]

Es ist kein Wunder, dass der neue Renner der digitalisierten Generation »Cuddling«, also Kuscheln, ist. Die Idee dazu stammt aus der Entwicklungspsychologie. Langzeitstudien an Kleinkindern bestätigten, dass Kleinkinder mit starkem Kuschel-Kontakt zu ihren Bezugspersonen ein stärkeres Immunsystem aufbauten, das so verstärkt auch noch im Erwachsenenalter nachweisbar war.[201] Bei Studien an erwachsenen »Kuschlern« wurden ebenfalls hormonelle Veränderungen gemessen. Gekuschelte Personen hatten einen höheren Ausstoß an Oxytocin. Es handelt sich dabei um das »Bindungshormon«, das für die Gefühle von Liebe und Treue sorgt. In Studien an Hundebesitzern, die mit ihren Tieren spielten, zeigte sich ebenfalls eine erhöhte Oxytocin-Ausschüttung. Das Hormon besteht aus neun Aminosäuren und wird von der Hirnanhangdrüse produziert. Verabreicht man Oxytocin künstlich, wird zwar Stress abgebaut, aber israelische Wissenschaftler fanden auch heraus, dass Versuchspersonen dann verstärkt Neid und Schadenfreude an den Tag legten. Die körperliche Aktion, die zur inneren Ausschüttung des Stoffes führt, könnte entscheidend dafür sein, in welcher Weise Oxytocin wirkt.[202]

Einigen mag »Kuscheln unter Fremden« als ein ebenso bizarres Verhalten erscheinen wie die körperintensiven Konferenzen der Bonobos auf der Urwaldlichtung. Aber die Cuddling-Mode zeigt, wie sehr unsere Gesellschaften schon von Einsamkeit geprägt sind. Laut einer Studie des britischen Roten Kreuzes fühlen sich neun von 66 Millionen Briten oft allein. 200.000 Menschen sprechen höchstens ein Mal pro Monat mit einem Freund oder Verwandten. So musste das Rote Kreuz die Zahl seiner freiwilligen Helfer für den Besuchsdienst in Großbritannien binnen dreier Jahre um ein Drittel auf knapp 14.000 erhöhen. Das alles nur, weil den Menschen das Gespräch ausgeht, die simpelste und effizienteste Form der Zuwendung.

Neurobiologen bewerten Einsamkeit mittlerweile als eine »akute atypische Stressreaktion«, bei der es zu einem Anstieg des Blutdrucks und der vermehrten Ausschüttung von Cortisol kommt, was eine Schwächung des Immunsystems nach sich zieht. Wissenschaftler der Universität Utah haben Vergleiche angestellt, nach denen chronische Einsamkeit so schädlich ist wie 15 Zigaretten pro Tag.[203] In diesem Sinn sollte also ein Prozess gefördert werden, der mit dem Begriff »soziale Teilhabe« umschrieben wird, aber auch weniger technisch definiert werden kann: Miteinander reden und miteinander tun. So einfach das klingt, so schwierig ist es unter den gegebenen Rahmenbedingungen. Klar ist, dass Kuscheln und Präventionsmaßnahmen von Hilfsorganisationen bestenfalls punktuell wirken können, da das kapitalistische und technisch-digitale System die Gesellschaft mit mächtigem Krafteinsatz in die entgegengesetzte Richtung der digitalen Einsamkeit zieht. Daran wird sich nichts ändern, wenn es nicht zu einer offenen Diskussion kommt, in der die Konsequenzen dieser Entwicklung ohne Scheu diskutiert werden.

Beziehung, Ehr-Furcht und Angst

Bei der Überzeugungsarbeit zur Wiederentdeckung der Gemeinsamkeit könnte es vielleicht von Nutzen sein, einen mathematischen Vergleich zwischen aggressiver Problemlösung und beziehungsstiftender Beschwichtigung anzustellen, welche Art die effizientere und erfolgreichere sei. Sicher ist, dass die Schimpansen sehr viel von ihrer Aktionsenergie durch innere Rivalitäten und Gruppenkämpfe verlieren. Sie kennen zwar ebenfalls Aggressionsabwehr, wenn etwa ein Weibchen ein Männchen auffordert, seinen Zorn zu dämpfen. Dabei stupst sie den Aggressor entweder an oder versucht, ihm seine Waffen zu entwinden. Aber während die Aggressionsabwehr bei den Bonobos einem ruhigen, eingeübten Ritual entspringt, wird sie bei den Schimpansen von Furcht bestimmt. Der Beschwichtigungsakt birgt für den Beschwichtiger immer auch das Risiko, selbst zum Opfer zu werden, wenn der Aggressor trotzdem zuschlägt. Das Schimpansenweibchen tritt quasi schon mit eingezogenem Kopf an den Aggressor heran. Es ist ein entscheidender Unterschied, den hier die Angst macht.

Der Vergleich könnte uns anregen, einmal zu überprüfen, wie weit verbreitet in unseren sozialen Kontakten Furcht ist. Sie könnte häufiger anwesend sein, als wir uns das gemeinhin eingestehen. Sie beginnt ja schon bei der milden Form der Ehr-Furcht vor dem Vorgesetzten oder dem in der sozialen Hierarchie Übergeordneten. Wenn sich dieser natürliche Respekt voreinander zur Angst ausweitet, wagt es der Mitarbeiter, Schüler, Journalist nicht mehr, kritische Fragen an mächtige Personen zu stellen, aus Sorge, das könne für ihn und seine Arbeit schädliche Konsequenzen haben. Hier beginnt dann eine unproduktive Art der Kommunikation. Die Hierarchie steuert den Informationsfluss, nicht mehr der Inhalt. Diese Angst ist dafür verantwortlich, dass Kritik oder wichtige Hinweise zum Erreichen eines Ziels unterbleiben. Etwa, wenn Mitarbeiter eines Unternehmens die Ziele des Geschäftsführers nicht mehr öffentlich zu diskutieren wagen, um nicht als Bremser und Nörgler hingestellt zu werden.

Die deutsche Kommunikationsforscherin Elisabeth Noelle-Neumann hat schon in den 1970er-Jahren den Begriff der Schweigespirale geprägt. Er beschreibt Gruppensituationen, in denen die Mehrheitsmeinung durch die öffentlichen Repräsentanten und Medien festgelegt wird, und Meinungen, die davon abweichen, verschwiegen werden, aus Scham oder der Befürchtung, dann sozial ausgeschlossen zu sein. Ganz ähnlich ist es auch in Angst-Kommunikationen. Aus ihnen können sich Schweigespiralen formen, die für Gesellschaften, Unternehmen, Familien und andere Gruppen Entwicklungshemmnisse darstellen. Generell ist die Schweige-Angst von Mitarbeitern aber auch ein Spiegelbild der Angst der Führungskräfte. Sie tolerieren Kritik nicht, weil sie selbst Angst haben, mit ihren Plänen zu versagen. Das gleicht auf politischer Ebene dem Kabinettsmitarbeiter, der seinen cholerischen Minister fürchtet, oder dem Journalisten, der dem Politiker nur noch liebedienerische Fragen stellt. Übertragen auf die Affenwelt hat hier die Strategie des offenen Austausches der Bonobos der Schimpansen-Strategie Platz gemacht, also der hierarchischen Gewalt. Diese Modelle bringen ab einem gewissen Druck nicht nur schlechtere Ergebnisse von Prozessen, sondern auch hohe psychische Belastungen für alle Beteiligten mit sich. Nicht umsonst fürchten so viele Diktatoren einen Putsch, einen politischen Aufstand, einen Tyrannenmord. In diesem Hang zur Paranoia wird jede Form der Kritik als Beleidigung aufgefasst und bestraft. Auf diese Weise durchweht autoritäre Gesellschaften und Unternehmen ein steter Wind der Angst.

Wer aus diesen Mechanismen ausbrechen will – ob Führungskraft oder Angestellter, Tochter oder Vater, Schüler oder Lehrer, Kanzler oder Würdenträger –, wer das also will, braucht den Mut, anderen sei-

> Generell ist die Schweige-Angst von Mitarbeitern aber auch ein Spiegelbild der Angst der Führungskräfte. Sie tolerieren Kritik nicht, weil sie selbst Angst haben, mit ihren Plänen zu versagen.

ne Meinung zu sagen, aber auch die Bereitschaft, die Widersprüche in der eigenen Position wahrzunehmen.

Fehler- und Lauskultur

Gerade zur Wahrnehmung von Fehlern und Schwächen (siehe auch Kapitel 3), gibt es noch ein Verhaltensvorbild aus der »Bonobowelt«: Ein guter Teil der Ruhezeiten wird damit verbracht, »Mitaffen« zu lausen und sich selbst lausen zu lassen. Man kann nun diesen schönen Dienst auf eine zwischenmenschlich erhabenere Ebene bringen – und das ganz ohne Ungezieferbeteiligung. Indem man nämlich dieses Verhalten als Symbol für gelingende Fehlerkultur nimmt.

Ganz so abwegig ist die Parallele nicht, immerhin gibt es auch bei Computerprogrammierern den Ausdruck »Debugging«, das »Entwanzen«. Damit bezeichnen die Fachleute einen Vorgang, bei dem ein neu geschriebenes Programm von Fehlern gereinigt wird. Das »Lausen« ist in diesem Sinne sogar äußerst modern. Man müsste nur das Verfahren nicht allein bei Maschinen anwenden, sondern auch im zwischenmenschlichen »Betriebssystem«. Bei einem offenen Umgang miteinander wird die Entdeckung eines Fehlers nicht als Möglichkeit gesehen, einer Person ein Versagen nachzusagen, sondern als eine Möglichkeit, das Ganze zu verbessern. Eine solche Fehlerkultur ist auch für gesunde zwischenmenschliche Beziehungen notwendig. Es ist die Erkenntnis, dass man nicht nur aus Stärken besteht, sondern auch aus zahllosen Schwächen, und dass die eigentliche Qualität der Beziehung nicht aus dem Verbergen der »Läuse« besteht. Diese Arbeit an sich selbst in einer Zweierbeziehung ist vielleicht die wichtigste Möglichkeit im Leben eines Menschen, psychisch zu reifen.

Ein System, das den idealen Partner schon vorausberechnet und über Algorithmen an der Partnerbörse vorformt, ein System, das Schönheitsideale und Perfektion über Mode-Apps und Influencer in die Köpfe impft, läuft diesem Aneinander-Lernen und Aneinander-Wachsen zuwider. Abweichungen vom Idealbild körperlicher Natur landen deshalb auf dem Tisch des Schönheitschirurgen. Abweichungen weltanschaulicher Sicht werden von

den Suchmaschinen zum Verschwinden gebracht. Die Vielfalt der Welt wird zur globalen Einfalt, in körperlicher wie in intellektueller Hinsicht.

Wir Kollateral-Wesen

Wenn man aus dem Gesagten nun ein paar Schlüsse ableiten wollte, dann wären es die folgenden: Die negativen Auswirkungen einer Ordnung, die Beziehungslosigkeit auf globalem Niveau praktizieren lässt, führt zu einer eklatanten Vereinsamung, die durch die Digitalisierung und Individualisierung weiter voranschreitet. Gleichzeitig sind die Folgen dieser Störung, nämlich Depressionen, bei den Betroffenen nicht mehr zu übersehen.

Um die Selbstschädigung zu beseitigen und letztlich Mensch, Tier und Umwelt in eine bessere Beziehung zueinander zu setzen, ist ein umfassendes Umdenken notwendig. Es wäre auch eine Umstellung des Leistungsdenkens notwendig: von der Einfalt des Eigenen zur Wahrnehmung des Nächsten. Dazu gehört das Erkennen, dass jede einzelne Tat eines einzelnen Menschen unabsehbare Folgen im Leben anderer hat, seien es nun Menschen, Tiere oder andere Lebewesen. Wir müssen uns immer bewusst sein, dass wir unablässig am Leben anderer mitbauen (oder sogar steinbruchartig von ihm abtragen), wenn wir unser eigenes Leben aufbauen. Dieses Bewusstsein führt dann auch zu einer anderen Bilanzierung unserer Leistungen. Der Mensch könnte also im Sinn des Kollateralen bewusst bei jedem Gegenstand, den er sich aneignet, fragen, wer das darin enthaltene natürliche Kapital nun nicht mehr hat. Oder welche Ressourcen nun nicht mehr zur Verfügung stehen. Er würde dann nicht mehr sagen, »ich habe dieses oder jenes gewonnen«, sondern, »ich habe dieses oder jenes genommen«. Er würde dann nicht mehr so handeln wie Schimpansen auf dem Kriegszug.

Aufstieg und Untergang der Wasserflöhe

Zusammenfassung und Ausblick

Die geklonte Welt der »Revolution 5.0«

Ein Gutteil des Stolzes und des Selbstbewusstseins der Menschheit besteht in dem, was wir »Fortschritt« nennen. Dazu gehören die Entwicklungen der Technik und der Wissenschaften, die Ausbreitung der menschlichen Zivilisation und ihrer Dominanz über den Planeten sowie die auf die Bedürfnisse des Menschen angepasste Umgestaltung der Welt. Voraussetzung für all das ist unser Wissen. Wir wissen in diesem Sinn schon enorm viel. Es wäre für uns nach weniger als 300 Jahren ernsthaft betriebener Wissenschaft sogar denkbar, dass wir Gendatenbanken mit den Codes aller Lebewesen anlegten und in diesem Sinn kein Tier mehr aussterben müsste. Alle Arten wären als Klone reproduzierbar. Weit ist die Gentechnik davon nicht mehr entfernt. In einer fernen Zukunft könnte man sich auf diese Weise zu Hause seltene Admiralfalter aus der Retorte holen oder den Minihund für die Damenhandtasche von Welt nach eigener Vorstellung produzieren lassen, eine Mamba ohne Giftzähne für das Terrarium oder, warum nicht, das geniale Kind für die Familie der »Generation 5.0« (das ist jene Zeit, in der die in Virtualität gebundene Fantasie in die Realität übersetzt werden wird). Den Projekten und Vorstellungen sind hier kaum Grenzen gesetzt und niemand, der die bisherige Entwicklung ernst nimmt, würde sie heute als Hirngespinste abtun.

Man stelle sich vor: das alles haben wir in nur 300 Jahren erreicht. Man könnte stolz sein. Da aber jedes Ding zwei Seiten hat, müsste man für ein abschließendes Urteil versuchen, diesen Fortschritt auch von der anderen Seite zu betrachten. Und wenn wir in diesem Sinn vergleichen, was wir wissen, mit dem, was wir nicht oder noch nicht wissen, dann trüben sich Glanz und Gloria schnell wieder ein. Denn wir wissen trotz der ungeheuren wissenschaftlichen Errungenschaften in Wahrheit kaum etwas, wenn wir einmal über die Beschreibung des Sichtbaren hinausgehen müssen. Wir stehen dort immer noch vor tiefer Unwissenheit. Dieser Abgrund des Nicht-Wissens gähnt geradezu beispielhaft in unserem Wissen über die Strukturen in der Natur. All die Tiere, die auf den vorhergehenden über 200 Seiten vorgestellt wurden, von den Affen bis zu den Fledermäusen – alle diese Tiere begleiten den wissenschaftlichen Menschen eigentlich schon Hunderte Jahre. Und trotzdem stammen die ersten erhellenden Erkenntnisse über ihr soziales Verhalten erst aus den letzten 30 Jahren. Wir wissen erst seit Kurzem von den Forschungen von Kurt Kotrschal, wie hoch differenziert das Sozialverhalten der Wölfe ist. Frans de Waal beschrieb das facettenreiche Gefühlsleben der Primaten. Die Intelligenz der Raben ist sprichwörtlich geworden, ganz zu schweigen von den unvorstellbaren Fähigkeiten der Meisen und Tauben. Von wegen also »Spatzenhirn«. Und das ist erst der Anfang. Im Studium von Insekten, Fischen und Vögeln zeigen sich Verhaltensweisen, die auf Individualität schließen lassen. Nicht eine Ameise, so scheint es, gleicht der anderen, nicht eine Amsel ist wie die andere. Jedes Tier, geht uns nun auf, ist unverwechselbar. Diese neuen Erkenntnisse der Verhaltensforschung lassen neue Dimensionen des Lebens ahnen, auch bei Pflanzen. So gibt es bei den Bäumen ähnlich komplexe »soziale« Systeme wie bei Tieren, wie Peter Wohlleben zeigt. Sie reagieren etwa auf Schädlingsbefall mit Ausschüttung von Bitterstoffen, die sie über ihre Blattatmung ihren Nachbarbäumen übermitteln, die daraufhin gleichfalls Bitterstoffe produzieren, um sich vor den Schädlingen noch vor deren Befall effektiv zu schützen.

Während die Wissenschaftler also immer mehr aufsehenerregende Erkenntnisse veröffentlichen, zeigt sich dem Menschen, welch kleines Häufchen Wissen er eigentlich erst angesammelt hat. Um es mit dem Zoologen Norbert Sachser zu sagen, »wir entdecken nicht so sehr das Tier in uns als den Menschen im Tier«[204]. Vieles davon ahnen wir schon seit Jahrtausenden, allen voran die Poeten, Sänger und Ependichter. Überall wurden Tiere vermenschlicht oder Menschen »ver-tiert«. Der Totemismus ist der tiefe Glaube an die Verbundenheit alles Lebendigen. Die

> **Im Studium von Insekten, Fischen und Vögeln zeigen sich Verhaltensweisen, die auf Individualität schließen lassen. Nicht eine Ameise, so scheint es, gleicht der anderen, nicht eine Amsel ist wie die andere. Jedes Tier, geht uns nun auf, ist unverwechselbar.**

Kapitel 13

Religion und die Astronomie begannen damit, den ganzen Sternenhimmel mit verwandelten Halbgöttern und ihren Schicksalstieren vollzustellen, vom Skorpion bis Orion, von den Tauben der Plejaden bis Asklepios mit der Schlange.

Aber über diese Geschichten der Künstler und Mythenschreiber hinaus hat sich der Mensch über Generationen nicht für die Parallelen zwischen Tier und Mensch interessiert. Vielleicht wollte er ja auch gar nicht so viel wissen. Denn das Wissen um die Intelligenz, das Gefühlsleben und die Individualität der Tiere wäre ja gleichbedeutend gewesen mit einer dramatischen Aufwertung all dieser Lebewesen, die wir uns untertan gemacht haben, um sie als Rohstoff zu verwerten. Der Bericht der Vereinten Nationen über das Massenaussterben spricht Bände: Eine Million von insgesamt acht Millionen Arten ist vom Aussterben bedroht. Allein die vom Menschen verursachte Erderhitzung könnte rund fünf Prozent der Arten auslöschen, wenn der Schwellenwert von durchschnittlich zwei Grad Celsius globaler Temperaturerhöhung überschritten wird.[205]

Und wer würde schon davon reden wollen, dass pro Sekunde weltweit durchschnittlich 2150 Tiere geschlachtet werden, um die Regale der Supermärkte und unsere Mägen zu füllen? Wer wollte wissen, dass diese Rinder, Schafe, Ziegen, Hühner vielleicht viel differenzierter handeln und fühlen, als wir erwarten, während wir in ihnen nur Abtropfgewicht und Fleischmasse sehen? Was würde geschehen, wenn man auch den Wald als Gemeinschaft von 50.000 Arten betrachtete? Wie würde man dann die Plantagen sehen, für die Hektar um Hektar Regenwald geopfert werden, damit Soja wächst und an jene Tiere verfüttert werden kann, die wir schlachten? Vieles würde wohl anders gesehen – und anders gegessen – werden. Weniger und im Sinn einer allgemeinen Zurückhaltung, um von der Zerstörung abzulassen. Wenn man es genau betrachtet, dann treiben uns die Erkenntnisse der Verhaltensforschung und der Botanik in die gleiche Richtung wie jene der Klimawissenschaftler der Vereinten Nationen.

Der von Wissenschaftlern geforderten »Stopptaste« in Sachen Treibhausgas-Emissionen würde noch eine emotionale Stopptaste in Sachen Fleischkonsum und Biosphärenzerstörung zugeordnet

werden. All das würde nach den Gesetzen der herrschenden Ökonomie zu einer heftigen Verbrauchskrise und hohen Arbeitsplatz-
verlusten führen. Wir stehen heute vor der paradoxen Situation,
die Wahl zwischen zwei Krisen zu haben.

Die erste, jene des Wirtschaftsappara-
tes, steht gegen die zweite, die Krise des
Klimawandels und des Massensterbens
der Arten. Tatsächlich waren die einzigen
Zeiten, in der sich in den vergangenen 20
Jahren die Klimabilanz verbessert hat, die
Jahre der Wirtschaftskrise nach 2008. Wir
müssen uns also klarmachen, dass diese
Krisen miteinander in Wechselwirkung
stehen. Das lässt sich einfach an drei Grafiken lesen, die die langfristigen Entwicklungen der Treibhausgas-Emission, des
BIP-Wachstums und des Artensterbens
darstellen.

> **Wir stehen heute vor der paradoxen Situation, die Wahl zwischen zwei Krisen zu haben. Die erste, jene des Wirtschafts-apparates, steht gegen die zweite, die Krise des Klimawandels und des Massensterbens der Arten.**

Entwicklung BIP USA (pro Kopf)[206]

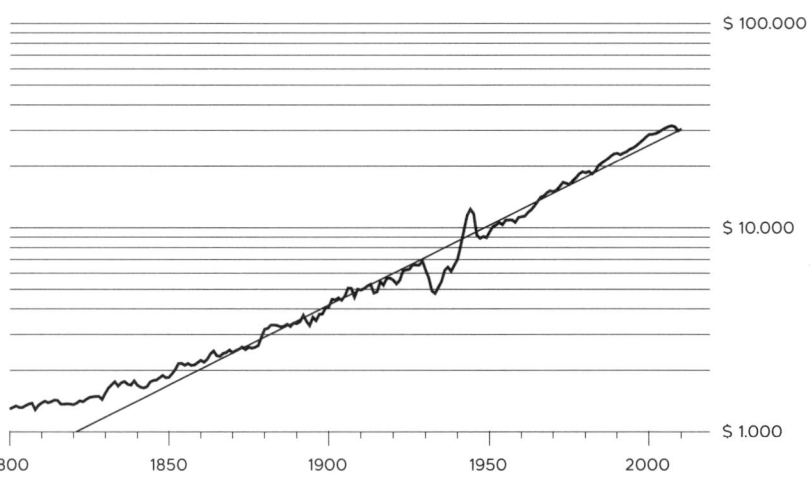

$ 100.000

$ 10.000

$ 1.000

800   1850   1900   1950   2000

Klimaemissionen[207]

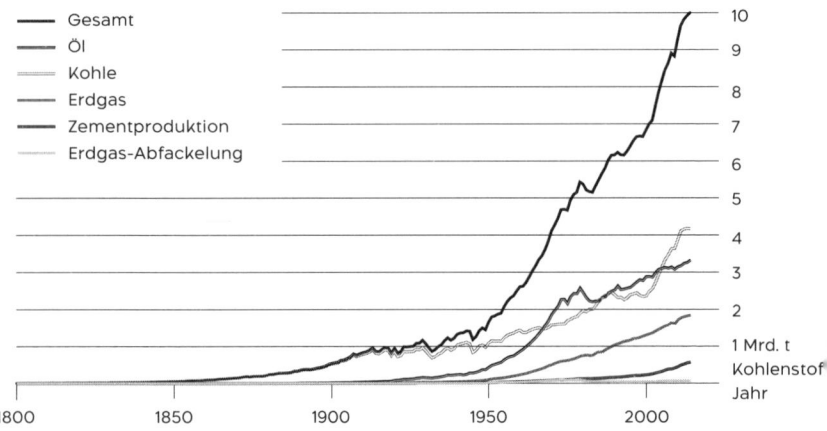

Anteil der ausgestorbenen Arten seit 1500[208]

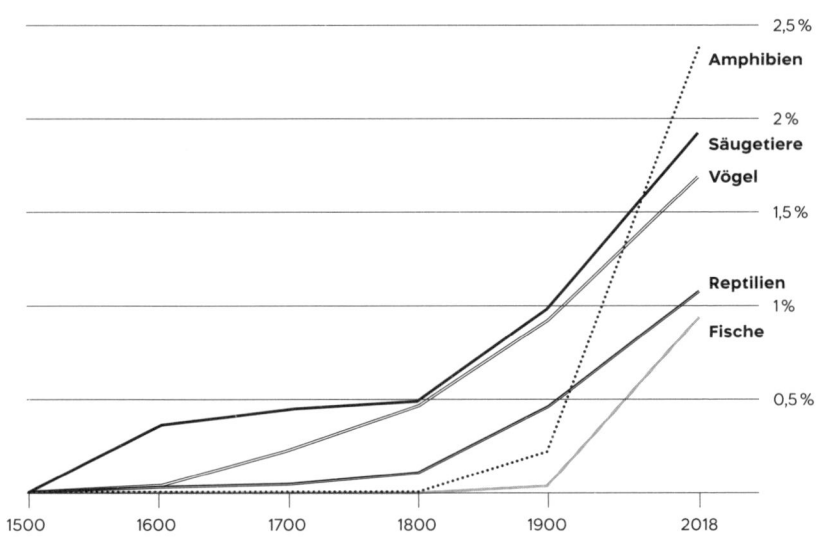

Wir erkaufen den Aufschwung mit Klimaschäden und Artenvernichtung, und umgekehrt würden wir die Schonung des Planeten mit Wachstumskrisen erkaufen. Es gilt also, die große Krise des ökonomischen Systems gegen die Krise der Biosphären-Ressourcen und des Klimas abzuwägen. Die Lösung dieses Dilemmas ist einfach und schwierig zugleich: Wir müssen lernen, anders zu denken. Ein zentraler Gedanke dieses Umdenkens ist, dass unser derzeit geübtes Wachstum bei hohem Ressourcenverbrauch nicht die einzig mögliche, sondern eine sehr spezielle Form des Wachstums ist. Es kommt in der Natur beispielsweise bei Wasserflöhen vor. Biologen nennen es »Selbstvergiftungs-Wachstum«[209].

Damit sind wir bei unserem letzten Paradetierchen angelangt. Wenn Wasserflöhe in einem Aquarium ohne Frischwasserzufuhr bleiben, aber ausreichend Nahrung bekommen, gibt es zunächst einen sprunghaften Anstieg der Population. Aus 10 Individuen der ersten Generation werden bis zur 10. Generation 28 Wasserflöhe. Doch dann stagniert die Zahl und beginnt zu schrumpfen. In der 20. Generation sind es nur noch acht Wasserflöhe, in der 30. einer. In der 32. ist die Population ausgestorben. Der Grund dafür liegt im Abfall, den die Tierchen produzieren. Jeder Wasserfloh gibt seine Stoffwechselprodukte in das Wasser ab. Diese Umweltverschmutzung vererbt sich über die Generationen weiter, ist ständig wirksam und kumuliert. So wächst die Todesrate der Flöhe proportional zu ihrem giftigen Abfall, bis die gesamte Gleichung auf null (also den Tod) hinläuft.

Wenn man nun in menschliche Verhältnisse zurückkehrt und sich die Klimamodelle ansieht, dann befinden wir uns noch nicht am Ende des Wachstums. Aber der Giftstoffausstoß kulminiert bereits in der Atmosphäre in einer Weise, dass er für uns spürbar wird. Ungleich den Wasserflöhen hätten wir aber die Chance, der Selbstvergiftung zu entgehen.

Eine Bionik der politischen Ökonomie

Wir haben die Möglichkeit, unsere scheinbar alten – evolutionsgeschichtlich gesehen aber viel zu unerprobten – Mechanismen des Fortschritts abzulegen und das zu tun, was die Technik seit Jahrhunderten macht: Sie schaut sich Strategien von der Natur ab, die dort seit Jahrmillionen erfolgreich angewandt werden. Es soll dabei nicht um spezielle Apparaturen gehen, die uns in technisch anspruchsvollen Situationen weiterhelfen. Es sollte ums Ganze gehen, um Strukturen des Wachstums, Strukturen

Wir sind es gewohnt, in Stars und Führern zu denken. Aber die Realität ist nicht Führung, sondern ein Netz von miteinander verbundenen Tätigen, die gemeinsam zu einem Ziel beitragen, manchmal sogar ohne einander zu kennen.

der Führung, Strukturen des Miteinanders und der Kommunikation, Strukturen der Krisenbewältigung. Was wir brauchen, ist eine Bionik für die politische Ökonomie der Gegenwart.

Dieses Buch hat dazu einige Anregungen von Bäumen und Pantoffeltierchen, von Fledermäusen, Affen und Wölfen gesammelt. Sie alle zeigen vor, wie sehr es uns an gesamthaftem Denken mangelt, dass der Mensch und seine Bedürfnisse nie alleine stehen, sondern er Teil einer Gesellschaft ist, und diese Gesellschaft Teil einer Umwelt, die jede seiner Entscheidungen spürt. Fortschritt ist nur dann echter Fortschritt, wenn er alle Dimensionen in seine Berechnungen miteinbezieht. Diese Kalkulation der Konsequenzen dessen, was wir tun, kann niemals jedes Detail umfassen, aber sie kann sich bemühen, konsequentere Risikoabschätzung zu betreiben, als sie das bisher getan hat. Dieses Nachdenken ist auch ein Prozess, der Zeit braucht und die Prozesse der Entwicklung verlangsamen wird. Aber das wird die Ergebnisse, die aus diesem längeren Nachdenken entstehen, haltbarer und nachhaltiger machen. In einem solchen Bemühen würde man schnell bemerken, wie sehr individuelle Leistung von Rahmenbedingungen und von der Mitarbeit anderer abhängt. Wir sind es gewohnt, in Stars und Führern zu denken. Aber die Realität ist nicht Führung, sondern ein Netz von miteinander verbundenen Tätigen, die gemeinsam zu einem Ziel beitragen, manchmal sogar ohne einander zu kennen.

Auf diesem Buch etwa steht mein Name und es sieht so aus, als wäre es »mein« Buch. Aber das ist es nicht. Es ist ein Medium, das aktuell von etwa 40 Menschen erstellt wurde und weiteren an die 200 Personen aus allen Zeiten und Kulturen, die daran mit ihren Gedanken mitgearbeitet haben. Jede und jeder hat daran Anteil und ohne ihre Arbeit würde dieses Buch nicht vor ihnen liegen. Letztlich verdanken aber auch diese 240 Menschen, von Aristoteles bis Hayek, von Darwin bis de Waal, vom Verlagschef über das Lektorat bis hin zum Drucker im Styria-Verlag, Hunderten anderen Menschen, dass sie so handeln konnten und ihre Kompetenzen erlernten. Und so entsteht im Handumdrehen ein Netz von Menschen und Ideen, das die Zeiten durchzieht. Diese Struktur ist nun trotz der Beteiligung so vieler noch immer anonym und bleibt es auch, wenn es nicht die eine oder den einen gibt, der das Ergebnis wahrnimmt. Und diese Person sind Sie. Sie, die dieses Buch lesen, sind der wichtigste Bestandteil in dieser Kooperation so vieler. Sie sind ihre Bewusstwerdung.

In diesem Sinn müssten wir in so vielen anderen Prozessen von der Individualität wegdenken, hin zu Netzen von Individuen, gleichsam von den Stars zu den Galaxien, in denen Tausende kleinere Sterne strahlen. Die Entdeckung des gegenseitigen Respekts führt nicht zu falscher Selbstbeschränkung, sondern zu breiter und zufriedener Selbstentfaltung, die die Hilfe des Nächsten als notwendig ansieht und nicht leugnet. Solche Kooperationen führen zu extrem flachen Hierarchien bei hoher Flexibilität, wie in diesem Buch anhand der Wölfe dargestellt wurde.

Formen wechselseitiger Kooperation gerinnen schließlich in einer Konzentration auf das Ergebnis des gemeinsamen Schaffens, wie der Bienenschwarm demonstriert. Wenn die Taten mehr zählen als die Worte, wird auch das Grundübel unserer Gesellschaft, der Egoismus, sofort an Einfluss verlieren. Selbstdarstellung würde sich in Selbstverwirklichung verwandeln und viel von der Angst und dem Druck, die eigenen Fähigkeiten übertrieben darstellen zu müssen, die in einem System der vertikalen Machtausübung vorhanden sind, könnte abgebaut werden. Druck, der durch Befehl oder die Anreize der Belohnung und des Konsums entsteht, würde ersetzt durch gegenseitiges Nudging und positive Animation, wie es die Fledermäuse mit ihrem Fütterungsverhalten vorgezeigt haben, die selbst hartnäckige Egoisten in ihren Gruppen sanft therapieren können. Die starren Reflexe, mit denen wir Krisen und Probleme vergrößern, anstatt sie zu lösen, könnten durch kreative Flexibilität ersetzt werden, wie Pantoffeltierchen sie vorleben – und vieles mehr.

Flach erfolgreich

Vertikale Strukturen sind nicht umsonst in Tiergesellschaften nur in Familienverbänden und Clans überschaubarer Größe möglich. Wo größere Strukturen am Werk sind, werden die Hierarchien flach. Die Bienenkönigin hat keine Regentschaft, sondern legt bloß Eier und ganz ähnlich ist die Organisation bei den Ameisen. Im Kapitel über Bienen wurde gezeigt, warum diese Art des Superorganismus in seiner horizontalen Ordnung besser funktionieren muss als die Regentschaft eines einzelnen Individuums. Die Probleme, die wir derzeit im politischen Bereich des Gesellschaftskörpers verspüren – das Misstrauen gegen die Demokratie, die Sehnsucht nach dem Führer –, all das ist der Erinnerung an diese Clanstruktur geschuldet, der der moderne, staatlich und global organisierte Mensch gesellschaftlich längst entwachsen sein sollte. Karl Popper hat dieses falsche Sehnen schon 1944 in *Die offene Gesellschaft und ihre Feinde* aufgezeigt. Die Flucht in steinzeitliche Ideen angesichts der Herausforderung, sich international vernetzen zu müssen, ist heute Mittelpunkt der gesellschaftlichen Debatte. Wiewohl wir uns also erhaben dünken gegenüber allen Tieren, widerlegt die Organisation von Tiergesellschaften die menschliche Führergläubigkeit aufs Einfachste und Anschaulichste.[210]

Eines der Hauptargumente dieses Buches ist, dass Egoismus und Narzissmus – und die mit ihnen verbundenen Erfolgsstrukturen – enorm viele Reibungsverluste und sinnlose Konkurrenz verursachen. Sie teilen die Welt vor allem in Freund und Feind. Der von Friedrich A. von Hayek in die Debatte gebrachte Begriff der »Katallaxie« ist ein zentraler Begriff zur Linderung dieser Probleme. »Katallaxie« – das »Sich-den-Feind-zum-Freund-Machen« und das »Miteinander-in-Beziehung-Treten« auf den Märkten – ist das Gegenmodell zur vertikal organisierten Ökonomie. Es geht dabei um den Menschen, der bei allem Eigennutz und bei größtmöglicher Freiheit und Autonomie Gemeinsamkeit und Nutzen für alle Beteiligten produziert. »Katallaxie« ist zunächst kein äußerer Vorgang, sondern kommt zuvorderst aus einer inneren Einstellung. Sie braucht Vertrauen als ein Grundelement. Ein natürliches Vertrauen, wie man es heute nicht mehr Menschen, sondern Währungen entgegenbringt.

Um diesen Mechanismus nach so vielen Jahren wieder in Richtung des Menschen umzustellen, müssen alte Instanzen stürzen. Unser System des Austausches beruht auf einer kommerzialisierten Form einer strikten Hierarchie sowie dem systemischen Befehl, das eigene Wollen über alle anderen Erwägungen zu stellen. Dieses Modell ist entgegen weitverbreiteter Ansicht nicht das natürliche Prinzip der Entwicklung. »Survival of the Fittest« bedeutet in der überwiegenden Mehrheit der Fälle Anpassung an natürliche Gegebenheiten, nicht Dominanz über diese Gegebenheiten. Es bedeutet auch Kooperation, nicht Alleinherrschaft. In diesem Sinn müsste es heißen: The Winner hardly ever takes it all.

»Katallaxie« bedeutet aber auch eine andere *Art* des Wachstums. Dieses Wachstum wächst auch, wenn es nicht materiell und sichtbar wächst, sondern durch Werte und Wissen um den Sinn der eigenen Existenz. Es kann auch aus dem Teilen höchsten Gewinn ziehen. Das klingt für abgebrühte Marktpädagogen zwar lächerlich, aber nur deshalb, weil das Denken des Marktes eindimensional materiell verläuft und Eigentum als höchstes Ziel verordnet ist. Die »Katallaxie« hingegen stellt den Akt des »Miteinander-Handelns« ins Zentrum, die soziale Kommunikation vor die materielle Befriedigung.

Ist dieses Modell nun eine Utopie oder eine realistische Möglichkeit? Das ist schwer abzuschätzen. Am besten kann man es so sagen: Es wäre realistisch, wenn wir beginnen würden, realistisch zu sein. Ich will unsere Situation abschließend mit einem literarischen Bild zusammenfassen, das einem Roman des portugiesischen Autors José Saramago entstammt. Die Erzählung handelt von einer Stadt, deren Bewohner aus unerfindlichem Grund

> **»Survival of the Fittest« bedeutet in der überwiegenden Mehrheit der Fälle Anpassung an natürliche Gegebenheiten, nicht Dominanz über diese Gegebenheiten. Es bedeutet auch Kooperation, nicht Alleinherrschaft. In diesem Sinn müsste es heißen: The Winner hardly ever takes it all.**

plötzlich erblinden. Sie sehen aber nicht schwarz in ihrer Blindheit, sie sehen weiß. Und in dieser »Weißheit« lernen sie, sich zusammenzuschließen, einander zu unterstützen und zu helfen. Bis zu dem Moment, an dem der Mann, der zuerst erblindete, sich fragt, ob man als Blinder gleichzeitig schlafen und wach sein könne:

»Der erste Blinde glaubte, diesen Zweifel endlich geklärt zu haben, als plötzlich das Innere seiner Augenlider dunkel wurde. Ich bin eingeschlafen, dachte er, aber nein, er war nicht eingeschlafen. Da fuhr eine große Angst in seine Seele, er glaubte, er sei von einer Blindheit in die andere geglitten und werde nun, nachdem er die Blindheit des Lichtes erlebt hatte, die Blindheit der Finsternis erleben, der Schrecken ließ ihn erzittern. Was hast du, fragte ihn seine Frau, und er antwortete einfach, ohne die Augen zu öffnen, ich bin blind, als sei das die größte Neuigkeit der Welt. Sie umarmte ihn liebevoll. Lass gut sein, wir sind doch alle blind. Ich habe alles dunkel gesehen, sagte der Mann, ich dachte, ich sei eingeschlafen und dann doch nicht, ich bin wach. Das solltest du aber tun, schlafen, nicht daran denken. Der Rat ärgerte ihn, da saß er mit seiner ganzen Angst, und seine Frau hatte nichts Besseres zu sagen, als dass er schlafen solle. Verstimmt und mit einer bitteren Antwort bereits auf der Zunge öffnete er die Augen, und er sah. Er sah und rief, ich sehe. Er wandte sich zum Arzt, ich sehe, Herr Doktor. Er sprach ihn nicht mit du an, wie es in dieser (blinden) Gemeinschaft fast zur Regel geworden war. Da sprach der Arzt aus, was alle dachten, es ist möglich, dass diese Blindheit zu Ende ist. Ich sehe, alle, die bereits ihr Augenlicht wiedergewonnen hatten, sagten es, und dann die, die es plötzlich wiedererlangten. Ich sehe, ich sehe. Und der Arzt sprach, warum sind wir erblindet, ich weiß es nicht, vielleicht werden wir eines Tages den Grund dafür erfahren. Soll ich dir sagen, was ich denke, fragte seine Frau. Ja. Ich glaube nicht, dass wir erblindet sind, ich glaube, wir sind blind. Blinde, die sehen, Blinde, die sehend nicht sehen.«[211]

Was bedeutet all das? Die Antwort ist zu erahnen, sie lässt sich in Umrissen erfühlen, sie ist wahrzunehmen durch die Blindheit unseres Wissens hindurch. Sie liegt in unserem menschlichen »Animal Spirit«.

Dank

Dieses Buch verdankt sein Entstehen der Hilfe und Mithilfe zahlreicher Hände und Köpfe. Ich bin der Nervenstärke, der rigiden Lesearbeit und den vielen Anregungen durch Sylvia Einöder und Lea Tanzer dankbar, dem kritischen Blick jener, die das Manuskript in seiner Rohfassung gelesen und korrigiert haben.

Hier ist vor allem Aage Hansen-Löve zu nennen, dessen genaues Korrektorat zu zahlreichen inhaltlichen sowie stilistischen Korrekturen und Kürzungen Anlass gab. Er begleitet mich seit mehr als 15 Jahren geistig und sehr lebendig auf meinen Schreibwegen. Ebenso danke ich Gerhard Zach von der Buchhandlung Herder, der sich um die Verständlichkeit und Struktur verdient gemacht hat, mit seiner eisernen These, dass Geschriebenes nur dann Sinn macht, wenn es von Lesern verstanden wird. Dazu noch viele wissende und fachliche Testleser von Teilen und Kapiteln, deren Anregungen Eingang gefunden haben: Pippa Belcredi, Eric Steiner, Karin Koller, Johannes Schmidl, der Ökonom Mathias Binswanger und mein Freund Tomáš Sedláček für Diskussionen über Wachstum, Luhmann und die Animal Spirits.

Dem Molden Verlag für seine Geduld mit dem widerspenstigen Autor. Dort müssen Elisabeth Wagner und Elisabeth Stein eigens hervorgehoben werden, aber auch Matthias Opis, der letztlich mit sanfter Überredung (»Sie können das jetzt nicht mehr absagen!«) die Niederschrift nach fünf Jahren der Vorbereitung entschlossen in Gang setzte. Und schließlich noch ein Dank dem Kulturhof Amstetten, das den Probevortrag zum Buch organisierte und den Auftritt der Animal Spirits zum ersten Mal live erlebte.

Oliver Tanzer, Pulkau, Juni 2019

Anmerkungen zum Vorwort

1   Das Kerninteresse der Ökonomie ist Geld, und Geld ist an sich eine spirituelle Einheit. Geld ist nicht wirklich fassbar, es materialisiert sich nur selten in seinen symbolischen Repräsentationen, als Münzen oder Geldscheine. Nur acht Prozent des Geldes gibt es in physischer Form. Man besitzt also immer nur die Repräsentation von Geld, sein Symbol, aber eigentlich kann man Geld als solches nicht einmal berühren.

2   Vgl »Animal Spirits« reviewed by Carla Tardi, updated 20th April 2019. https://www.investopedia.com/terms/a/animal-spirits.asp

3   Enuma elisch, Tontafel VI, 33–37

4   Genesis 1,1–2

5   Johannes 3,8

6   Matthäus 3,11

7   Man beachte, dass verschiedene Teile der Seele die Tendenz haben, eine eigene Sprache zu produzieren. Selbst Verwaltungseinheiten können eine eigene Sprache entwickeln, oftmals zum großen Amüsement des Rests der Gesellschaft. Das muss aber nicht bedeuten, dass sie gut organisiert sind. Denn es gibt auch genügend Beispiele, in denen Institutionen derart selbstbezogen und schlecht geführt werden, dass nur noch ihre Mitglieder einen Sinn in ihnen erkennen können.

8   Coy, Peter: The Rise of the Intangible Economy. U.S. GDP Counts R & D and Artistic Creation, in: *Bloomberg Businessweek,* 18. Juli 2013

9   Brief des Apostels Paulus an die Römer 7,15

10   Watts, Alan: »Wittgensteins Tractatus Logico-Philosophicus«. https://www.youtube.com/watch?v=f1lEwh030hM

Anmerkungen zum Haupttext

1   Smith, Adam: Theorie der ethischen Gefühle, übersetzt von Walther Eckstein, Felix Meiner, Hamburg 2010, S. 5.

2   Keynes, John Maynard: The General Theory of Employment, Interest and Money, Mac Millan, London 1936, S. 136.

3   Stephan Schulmeister nimmt sich des Problems des Wachstums an, kritisch, tiefgehend und aus seiner jahrzehntelangen Erfahrung als Ökonom schöpfend. Er zeigt die Mechanismen der Umverteilung von Kapital von der Realwirtschaft zu den Finanzmärkten auf, mit der Folge, dass seit 45 Jahren alle Systeme von Arbeit und Beschäftigung leiden. Ein bestechendes Werk der Diagnose. Schulmeister, Stephan: Der Weg zur Prosperität, Ecowin, Salzburg 2018.

4   Ich habe einen ähnlichen Versuch schon gemeinsam mit Tomáš Sedláček in meinem letzten Buch unternommen. Die Untersuchung der Ökonomie ergab im Wesentlichen fünf klinische Krankheitsbilder, meist gepaart mit symptomatischer Aggression bei einem gleichzeitig steigenden Hang zu Fantasmen. Sedláček, Tomáš / Tanzer, Oliver: Lilith und die Dämonen des Kapitals, Hanser, München 2015.

5   Aristoteles: Politik, 1303 b, hrsg. von Franz F. Schwarz, Philipp Reclam, Stuttgart 1989, S. 254.

6   Ebd., S. 254.

7   Vgl. Aristoteles: Politik, 1253 b, hrsg. von Franz F. Schwarz, Philipp Reclam, Stuttgart 1989, S. 80. Mancher Leser wird auch ein instinktives Verlangen spüren, diesen ethischen Diskussionen über Geld und Reichtum nachzugehen, und was beide in all ihren Formen bewirken und/oder anrichten können. Wir wollen jedenfalls keine Diskussionen über Gut und Böse führen, sondern den Anker der ökonomischen Logik finden.

8 Heisenberg, Werner: Der Teil und das Ganze. Gespräche im Umkreis der Atomphysik, Piper, München 1969, S. 187.

9 Was wir sehen können, ist, dass aus dem Zentrum dieses Begriffs andere Begriffe und Worte fließen und zu gesellschaftlichen Wahrheiten gerinnen. Ökonomie, das ist der »rationale Akteur« der Märkte, die »rational choice« des Konsumenten, die »Humanressourcen« des Betriebsleiters, der »Lifestock« des Landwirts. Diese viel kritisierten Vokabeln des »Homo oeconomicus« zeigen die Weltsicht, die hinter der Lehre steht. Sie kategorisiert und macht alle Dinge zu Waren. Die Begriffe erinnern in ihrer sterilen Verdinglichung an Bezeichnungen, die Aristoteles in der Oikonomia für Sklaven verwendet. Er sagt: »Menschenfüße« oder »männlicher Körper« oder »weiblicher Körper«. Wir sehen also, dass die »Kommodifizierung« (das »Zur-Ware-Werden«) des Lebens schon in der Stunde eins der Ökonomie als Lehre begann – und müssen uns nicht wundern, dass es heute noch so ist.

10 Aristoteles: Politik, 1303 b, hrsg. von Franz F. Schwarz, Philipp Reclam, Stuttgart 1989, S. 79.

11 Ebd., S. 87.

12 Ebd., S. 82.

13 Beispielhaft sei die schöne Abhandlung von Bertram Schefold genannt, der die ganze Ambivalenz der moralischen Debatte in den Entwürfen von Platon und Aristoteles herausarbeitet. Schefold, Bertram, in: Starbatty, Joachim: Klassiker des Ökonomischen Denkens, Nikol, Hamburg 2008, S. 19 ff.

14 Es ist interessant, dass Xenophons

philosophisches Erweckungserlebnis just mit der Wirtschaft zu tun hat und mit einer damit verbundenen ethischen Frage. Der Legende nach habe nämlich Sokrates dem Knaben in einer Gasse den Weg versperrt und ihn gefragt, wo er am besten Lebensmittel einkaufen könne. Nachdem Xenophon geantwortet hatte, fragte Sokrates nach: »Und wo werden junge Menschen edel und tüchtig?« Offensichtlich war nicht der Markt gemeint und Xenophon wurde Schüler des Sokrates, indem er sich gegen den Markt entschied.

15 Xenophon: Oikonomikos 3,15, König und Richter, Hamburg 1734, S. 33. Nationalbibliothek Wien, digitalisiert von Google Books.

16 Xenophon: Oikonomikos 8,11–21, König und Richter, Hamburg 1734. Nationalbibliothek Wien, digitalisiert von Google Books. Vgl. Agamben, Giorgio: Herrschaft und Herrlichkeit, Suhrkamp, Berlin 2010.

17 Agamben, Giorgio: Herrschaft und Herrlichkeit, Suhrkamp, Berlin 2010.

18 Vgl. Friedrich von Hayek: Individualismus und wirtschaftliche Ordnung, Wolfgang Neugebauer, Graz 1976, S. 103 sowie S. 115.

19 Vgl. Zaki, Laidi: The Great Disruption, Polity Press, Cambridge 2007, S. 19.

20 Zitiert nach: Grundlagen sozialwissenschaftlicher Denkweisen, Hans Pühretmayer und Armin Puller, Fakultät für Sozialwissenschaften, Universität Wien. www.univie. ac.at/sowi-online/esowi/cp/denkenpowi/ denkepowi-36.html (Foucault: Die Ordnung der Dinge)

21 Auch heute ist die Magie der Namen nicht zu unterschätzen. In *der Zeit (Die Zeit*, Nr. 5, Hamburg 2018, S 3.) schreiben die beiden Arbeitspsychologen Raphael Silberzahn und Eric Luis Uhlmann: »Der Status, der mit dem Namen verbunden ist, färbt auf den Namensträger ab und beeinflusst seinen Erfolg im Beruf.« Das klingt einleuchtend. Und der Effekt ist enorm: Die beiden Forscher hatten für die Studie 222.924 Profile des Karriere-Netzwerks Xing analysiert. Menschen mit »noblen« Namen waren im gehobenen Management deutscher Unternehmen 27-mal so häufig vertreten, als das statistisch zu erwarten gewesen wäre. Vgl. Jörg Bergmann: Die Macht des Wortes, in: Macht und Abhängigkeit (Lindauer Texte), hrsg. von Buchheim, Peter, und Cierpka, Manfred, Springer, Heidelberg 2000, S. 120 ff.

22 Friedrich Nietzsche: Die Genealogie der Moral, GW in 11 Bänden, Bd. 8, Alfred Kröner, Stuttgart 1922, S. 304. Vgl. Josef Hofmann: Wahrheit, Perspektive, Interpretation. Nietzsche und die Philosophische Hermeneutik, Walter De Gruyter, Berlin 1994, S. 148.

23 Vgl. Agamben, Giorgio: Herrschaft und Herrlichkeit, Suhrkamp, Berlin 2010.

24 1 Timotheus 1, 3–4.

25 Epheser 3, 8.

26 Vgl. Tanzer, Oliver: Alles wird gut, Styria, Wien 2008; und Tanzer, Oliver / Taus, Josef: Umverteilung neu, Styria, Wien 2011.

27 Le Goff, Jacques: Die Geburt des Fegefeuers, Klett-Cotta, Stuttgart 1984; und Le Goff, Jacques: Wucherzins und Höllenqualen. Ökonomie und Religion im Mittelalter, Klett-Cotta, Stuttgart 1988.

28 Das Horrorkabinett der Ökonomik der realen Kirchenmacht schlägt sich natürlich mit den Aussagen der Bibel, vor allem mit dem Konzept des liebenden Gottes und selbst dem versprochenen Bund Gottes mit den Menschen nach drei gescheiterten Versuchen der Erziehung (Vertreibung aus dem Garten Eden; Vernichtung alles Lebendigen minus Noah und Familie und Arche in der Sintflut, babylonische Sprachverwirrung). Deshalb gab es nach dem Furor den Regenbogen von Frieden und Liebe. Genesis 9,13–15: »Meinen Bogen habe ich gesetzt in die Wolken; der soll das Zeichen sein des Bundes zwischen mir und der Erde. Und wenn es kommt, dass ich Wolken über die Erde führe, so soll man meinen Bogen sehen in den Wolken. Alsdann will ich gedenken an meinen Bund zwischen mir und euch und allen lebendigen Seelen in allerlei Fleisch, dass nicht mehr hinfort eine Sintflut komme, die alles Fleisch verderbe.« (Übersetzung Lutherbibel 1912.) In der von der katholischen Kirche praktizierten Gesellschaftsordnung bis ins 17. Jahrhundert hinein wird dieses Versprechen ignoriert. Man könnte auch sagen, gegen diese Art der Ökonomie war selbst Gott machtlos.

29 Plinius Secundus: Naturgeschichte, übersetzt von Johann Daniel Denso, Band 1, Buch 11, Rösens Buchhandlung, Greifswald 1764, S. 453 ff.

30 Anmerkungen zu Darwin und der biologistischen Seite des Marxismus und des Konzepts der »schöpferischen Zerstörung« von Schumpeter: Die Tatsache, dass auch die Evolutionstheorie der hierarchischen Gliederung der Oikonomia folgt, fiel mir auf, als ich eine Radiosendung zum Thema Evolution und Revolution vorbereitete. Und es war der Revolutionär Karl Marx, der diese Verwandtschaft hervorhob – und feierte. Er schickte Darwin sein Kapital mit untertänigster Widmung und schrieb 1861 begeistert an Engels, wie sehr das System der ökonomischen Herrschaft in seinen Grundzügen jenem der Evolution gleiche: »Darwin's work is most important and suits my purpose in that it provides a basis in natural science for the historical class struggle.« In: marxists.catbull.com/archive/marx/works/1861/letters/61_01_16.htm

Darwin belegte für Marx und Engels den historischen Materialismus: »Die objektive Dialektik herrscht in der ganzen Natur und die subjektive Dialektik, das dialektische Denken ist ein Reflex, der in der Natur sich überall Geltung machenden Bewegung in Gegensätzen, die durch ihren Streit und ihr Aufgehen ineinander respektive in höhere Formen, eben das Leben der Natur hervorbringt.« In: Friedrich Engels Dialektik der Natur: mlwerke.de/me/me20/me20_481.htm

So erfolgt der Schritt zur Überwindung der Herrschaft der Bourgeoisie quasi durch die Gewalt der besser an die Anforderungen der Produktion angepassten Proletarier. Marx forderte ja auch eine neue Art: Der »neue Mensch« sollte es sein, in einer neuen Ordnung und gebessert durch den Kampf um die Herrschaft. Die von zufälligen Mutationen und Auslese gesteuerte Evolutionstheorie findet sich dann auch in anderen Zusammenhängen wieder, wenn es etwa um die Kritik der Nationalökonomie als Wissenschaft geht. Marx meint zwar die Ökonomen, aber wohl auch sich selbst. »Das wahre Gesetz der Nationalökonomie ist der Zufall, aus dessen Bewegung wir, die Wissenschaftler, einige Momente willkürlich in der Form von Gesetzen fixieren.« Vgl. Karl Marx: MEW, Ergänzungsband I, Kommentar zu John Stuart Mills »Elements d'économie politiques«, S. 445–463.

Aus diesem darwinistischen Prinzip schöpft der Marxismus sein Fundament. Das gleiche Schema keimt aber auch immer wieder aus dem ökonomischen Diskurs hervor, wenn von den Dynamiken der Märkte die Rede ist. Dann wird gerne der österreichische Ökonom Joseph A. Schumpeter und sein biologistisches Prinzip der »schöpferischen Zerstörung« zitiert,

in der Unternehmen oder ganze Branchen in Krisen untergehen, um dem Neueren, dem Besseren und technologisch Fortschrittlicheren Platz zu machen.

Schumpeter, Joseph: Theorie der wirtschaftlichen Entwicklung, Duncker & Humblot, Berlin 2006, S. 425 ff.; und Schumpeter, Joseph: Kapitalismus, Sozialismus und Demokratie, UTB, Tübingen 2005, Kap. 7, S. 134 ff. Der Ansatz von Schumpeter ist in seiner Art lediglich eine leicht veränderte Version der Dialektik von Karl Marx und von Darwins Theorie, nur auf das Unternehmen extrapoliert. Alle drei gehen davon aus, dass der Wettbewerb die treibende natürliche Kraft ist und dass die kreative Zerstörung in allen Bereichen das Paradigma des Lebens selbst ist.

31 Le Goff, Jacques: Kaufleute und Bankiers im Mittelalter, Klaus Wagenbach, Berlin 2009.

32 Es wird auch heute immer wieder auf die quasi priesterliche Stellung verwiesen, die Ökonomen in der modernen Gesellschaft innehaben, als Herrscher im System des »göttlichen Kapitalismus«, wie sie die Philosophen Jochen Hörisch und Peter Sloterdijk nennen. Jongen, Marc (Hrsg.): Der göttliche Kapitalismus. Im Gespräch mit B. Groys, J. Hörisch, T. Macho, P. Sloterdijk, P. Weibel, Wilhelm Fink, München 2007.

33 https://de.wikipedia.org/wiki/Das_Jüngste_Gericht_(Hans_Memling)

34 Schumpeter, Joseph: Theorie der wirtschaftlichen Entwicklung, Duncker und Humblot, Berlin 2006, S. 137.

35 Der österreichische Ökonom Erich Streissler hat sich einen Spaß daraus gemacht, den biblischen Adam mit dem Adam Smith der Ökonomie zu verbinden. In diesem Sinne müsste man Streissler paraphrasieren: Wenn

Smith der Adam der ökonomischen Heilslehre ist, dann ist Aristoteles sein Gott. Vgl. Streissler, Erich: Adam Smith – »der Adam« oder »nur Wachstum«, in: Smith, Adam: Untersuchung über Wesen und Ursachen des Reichtums der Völker, Mohr Siebeck, Tübingen 2005, S. 32 ff.

36 Smith, Adam: Theorie der ethischen Gefühle, Meiner, Hamburg 2010 IV. i.

37 Smith, Adam: Untersuchung über Wesen und Ursachen des Reichtums der Völker, Mohr Siebeck, Tübingen 2005, IV, ii,9.

38 Heidegger, Martin: Sein und Zeit, Niemeyer, Tübingen 2006, S. 9.

39 Beim Philosophen Heraklit findet sich in den Fragmenten ein geheimnisvoller Satz, der uns vielleicht auf die richtige Spur bringt: »Wenn nicht das Unverhoffte erhofft wird, kann man nichts herausfinden als das Unaufspürbare und Unzugängliche.« Héraclite: Les Fragments, Arfuyen 2003, S. 13.

40 Say, Jean-Baptiste: Vollständiges Handbuch der praktischen Nationalökonomie, Meßler'sche Buchhandlung, Stuttgart 1829. Vgl. Tanzer, Oliver / Taus, Josef: Umverteilung Neu, Styria, Wien 2011, S. 104 ff.

41 Lukas 10, 25–37.

42 Vgl. Daniel Marguerat, in: Geschichte des Christentums, Herder, Freiburg im Breisgau 2014, S. 190.

43 Markus 6, 8.

44 Assmann, Jan: Ägyptische Hymnen und Gebete, Zurich Open Repository Archive, Universität Zürich 1999, sog. Berliner Ptahhymnus, S. 346.

45 Weber, Max: Wirtschaft und Gesellschaft. Grundriss der verstehenden Soziologie, dritte Auflage 1947 (erste Auflage veröffentlicht 1921/1922). https://www.textlog.de/weber_wirtschaft.html (Paragraph 16, Abs. 1)

46 Es ist übrigens kein Sakrileg, dies zu sagen, denn tatsächlich muss ja die Vergebung von oben durch den Priester gestiftet werden. Alleine die Figur des Mittlers zu Gott ist schon eine hierarchische – und manche Kritiker meinen, die Stellung des Priesters sei der eigentliche Sinn der Beichte.

47 Freud sagt das etwas elaborierter, als wir es zusammengefasst haben: »Der Urvater hatte seine Söhne an der Befriedigung ihrer direkten sexuellen Strebungen verhindert: er zwang sie zur Abstinenz und infolgedessen zu Gefühlsbindungen an ihn und aneinander, die aus den Strebungen mit gehemmtem Sexualziel hervorgehen konnten. Er zwang sie sozusagen in die Massenpsychologie. Seine sexuelle Eifersucht und Intoleranz sind in letzter Linie die Ursache der Massenpsychologie geworden.« Sigmund Freud: Studienausgabe, Band IX, Fischer, Frankfurt am Main 1982, S. 153.

48 Kropff, Antony: New English translation of the Price Edict of Diocletianus, 2016. www.academia.edu/23644199/New_English_translation_of_the_Price_Edict_of_Diocletianus

49 Vgl. Lauffer, Siegfried: Diokletians Preisedikt, Walter De Gruyter, Berlin 1971.

50 www.springerprofessional.de/unternehmenskultur/finanzbranche/mangelnde-fehlerkultur-bremst-innovation/16240476

51 www.spiegel.de/karriere/fehler-am-arbeitsplatz-umgang-in-unternehmen-oft-nicht-konstruktiv-a-1233150-druck.html; www.zeit.de/2015/06/forschung-fehler-fehlerkultur

52 www.welt.de/gesundheit/psychologie/

article106292192/Die-ganze-Wahrheit-ueber-das-Luegen.html

53 Róheim, Géza: Die Panik der Götter, Kindler, Hamburg 1975, 202 ff.

54 Freud, Sigmund: Studienausgabe, Band III, Das Ich und das Es, Fischer, Frankfurt am Main 1982, S. 301.

55 Arendt, Hannah, in: Habermas, Jürgen: Politik, Kunst, Religion, Philipp Reclam, Stuttgart 1982, S. 104.

56 Sedláček, Tomáš / Tanzer, Oliver: Lilith und die Dämonen des Kapitals, Hanser, München 2015, S. 128.

57 Für Theodor W. Adorno zeigt sich darin ein Bild des Sadomasochismus. Adorno, Theodor: Erziehung nach Auschwitz, Diesterweg, Frankfurt am Main 1967, S. 115.

58 »Work hard, play hard« (Deutschland 2011). Ein Film von Carmen Losmann über die schleichenden Veränderungen in der Arbeitswelt und dem Verlust an Privatsphäre bei gleichzeitiger Suggestion von Privatsphäre im Betrieb.

59 Vgl. Hickel, Jason: Die Tyrannei des Wachstums, dtv, München 2018.

60 Vgl. Strotzka, Hans: Macht. Ein psychoanalytischer Essay, Fischer, Frankfurt am Main 1988, S. 15.

61 Ein hervorragendes Buch unter vielen des Schweizer Ökonomen. Binswanger, Mathias: Die Tretmühlen des Glücks, Neuauflage, Herder, Freiburg im Breisgau 2019.

62 »Welcome to Sodom« (Deutschland 2018). Ein Film von Florian Weigensamer und Christian Krönes.

63 Freud hat in anderem Zusammenhang von einem Wechsel des primären Triebziels gesprochen, der sich in der Frau vollzie-he, sobald sie ein Kind gebiert. Aber dieser Triebzielwechsel gilt auch für die männliche Seite durch die Konzentration auf die Karriere. Freud, Sigmund: Das Unbehagen in der Kultur, Studienausgabe, Band IX, Fischer, Frankfurt am Main 1982, S. 212.

64 Die dazugehörige Theorie hat inzwischen zahlreiche Interpretationen und Modernisierungen erfahren, vor allem durch Heinz Kohut und Otto F. Kernberg. Narzissmus nimmt jedenfalls in der Forschung und Lehre einen immer größeren Platz ein.

65 Ovid: Metamorphosen (lateinisch-deutsch), Philipp Reclam, Stuttgart 2010, S. 151 ff.

66 Fromm, Erich: Anatomie der menschlichen Destruktivität, Rowohlt, Hamburg 2011, S. 245 ff.

67 Sigmund Freud hat dazu als Erster eine Erklärung gegeben. Die Libido, das Lustempfinden, habe sich gleichsam in ein frühes Stadium ihrer frühkindlichen Prägung zurückentwickelt (sekundärer Narzissmus), weil die Libido in ihrer Entwicklung gehemmt wurde. Freud ordnete das der Schizophrenie und später der manischen Depression zu. Dieser Zugang spielt heute in der Psychiatrie keine Rolle mehr. Alfred Adler meint, dass es ein traumatisches Erlebnis der Machtlosigkeit gegeben haben müsste, das einen Konflikt mit dem Über-Ich ausgelöst habe. Die Lösung des Individuums liegt in der Kompensation, also in der Behauptung, dass das Ideal-Ich das Gegenteil des Erlebten anstrebe.

68 Dilling, Horst (Hrsg.): Internationale Klassifikation psychischer Störungen, ICD-10, Kap. V, F 60.80, Huber, Bern 2014, S. 283.

69 Kernberg, Otto Friedmann: Schwere Persönlichkeitsstörungen, Klett-Cotta, Stuttgart 2013, S. 285; und Kernberg, Otto Friedmann:

Liebe und Aggression, Schattauer, Stuttgart 2014, S. 97 ff.

70 Vgl. Strotzka, Hans: Macht. Ein psychoanalytischer Essay, S. Fischer, Berlin 1988.

71 https://en.wikipedia.org/wiki/File:Businesscycle_figure3.jpg

72 Kammerzell, Frank: Lingua Aegyptica, in: Journal of Egyptian Language 7, Göttingen 2000, S. 184 ff.

73 Peters, Uwe: Wörterbuch der Psychiatrie, Bechtermünz, Augsburg 1997, S. 212.

74 Mill, John Stuart: Utilitarism, aus: Collected Works, Band X, Indianapolis 1969, S. 203–259.

75 https://www.plasticsurgery.org/documents/News/Statistics/2017/plastic-surgery-statistics-full-report-2017.pdf

76 Vgl. Piketty, Thomas: Das Kapital im 21. Jahrhundert, dtv, Stuttgart 2013.

77 Reinhart, Carmen / Rogoff, Kenneth: This Time is Different, University Press, Princeton 2009.

78 Zitiert nach: Henning, Jörg u. a.: Kurzbericht über eine Machiavellismus-Skala, ein machiavellisches Bild, Klett-Cotta, Stuttgart 1975, S. 195.

79 Das sind in ökonomischer Sprache »Spill-over-Effekte« oder »Externalitäten«, also Kosten, die niemals in den Bilanzen aufscheinen, weil sie für den Unternehmer keine Kostenstelle darstellen.

80 Kernberg, Otto Friedmann: Schwere Persönlichkeitsstörungen, Klett-Cotta, Stuttgart 1985, S. 417 ff.

81 www.wilfried-stadler.com/zehn-jahre-nach-lehman-neu

82 Tomáš Sedláček hat Manie und Depression auf Märkten dargestellt und gezeigt, dass nicht nur die Depression schädlich ist, sondern auch das übermäßige Wachstum vor der Krise, in: Lilith und die Dämonen des Kapitals, Kap. 8, Polycrates, Hanser, München 2015.

83 Vgl. Roubini, Nouriel / Stephan Mihm: Das Ende der Weltwirtschaft und ihre Zukunft, Crisis Economics, Campus, Frankfurt 2010.

84 Vgl. Wagner, Gernot: Klimaschock. Die extremen wirtschaftlichen Konsequenzen des Klimawandels, Carl Ueberreuter, Wien 2016.

85 Samuelson, Paul / Nordhaus, William: Volkswirtschaftslehre, Carl Ueberreuter, Wien 1999, S. 29.

86 https://www.faz.net/aktuell/wirtschaft/die-welt-wird-immer-besser-32-gute-nachrichten-15524076.html

87 Twenge, Jean / Foster, Joshua: Narcissism Epidemic, S. 31, in: *Journal of Research in Personality* 42 (2008), 1619–1622.

88 Vgl.: Twenge, Jean / Foster, Joshua: Birth Cohort Increases in Narcissistic Personality Traits Among American College Students, 1982–2009. In: Social Psychological and Personality Science. 1. (2010), S. 99–106. 10.1177/1948550609355719 https://www.researchgate.net/figure/Mean-Narcissistic-Personality-Inventory-NPI-scores-across-five-time-periods-for_fig1_225077597

89 Twenge / Foster: Narcissism Epidemic, S. 35, in: *Journal of Research in Personality* 42 (2008), 1619–1622.

90 Spitzer, Manfred: Digitale Demenz, Droemer, München 2012.

91 Wikipedia.org/Tatiraju.rishabh (CC BY-SA 3.0). htpps://commons.wikimedia.org/wiki/File:Facebook_popularity.PNG

92 Board of Governors of the Federal Reserve System (US)/Release: G.19 Consumer Credit. Zitiert bei: FRED Economic Data. https://fred.stlouisfed.org/series/TOTALSL

93 Fromm, Erich: Die Kraft der Liebe, Diogenes, Zürich 2005, S. 76.

94 Friedman, Meyer / Rosenman Ray: Type A. Behaviour and your Heart, Alfred H. Knopf, Greenwich 1974.

95 Konrath, Sarah: Changes in dispositional empathy in American college students over Time, in: *Personality and Social Psychology Review* 2010.

96 Hare, Robert / Babiak, Paul: Snakes in Suits, Harper Business, London 2007

97 Noch ein ergänzendes und meine Ausführungen weiter veranschaulichendes Zitat des Narzissmus-Experten Sven Grüttefien:»Ein narzisstischer Chef ist sich seiner Leistungsträger sehr bewusst. Er braucht brillante und treue Mitarbeiter, um die eigenen Ziele zu erreichen. Daher lockt er mit interessanten Projekten, Privilegien wie andere Arbeitszeiten oder einem eigenen Dienstwagen, einem besseren Gehalt oder einer attraktiven Erfolgsprämie. Immer wird er aber dafür mehr verlangen als wie er gegeben hat, selbst wenn es noch so großzügig erscheint. Im Beförderungsgespräch vergisst er gelegentlich, darauf hinzuweisen. Der Preis für die Begünstigungen ist hoch: abruf- und einsatzbereit bei Tag und Nacht, immer schwierigere Aufgaben in immer kürzeren Zeitintervallen, launische Attacken des Chefs verbunden mit demotivierender Kritik und willkürliche Arbeitsanweisungen. Die Zweifel, ob man den richtigen Job hat, sind allgegenwärtig.« https://umgang-mit-narzissten.de/narzissten-fordern-hohen-preis/

98 Bychovski, Gustav: Dictators and Disciples, International Universities Press, New York 1969.

99 https://www.sueddeutsche.de/wirtschaft/konzerne-macht-monopole-1.4469523

100 www.handelsblatt.com/unternehmen/dienstleister/bertelsmann-studie-markt-macht-weniger-firmen-ist-negativ-fuer-viele-beschaeftigte/23621918html?ticket=ST-5535643-rChmQtfgbRm6b2wKTRH3-ap2

101 www.spektrum.de/news/kollektiver-narzissmus-kann-demokratien-gefaehrden/1659300?utm_medium=newsletter&utm_source=sdw-nl&utm_campaign=sdw-nl-daily&utm_content=heute und https://academic.oup.com/poq/article-abstract/82/1/110/4885411?redirectedFrom=fulltext

102 Der Publizist Harald Welzer und der Generalsekretär des Alpbach-Forums Philippe Narval haben dazu in jüngster Zeit Initiativen und Publikationen veröffentlicht. Den ökonomischen Unterbau können die Ökonomen Hans Christoph und Mathias Binswanger liefern, ebenso wie Carmen Reinhart oder die Gemeingutspezialistin Elinor Ostrom, die Gemeinwohlökonomie von Christian Felber und der Finanzmarktökonom Stephan Schulmeister sowie der tschechische Ökonomie-Philosoph Tomáš Sedláček. Werke: Binswanger, Hans: Die Wachstumsspirale, Metropolis, Marburg 2006; Ostrom, Elinor: The Future of the Commons, London 2012; Felber, Christian: Die Gemeinwohlökonomie, Piper, München 2018; Sedláček, Tomáš: Die Ökonomie von Gut und Böse, Hanser, München 2013.

103 Dazu gehört etwa die Beschränkung der einen umgebenden Güter. Mit einer solchen Reduktion können Menschen in Wohnwaggons statt in Häusern leben, ein Modell, das einer österreichischen Initiative junger Studenten um Theresa Steininger zu verdanken ist, die Autarkiemodelle verwirklichen wollen – mit offensichtlichem Erfolg. www.wohnwagon.at

104 Mann, Christian: Militär und Kriegsführung in der Antike, Oldenburg, München 2013, S. 6.

105 Hartung, Gerald / Herrgen, Matthias (Hrsg.): Interdisziplinäre Anthropologie, Jahrbuch 2/2014, Springer, S 35. Vgl. Lesch, Otto / Walter, Henriette: Alkohol und Tabak. Medizinische und soziologische Aspekte, Springer, Wien – New York 2009.

106 Grassberger, Martin / Türk, Elisabeth: Klinisch-forensische Medizin, Springer, Wien – New York 2013, S. 501.

107 Kernberg, Otto Friedmann: Narzissmus, Schattauer, Stuttgart New Work 2006, S. 708.

108 Platon: Gastmahl oder von der Liebe, Philipp Reclam, Leipzig 1937, S. 80–83.

109 Der französische Soziologe Pierre Bourdieu hat eine Abhandlung über das »maskuline System« (Bourdieu, Pierre: Die männliche Herrschaft, Suhrkamp, Berlin 2012) geschrieben, die ebenfalls auf eine grundlegende Reform zielt und die die herrschenden Strukturen ebenfalls bis in die Symbolik des »harten« und »weichen« Prinzips hinein verfolgt. Wiewohl die vorliegende Analyse große Sympathien für diese Denkweise hegt, will sie doch woanders hin. Sie geht davon aus, dass es nicht das »Männliche« ist, das uns zwingt, den Planeten zu zerstören, sondern ein Machtprinzip, das mit Geschlechtern nur insofern etwas zu tun hat, als es das eine gegenüber dem anderen bevorzugt. Es könnte aber ebenso umgekehrt sein. Die Gleichberechtigung der Frau liegt nicht vor, wenn es zu einer Ermächtigung über den Mann kommt. Sie liegt dann vor, wenn Ermächtigung als Prinzip selbst entthront wird.

110 An dieser Stelle muss nochmals an Heinz Kohut erinnert werden, der den Narzissmus des Erwachsenen als eine Störung des natürlichen, kindlichen Narzissmus interpretiert hat, ausgelöst durch Liebesentzug. Wenn man die Genesis und die Vertreibung aus dem Paradies in diesem Sinne versteht, kommt gleich danach, in der Geschichte von Kain und Abel, die extremste Folge von krankhaftem Neid (und Eitelkeit) zum Ausdruck: der Brudermord.

111 Genesis 3, 23.

112 Genesis 1, 29–30.

113 Weil von den Mythen der Goten und der Kelten so wenig bekannt ist, gibt es hier kurze Zusammenfassungen: Saxo schreibt von der Reise des Helden Hading, einem von Odins Gefährten: Unter Führung einer alten Frau stieg er in die neblige Tiefe, »bis sie endlich die sonnigen Gefilde betraten, welche die von der Frau gebrachten Gräser hervorbrachten«. Nachdem beide einen von Waffen starrenden Fluss überschritten hatten, sahen sie Krieger, die miteinander Waffenspiele trieben. Eine hohe, unübersteigbare Mauer veranlasste Hading schließlich wieder zur Umkehr und zum Aufstieg zu den Lebenden. Eine entsprechende Schilderung vom Ort der Toten enthält auch der alte Baldermythos: Der Gott Hermod ritt neun Nächte lang durch dunkle, tiefe Täler nach Norden, bis an die Gjöll-Brücke kam, die von der Wächterin Mogdagur bewacht wurde und durch das Helgatter versperrt war.

Die Geschichte von Avalon stammt aus einer walisisch-cornischen Tradition der ursprünglichen Artus-Sage. Sie erzählt von der Niederlage und dem Wahnsinn des Magiers Merlin bei der Landnahme durch die Sachsen.

Im 12. Jahrhundert hat sie der Mönch Geoffrey von Monmouth (1100–1154) aufgeschrieben. Dieses Avalon lehnt sich stark an die griechische Tradition der Insel der Hesperiden an: »Die Insel der Äpfel, die die Menschen ›Die glückliche Insel‹ nennen, hat ihren Namen von der Tatsache, dass sie alle Dinge von sich aus hervorbringt. Die Felder brauchen keine Pflüge, und der Landbau fehlt, da die Natur alles bietet. Eigenständig bringt sie Getreide und Trauben hervor, und aus dem dicht geschnittenen Gras wachsen in den Wäldern Apfelbäume. Der Boden produziert von sich aus alles, und die Menschen leben dort hundert Jahre oder länger. Dort regieren neun Schwestern, die aus unserem Land zu ihnen kommen, nach menschenfreundlichen Gesetzen. Die erste von ihnen ist in der Heilkunst erfahren und übertrifft ihre Schwestern an Schönheit. Morgana ist ihr Name und sie hat gelernt, welch nützliche Eigenschaften die Kräuter enthalten, damit sie kranke Körper heilen können. Sie nahm den verwundeten Arthur auf. In ihrem Zimmer legte sie den König auf ein goldenes Bett, und mit ihrer eigenen Hand deckte sie seine ehrenvolle Wunde auf und schaute sie lange an. Endlich sagte sie, dass sich die Gesundheit wiederherstellen ließe, wenn er lange Zeit bei ihr bliebe und von ihrer Heilkunst Gebrauch machte.« Übersetzung von Oliver Tanzer nach: De Monemuta Galfridi: Vie de Merlin attribuée à Geoffroy de Monmouth. Suivie des prophéties de ce barde, Firmin Didot, Paris 1837, S. 21 f.

114 Bezeichnenderweise schlummert sie nach einer rabbinischen Überlieferung sogar in den Trauben unseres alten narzisstischen Bekannten, des Weins. In der Apokalypse des Baruch, einer jüdisch-griechischen Auslegung der Genesis, ist der Weinstock der Baum der Erkenntnis von Gut und Böse – und die Traube seine Unheil stiftende Frucht: »Der Engel sprach: Das ist der Weinstock, den der Engel Samael gepflanzt, worüber Gott, der Herr, so zornig ward. Und er verfluchte ihn und sein Gewächs, verbot dem Adam deshalb dran zu rühren. Darum verführte ihn der Teufel aus Neid durch seinen Weinstock.« Baruch-Apokalypse, de.wikisource.org/wiki/Apokalypse_des_Baruch_(griechisch), S. 4–44.

115 Genesis 1, 28.

116 Genesis 2, 15.

117 Xenophon: Oikonomikos, 4, 22, König und Richter, Hamburg 1734, S. 45. Nationalbibliothek Wien, digitalisiert von Google Books.

118 Vgl. McCraw, Thomas: Joseph Schumpeter. Eine Biographie, Murmann, Berlin 2008.

119 Vgl. Schumpeter, Joseph: Theorie der Wirtschaftlichen Entwicklung, Duncker und Humblot, Berlin 2006.

120 Schumpeter, Joseph: Theorie der Wirtschaftlichen Entwicklung, Duncker und Humblot, Berlin 2006, S. 85 ff.

121 Schumpeter, Joseph: Theorie der Wirtschaftlichen Entwicklung, Duncker und Humblot, Berlin 2006, S. 126. Vgl. das Konzept von Tomáš Sedláček über den »Hedo-Maso«-Charakter der Ökonomie, in: Sedláček, Tomáš / Tanzer, Oliver: Lilith und die Dämonen des Kapitals, S. 257.

122 Schumpeter, Joseph: Theorie der Wirtschaftlichen Entwicklung, Duncker und Humblot, Berlin 2006, S. 131 ff.

123 KSV/WKO-Daten, zitiert nach Forbes: www.forbes.at/artikel/nach-der-pleite.html

124 Hajek, André: Der Einfluss von Reichtum auf die Lebenszufriedenheit, Utz, Hamburg 2013.

125 Kahneman, Daniel / Deaton Angus:

126 Genesis 1, 26.

127 Spinoza de Baruch: Ethik, Felix Meiner, Hamburg 1995, S. 155.

128 Ich will das hier gar nicht kleinreden, es scheint ja tatsächlich bewiesen, dass der Glaube Berge versetzen kann, ebenso wie Niedergeschlagenheit Fallgruben öffnen kann, die vorher nicht da waren. Im Zweifelsfall ist aber wohl das Umarmen von Bäumen dem Öffnen der Abgründe vorzuziehen – und die Esoterik der Depression.

129 Die Abläufe, die das Baumleben im Detail prägen, sind derart komplex, dass der Mensch in all seiner angeblichen Brillanz immer noch nicht weiß, wie manche von ihnen tatsächlich funktionieren können. Gemeint sind etwa die Unsicherheiten über das Zustandekommen des ohne Energieaufwand ablaufenden Wassertransports in bis zu 130 Meter Höhe allein durch Kräfte der Adhäsion bzw. der Kohäsion und des Saugmechanismus durch die Abgabe von Wasser über die Blätter. Immerhin verdampft ein Baum, etwa eine ausgewachsene Birke, mehr als 100 Liter Wasser pro Tag und saugt ebenso viel wieder in die Blätter.

130 Bei schnell wachsenden Gehölzen beträgt das Höhenwachstum über 30 Zentimeter pro Jahr, der Stammdurchmesser erhöht sich um bis zu fünf Millimeter bei 12 Meter Kronendurchmesser.

131 England versuchte zu Beginn des 18. Jahrhunderts, seine Staatsschulden in teilstaatlichen »Companies« zu parken und Anteilscheine aus zu erwartenden Staatseinnahmen zu verkaufen. Eine dieser Firmen war die »South Sea Company«, ein Unternehmen, das den Handel mit Südamerika zentral betreiben sollte und dessen Aufsicht dem englischen König George I. höchstpersönlich oblag. In den Zeitungen hoch gelobt, stieg der Kurs der Anteilscheine binnen weniger Monate von 100 auf 1000 Pfund. Die South Sea Company florierte. Doch das tat sie nur auf dem Papier. Sie handelte in Wirklichkeit mit wenig bis nichts, schlicht deshalb, weil England mit den in Südamerika regierenden Spaniern im Krieg lag. So wurden Waren und Dienstleistungen, die gar nicht existierten, über den Wertpapiermarkt gehandelt und bewertet, versichert und weiterverkauft. Hunderte Unternehmen wurden eröffnet, um Dienstleistungen anzubieten, wie die Vermietung und Verschiffung von Fuhrwerken und die Vermietung von Sklaven für nicht existierende Plantagen und von Arbeitern für nicht gebaute Bauwerke. Ein Anbieter konnte auf der Spitze der Manie sogar mit einer »Gesellschaft zur Durchführung eines höchst sinnvollen Unternehmens, das aber noch niemand kennt«, Investoren anziehen. Es war ein Nichts, gefertigt aus Illusionen, Betrug und Selbstbetrug. Der Schaden, den das Platzen der Blase auslöste, diskreditierte das Königshaus, ließ die Staatsschulden explodieren und verursachte eine Serie empfindlicher Bankrotte.

Beinahe Deckungsgleiches geschah im selben Jahr in Frankreich. Dort hatte der schottische Ökonom John Law im Namen des französischen Königs die »Mississippi-Gesellschaft« errichtet. Auch sie sollte die Staatsschulden refinanzieren, und zwar mit der Versilberung der Hoffnungen der Anleger auf den Reichtum der amerikanischen Kolonien Frankreichs. Law gab in seiner Funktion als erster Bankier des Königs Papiergeld aus und konnte die Staatsschulden kurzfristig wesentlich reduzieren. Die Kurse seiner Mississippi-Aktien stiegen innerhalb von sechs Monaten um nahezu 1400 Prozent. Law reinvestierte das Eingenommene sofort: Straßen wurden gebaut,

Anmerkungen

die Handelsflotte wurde von 18 auf 300 Schiffe erweitert. Aber Handel mit wem? Mit Indianern oder ärmlichen Siedlern in den französischen Kolonien? Als die Kurse sanken, ließ Law schließlich hemmungslos Geld drucken, um seine Investitionsprogramme weiter zu stützen – und scheiterte katastrophal. Ende 1720 brach das Mississippi-Konstrukt zusammen. Ein kleiner Teil der Investoren hatte versucht, ihre Banknoten in echtes Geld zurückzuverwandeln. Laws Bank war binnen Stunden zahlungsunfähig. Der Alchemist der französischen Staatskasse musste das Land verlassen und starb mittellos.

Doch seine Methoden haben Law und seinen schlechten Ruf unbeschadet überlebt. Knapp hundert Jahre nach seinem Tod lässt Goethe im »Faust II« Papiernoten druckende Gnome siegessicher singen: »Nun entdecken wir hienieden eine Quelle wunderbar, die bequem verspricht zu geben, was kaum zu erreichen war.« Der aktuellen Rezession entsprechend steigen die Sorgen und einige Ökonomen sehen die Menschheit schon in der Rolle des Kaisers im »Faust II«. Der Monarch sieht sich da in einem Geisterbild fasziniert an der Quelle des Reichtums stehen – einer funkelnden Schatztruhe. Schließlich beugt er sich hinein und fängt Feuer – und der Brand setzt am Ende sein Reich in Flammen. Angesichts solcher Visionen richten sich die Hoffnungen neben neu zu entdeckenden Wachstumsquellen auf eine nachhaltige Tilgung der Schuldenlast. Der Entdecker eines diesbezüglichen Rezeptes hätte wohl mehr Ruhm zu erwarten als alle Da Gamas, Vespuccis und Columbus' gemeinsam. Denn diese Entschuldung müsste ähnlich wunderbar verlaufen wie die Geldschöpfung anno 1720, quasi aus dem Nichts.

132 Schumpeter, Joseph: Geschichte der ökonomischen Analyse, Band 1, Vandenhoeck und Rupprecht, Berlin 2009, S. 281 ff.; und Daire, Eugène: Économistes financiers du XVIIIe siècle, Guillaumin, Paris 1843, S. 247.

133 Schumpeter, Joseph: Geschichte der ökonomischen Analyse, Band 1, Vandenhoeck und Rupprecht, Berlin 2009, S. 303 ff.; und Gilibert, Giorgio / Quesnay, François, in: Starbatty, Joachim (Hrsg.): Klassiker des ökonomischen Denkens, Teil 1, Nikol, Hamburg 2008, S. 131.

134 Keynes, John Maynard: Allgemeine Theorie der Beschäftigung, des Zinses und des Geldes, 3. Kap., Duncker und Humblot, Berlin 2006, S. 29.

135 Flassbeck, Heiner: Bretton Woods wird 70, Telepolis. www.heise.de/tp/features/Bretton-Woods-wird-70-3366558.html

136 Schulmeister, Stephan: Der Weg zur Prosperität, Ecowin, Salzburg 2018, S. 180.

137 https://www.telegraph.co.uk/finance/financialcrisis/3189517/Financial-Crisis-Gordon-Brown-calls-for-new-Bretton-Woods.html

138 *Blätter für deutsche und internationale Politik* 1-4, Paul Rugenstein, Köln 2009, S. 9.

139 www.tum.de/die-tum/aktuelles/pressemitteilungen/detail/article/34635/ Mischwälder sind demnach produktiver als Monokulturen. Das gilt auf allen fünf Kontinenten und besonders in niederschlagsreichen Regionen. Dieses Ergebnis einer internationalen Überblicksstudie, an der auch die Technische Universität München (TUM) beteiligt war, hat eine hohe Relevanz für die Forstwissenschaft und Forstwirtschaft weltweit. »Es sind viele Vorteile von Mischwäldern bekannt«, sagt Professor Hans Pretzsch, Mitautor der Studie und Autor eines vor Kurzem erschienenen Buches über die Ökologie und das Management von Mischbeständen. »Mischwälder sind als vielfältiger Lebensraum ökologisch wertvoller. Sie mildern den Klimawandel, da sie länger und besser Kohlendioxid speichern.« Durch ihre sich ergänzenden Kronen- und Wurzelsysteme sind Bäume in Mischwäldern oft besser mit Licht, Wasser und Bodennährstoffen versorgt. »Das macht Mischbestände resilienter in Trockenjahren. Zudem sind sie stabiler gegen Schädlinge und auch optisch schöner«, sagt Prof. Pretzsch vom Lehrstuhl für Waldwachstumskunde der TUM.

140 Tree species richness promotes productivity in temperate forests through strong complementarity between species. https://onlinelibrary.wiley.com/doi/epdf/ 10.1111/j.1461-0248.2011.01691

141 Starbucks hat etwa in den vergangenen 15 Jahren in einem scheinbaren Akt von »Kannibalismus« kleine Kaffeehäuser in Manhattan aufgekauft und so alle Konkurrenten verdrängt. Danach hat es die Hälfte der neu eröffneten Filialen wieder geschlossen und ist nun der Alleinanbieter, der die Preise diktiert. Aber ganz ehrlich, wer möchte nur noch monoton Starbucks-Kaffee trinken und wer möchte nur noch Starbucks-Preise zahlen?

142 Der Unternehmer Josef Taus hat solche Möglichkeiten in unserem gemeinsamen Buch »Umverteilung neu« vorgeschlagen. Tanzer, Oliver / Taus, Josef: Umverteilung neu, Styria, Wien – Graz – Klagenfurt 2011.

143 Der US-Biologe Brian Fath hat das in seinem hoch interessanten Buch über die Behandlung von Wachstum in einem Umfeld von begrenzten Ressourcen so getitelt: »We need to reduce, reuse, and recycle.« Genau wie der Baum das macht, könnte man hinzufügen. Vgl. Fath, Brian: Flourishing within Limits to Growth, Rutledge, New York 2015.

144 www.handelsblatt.com/unternehmen/ management/digitaletransformation/ oecd-studie-zur-zukunft-des-arbeitsmarktes-- digitalisierung-gefaehrdet-millionen-von-jobs- welche-besonders-betroffen-sind/21217278. html?ticket=ST-994639-UaKaEufeNY1gwXm7Jcym- ap2

145 www.nature.com/articles/ s41586-018-0637-6

146 Romare, Mia / Dahllöf, Lisbeth: The Life Cycle Energy Consumption and Greenhouse Gas Emissions from Lithium-Ion Batteries, Stockholm 2017. Vgl. www.spektrum.de/ news/wie-ist-die-umweltbilanz-von- elektroautos/1514423

147 Van Leewenhoeck, Antonin: Observation concerning little animals in rain-, well-, sea- and snow-water; as also in water whereas pepper had lien infused, Philosophical Transactions, Royal Society 1677, B 12: 821 ff.

148 www.welt.de/print-welt/article658849/ Lebende-Bakterien-aus-einem-Bernstein.html

149 https://de.scribd.com/document/ 322541288/Erwin-Schroedinger-Was-ist- Leben-pdf

150 Das hat tiefe Auswirkungen auf das tägliche Leben, aber auch auf die Weltpolitik, denn diese wird gewöhnlich von Menschen über 50 bestimmt. Und sie schaut logischerweise auch so aus, wie sich diese Menschen fühlen, da ihre Sterbens-Krise unbehandelt bleibt.

151 http://content.time.com/time/ magazine/article/0,9171,743953,00.html

152 Galbraith, John: Die Entmythologisierung der Wirtschaft, Szolnay, Wien 1988, S. 297.

153 Reinhart, Carmen / Rogoff, Kenneth: This Time is Different, University Press, Princeton 2009, S. 156.

154 Ich muss hier wieder auf die Erzählung vom Paradiesgarten zurückkommen, weil die Parallele zwischen dem Narrativ der Wissenschaft und des Mythos einigermaßen faszinierend ist. Denn es scheint fast so, als sei in der Bibel die Geschichte dieser monophyletischen Revolution festgehalten. Im Paradiesgarten ist der Mensch zunächst wie der Prokariot bedürfnislos und er hat auch gleichsam kein Geschlecht. Erst mit der Ursünde fällt diese Hemmung weg. Das Geschlecht entwickelt sich als zentraler Punkt der Geschichte. Die Vertreibung aus dem Garten Eden ist auch der Beginn der Sterblichkeit des Menschen. Das ist in einem scherzhaften Sinn äußerst eukariotisch. Der Tod ist der Bruder der geschlechtlichen Liebe und vielleicht sogar die Voraussetzung, wie uns die Naturwissenschaft beweist. Vielleicht stimmen also auch all die Märchen und Romanzen, in welchen das schönste Gefühl mit dem Untergang bestraft wird, vom Einzeller bis zu Lancelot vom See und Titanic.

155 Einer der bekanntesten Forscher dieser Revolution ist Nick Lane vom University College in London.

156 Lane, Nick: Der Funke des Lebens. Eine neue Theorie der Evolution, Theiss, Darmstadt 2017, S. 229.

157 Das Originalzitat von Hobbes ist freilich nicht so gemeint, wie es in der Überlieferung dargestellt wird. Denn mit »Wolf« meint Hobbes den Staat und es stammt ursprünglich auch nicht aus dem »Leviathan«, sondern aus »De Cive«, einer politischen Schrift aus 1640, in dem er eine Redewendung des römischen Komödiendichters Plautus paraphrasiert. »Nun sind sicher beide Sätze wahr: Der Mensch ist ein Gott für den Menschen, und: Der Mensch ist ein Wolf für den Menschen; jener, wenn man die Bürger untereinander, dieser, wenn man die Staaten untereinan-

der vergleicht. Dort nähert man sich durch Gerechtigkeit, Liebe und alle Tugenden des Friedens der Ähnlichkeit mit Gott; hier müssen selbst die Guten bei der Verdorbenheit der Schlechten ihres Schutzes wegen die kriegerischen Tugenden, die Gewalt und die List, d. h. die Raubsucht der wilden Tiere, zu Hilfe nehmen.« Das ist also ein durchaus differenzierter Satz und belegt einmal mehr, dass die Nachwelt ein nachlässiger Verwalter gedanklichen Erbes sein kann, und: Auch gegen ungerechten Ruhm ist kein Kraut gewachsen.

158 www.theguardian.com/environment/gallery/2011/oct/19/bbc-frozen-planet-in-pictures

159 Es gibt keine Literatur über den Zusammenschluss von Wolfsrudeln. Jedoch besteht ein durchschnittliches Rudel aus bis zu acht Exemplaren, die von einem einzigen Paar Elterntiere abstammen. Ein Wurf pro Jahr bringt vier bis sechs Welpen, von denen gewöhnlich nicht mehr als die Hälfte die ersten beiden Jahre überlebt. Spätestens im dritten Jahr verlassen die Jungwölfe das Rudel. Es ist also rechnerisch nicht möglich, 25 Wölfe in einem Rudel zu finden. Da Wölfe erst im zweiten Jahr mit der Jagd beginnen, hätte das Weibchen hintereinander 11 bzw. 12 Welpen pro Jahr zur Welt bringen müssen, noch dazu unter einer Annahme einer Überlebensrate von 100 Prozent.

160 www.nps.gov/yell/learn/ys-24-1-territoriality-and-inter-pack-aggression-in-gray-wolves-shaping-a-social-carnivores-life-history.htm

161 Sherif Muzaffer u. a.: Intergroup conflict and cooperation. The Robbers Cave experiment. Elektronische Ressource: psychclassics.yorku.ca/Sherif

162 Hill, Othmar: Mein Kompass für stürmische Zeiten, Carl Ueberreuter, Wien 2018, S. 55 ff.

163 karriere.sn.at/karriere-ratgeber/freizeit-gesundheit/berufsunfaehigkeit-was-wenn-nichts-mehr-geht-68571442

164 Kernberg, Otto Friedmann: Ideologie, Konflikt und Führung, Klett-Cotta, Stuttgart 2000, S. 115 und S. 174 ff.

165 diepresse.com/home/wirtschaft/economist/5465923/VierTageWoche-bei-vollem-Lohnausgleich-ein-Erfolgsmodell; sowie derstandard.at/2000080185933/Viertagewoche-als-Erfolgmodell-in-Osttiroler-Unternehmen

166 Flecker, Jörg u. a.: Arbeitszeitverkürzung zur Umverteilung, Bericht für das österr. Sozialministerium 2009. https://www.sozial-ministerium.at/cms/site/attachments/2/5/0/CH3434/CMS1459841840085/01_forba_arbeitszeit_endbericht.pdf

167 Vgl. Blanchet, Alain / Trognon, Alain: La psychologie des Groupes, Collection universitaires de poches, Armand Colin 2012; Mayo, Elton: The social problems of an industrial civilisation, der Frankfurter Hefte, Frankfurt 1949.

168 Lewin, Kurt: Schriften zur angewandten Psychologie. Aufsätze, Vorträge, Rezensionen, herausgegeben und eingeleitet von Helmut E. Lück, Wolfgang Krammer, Wien 2009.

169 www.nabu.de/tiere-und-pflanzen/saeugetiere/wolf/wissen/18742.html

170 Vgl. Deleuze, Gilles: Henri Bergson, Junius, Hamburg 1989, S. 139.

171 Bergson, Henri: Quellen der Moral und der Religion, Herder, Freiburg 1980, S. 35 f.

172 Deleuze, Gilles: Henri Bergson zur Einführung, Junius, Hamburg 2001, S. 139.

173 Bergson, Henri: Les deux sources de la morale et de la religion, Paris 1932, S. 35. https://philosophie.cegeptr.qc.ca/wp-content/documents/Les-deux-sources-de-la-morale-et-de-la-religion.pdf

174 Platon erwähnt neben den Bienen auch die Ameisen und die Wespen als glückselige Möglichkeiten. Platon: Phaidon, Philippe Reclam, Stuttgart 1987, S. 40 f., 82 a-d.

175 Seeley, Thomas: Bienendemokratie, Fischer, Frankfurt 2015. Seeleys Forschungen basieren auf Erkenntnissen der Bienenforscher Martin Lindauer und Karl von Frisch (der für seine Arbeit mit dem Nobelpreis ausgezeichnet wurde). Seeley geht mit großer Kunstfertigkeit über den biologischen Horizont hinaus und überprüft die Mechanismen auf menschliche Möglichkeiten.

176 Clinton, weil sie für den Kreml nicht die ideale Kandidatin als US-Präsidentin war, Soros, weil er sich für Weltoffenheit und Toleranz gegenüber Flüchtlingen in Ungarn einsetzte. Ähnliche Beispiele der Desinformation ohne Absender sind die Tal-Silberstein-Affäre oder die Kampagne gegen Mitglieder des Weltklimarates, denen die »Fälschung« von Ergebnissen vorgeworfen wurde. Alle diese Beispiele zeigen, wie das digitale Netz, das die Bürger zum globalen Dorf freier Information vernetzen sollte, pervertiert wurde, um Vorurteile und Desinformation zu befördern.

177 https://www.washingtonpost.com/politics/2019/03/04/president-trump-has-made-false-or-misleading-claims-over-days/?noredirect=on&utm_term=.47896863f311

178 www.sueddeutsche.de/politik/mein-facebook-dein-facebook-wie-es-in-den-echokammern-von-links-bis-rechts-aussieht-1.3576513. www.sueddeutsche.de/medien/filterblase-facebook-youtube-sozialenetzwerke-1.4245243-2. Pariser, Eli: Filter Bubble. Wie wir im Internet entmündigt werden, Hanser, München 2017.

179 APA AOM, 29. April 2019, Abfragezeitraum 1. Jänner 2018 bis 29. April 2019.

180 Vgl. Rhomberg, Markus: Klimapolitik in den Medien. forschungsjournal.de/sites/default/files/archiv/fjsb_2012_2.pdf#page=52; climatematters.blogs.uni-hamburg.de/wp-content/uploads/2016/08/Working-Paper_Klimawandel_in_den_Medien.pdf; Vgl. welt.de/kmpkt/article166416327/So-soll-sich-unser-Leben-bis-2030-veraendern.html.

181 Der Begriff stammt vom Primatenforscher Claudio Tennie von der Universität Birmingham. Menschen haben eine Kultur, die sich weiterentwickelt und immer komplizierter wird. Tennie nennt das kumulative Kultur. »Und das fehlt bei den Menschenaffen. Die Kultur, die die Menschenaffen und andere Tiere haben, die besteht auf einem Level fort«, so Tennie im Deutschlandradio. https://www.deutschlandfunk.de/anthropologie-der-mensch-ein-tier.1148.de.html?dram:article_id=314723

182 Carter, Gerald / Farine, Damian / Wilkinson, Gerald: Social bet-hedging in vampire bats, Biology Letters 2017. http://dx.doi.org/10.1098/rsbl.2017.0112

183 Es wäre nicht angemessen, in die Fütterungsverweigerung Narzissmus hineinzuinterpretieren. Wie überhaupt narzisstisches Verhalten in natürlichen Gesellschaften ausgeschlossen scheint oder zumindest nicht überlebensfähig. Allein in der Balz gibt es bei Tieren eine gewisse Ähnlichkeit zum aufgeblasenen Größen-Selbst. Freilich finden diese rein hormonell bedingten, übertriebenen Selbstdarstellungen meist unter großen

körperlichen Entbehrungen und zeitlich eng begrenzt statt. Dieser folgt bei manchen Arten auch noch eine Brutpflege, in der selbst der zuvor aufgeblasenste Balzhahn zum fürsorglich aufopfernden Vatertier wird.

184 Wilkinson, Gerald: Food sharing in vampir bats. tsusinvasives.org/dotAsset/39c01b98-9a18-4715-bd36-adefe87d7c56.pdf

185 Thaler, Richard / Sunstein, Cass: Nudge. Wie man kluge Entscheidungen anstößt, Ullstein, Berlin 2010.

186 Kernberg, Otto Friedmann: Schwere Persönlichkeitsstörungen, Klett-Cotta, Stuttgart 2013, S. 278.

187 Volkan, Vamık: Psychoanalyse der frühen Objektbeziehungen, Klett-Cotta, Stuttgart 1999, S. 104 ff.

188 Kroeber, Alfred: The Superorganic, in: *American Anthropologist,* Bd. 19, 1917; Hofstadter, Douglas / Gödel, Escher Bach: Ein endloses geflochtenes Band, Klett-Cotta, Stuttgart 1985; Seeley, Thomas u. a.: Swarm cognition in honey bees, in: *Behavioural Ecology and Sociobiology* 2008/62, S. 401 ff.; Couzin, Iain: Collective cognition in animal groups, in: *Trends in Cognitive Sciences* 2008/13, S. 36–42; Marshall, James, u. a.: On optimal decision making in brains and social insect colonies, in: *Journals of the Royal Society* Interface 2009/6, S. 1065 ff.

189 Frankl, Viktor: Dem Leben Antwort geben. Autobiografie, Beltz, Weinheim 2017.

190 Mauss, Marcel: Essai sur le don, Presses Universitaires de France, Paris 1950, übersetzt: Die Gabe, Suhrkamp, Frankfurt am Main 1968, S. 77 f.

191 Aristoteles: Nikomachische Ethik, S. 1123 ff.

192 Xenophon: Oikonomikos, 2,5, König und Richter, Hamburg 1734, S. 15. Nationalbibliothek Wien, digitalisiert von Google Books.

193 Die Neubewertung alter Dinge geht freilich über die Sphäre des Geschenkes hinaus. Sie trifft auch den Nerv einer neuen Lebenskultur. So zeigt sich die Sehnsucht nach einem mehr an Objekt-Beziehung auch in der Renaissance von Antik- und Altwaren. Hinter dem Erwerb von Gegenständen, die schon durch viele Hände gegangen sind und die der Markt als alt und gebraucht wegwerfen würde, steht ja nicht allein das Kalkül niedriger Preise, sondern auch der ästhetische Instinkt, dass das Gebrauchtsein einem Gegenstand eine eigene Aura verleiht. Moderne Kaffeehäuser und Lokale werden nicht umsonst mit alten Möbeln eingerichtet, die mehr oder weniger hingebungsvoll renoviert wurden. Sie sind mehr als nur Einrichtung, sie stiften durch ihre individuelle Patina oft eine augenblickliche Beziehung der Geborgenheit zwischen dem Kunden und dem Raum. Viel mehr jedenfalls als jedes scheinpersonalisierte Möbel, ob es nun Billy oder Elk oder Falun heißt.

194 Goodall, Jane: Through a Window. My thirty years with the chimpanzees of Gombe, Houghton Mifflin, Harcourt 2010.

195 Idani Gen'Ichi: Cases of Inter-unit Group Encounters in Pygmy chimpanzees at Wamba Zaire, in: Primatology Today, Elsevier, Amsterdam 1991, S. 235 ff.

196 De Waal, Frans: Bonobo Sex and Society, in: Scientific American, Band 272, Nr. 3, 1995, S. 82–88.

197 Die Internetkonzerne selbst machen sich schon darüber Sorgen. Apple stellte die App »Screen Time« vor, die gegen die iPhone-Abhängigkeit gerichtet ist. Damit soll laut Apple die »self-awareness« gesteigert werden, aber Eltern sollen auch in die Lage versetzt werden, das Netzverhalten ihrer Kinder zu überprüfen. uk.pcmag.com/news-analysis/95171/addicted-toyour iphone-apple-screen-time. Auch Google kündigte einen App-Timer an.

198 www.kleinerperkins.com/perspectives/internet-trends-report-2018/
https://uk.pcmag.com/why-axis/95287/tech-addiction-by-the-numbers-how-much-time-we-spend-online; https://kurier.at/chronik/oesterreich/internetsucht-jede-wache-minute-online/298.738.171.

199 Perner Rotraud: Der einsame Mensch, Amalthea, Wien 2014, S. 203 f.

200 https://www.i-med.ac.at/mypoint/news/719189.html (Innsbrucker Studie);
https://www.sn.at/panorama/oesterreich/rund-10-000-jugendliche-in-oesterreich-sind-internetsuechtig-1024195. Weitere Quellen: Chien Chou, 1,4, Linda Condron, 2, John Bellan: Review of the Research on Internet Addiction, in: *Educational Psychology Review*, Vol. 17, No. 4, December 2005, DOI: 10.1007/s10648-005-8138-1A;
https://www.aerzteblatt.de/nachrichten/72869/Internetsucht-Zahl-der-abhaengigen-Jugendlichen-gestiegen (für Deutschland); Roberto Poli/Emilia Agrimi: Internet addiction disorder. Prevalence in an Italian student population (2012), *Nordic Journal of Psychiatry*, 66:1, S. 55-59, DOI: 10.3109/08039488.2011.605169 (für Italien); https://pdfs.semanticscholar.org/bd79/6a0b3ad724417d562d804938d2e4a10616ec.pdf (für Japan)

201 www.cambridge.org/core/journals/development-and-psychopathology/article/epigenetic-correlates-of-neonatal-contact-in-humans/9BD9799A7C6E0859B93E092EA0727A4B

202 Kendrick, Keith / Guastella, Adam /

Becker, Benjamin: Overview of Human Oxytocin Research (2017), in: Hurlemann, Rene, Grinevich, Valéry (Hrsg.): Behavioral Pharmacology of Neuropeptides: Oxytocin. Current Topics in Behavioral Neurosciences 35, Springer, Wien – New York. https://www.ncbi.nlm.nih.gov/pubmed/28864976. www.faz.net/aktuell/wissen/leben-gene/oxytocin-wirkung-und-funktion-des-kuschelhormons-13546038.html

203 www.wienerzeitung.at/nachrichten/wissen/mensch/967644-Volkskrankheit-Einsamkeit.html

204 Sachser, Norbert: Der Mensch im Tier. Warum Tiere uns im Denken, Fühlen und Verhalten oft so ähnlich sind, Rowohlt, Hamburg 2018.

205 www.ipbes.net/news/Media-Release-Global-Assessment. Unter dieser Adresse sind auch detaillierte Angaben über das Ausmaß der von Landwirtschaft und Klimawandel verursachten Veränderungen der Biosphäre zu finden.

206 Wikipedia.org/Delphi234 (CC0). https://de.wikipedia.org/wiki/Wirtschaft_der_Vereinigten_Staaten#/media/Datei:GDP_per_Capita_of_the_United_States-semilog.svg

207 Wikipedia.org/Mak Thorpe (CC) https://commons.wikimedia.org/wiki/File:Global_Carbon_Emission_by_Type_to_Y2004.png?uselang=de

208 IPBES. 2019. Global assessment report on biodiversity and ecosystem services of the Intergovernmental Science- Policy Platform on Biodiversity and Ecosystem Services. E. S. Brondizio, J. Settele, S. Díaz, and H. T. Ngo (editors). IPBES Secretariat, Bonn, Germany.

209 Zitiert aus einer Arbeit von Jürgen Zumdick, der Populationen nach mathematischen Gesichtspunkten analysiert. Die Entwicklung von Populationen ist heute auch Teil des computerorientierten Mathematikunterrichts. Sie sollte vielleicht auch in den Ethikunterricht übernommen werden. http://jzumdick.de/media/3b235f875994f71affff-80faffffff4.pdf

210 Popper, Karl: Die offene Gesellschaft und ihre Feinde, UTB-Francke, Bern 1957. Besonders auffällig ist die Kritik Poppers an der hierarchischen Strukturierung des Staates nach dem Entwurf von Platon, in dem bereits der Keim der Diktatur und der Sklaverei stecke, so Popper. In diesem Sinn wäre es vielleicht sogar angebracht, die Ökonomiekritik dieses Buches in einem weiteren Arbeitsschritt politisch-philosophisch zu erweitern.

211 Saramago, José: Die Stadt der Blinden, Rowohlt, Hamburg 1997, S. 395 ff. By arrangement with Literarische Agentur Mertin Inh. Nicole Witt e. K., Frankfurt am Main, Germany

Stand Onlinequellen: 1. Juli 2019

Bildnachweis

Alle Illustrationen im Innenteil: iStockphoto.com

Hat Ihnen dieses Buch gefallen? Dann würden wir uns über Ihre Weiterempfehlung freuen. Erzählen Sie darüber im Freundeskreis, berichten Sie Ihrem Buchhändler oder bewerten Sie beim Onlinekauf.
Möchten Sie weitere Informationen zum Thema? Möchten Sie mit dem Autor in Kontakt treten? Wir freuen uns auf Austausch und Anregung unter leserstimme@styriabooks.at

Mehr Inspiration, Geschenkideen und gute Geschichten finden Sie auf www.styriabooks.at

STYRIA
BUCHVERLAGE

Wien – Graz
© 2019 by Molden Verlag
in der Verlagsgruppe Styria GmbH & Co KG
Alle Rechte vorbehalten.
ISBN 978-3-222-15038-8

Bücher aus der Verlagsgruppe Styria gibt es
in jeder Buchhandlung und im Online-Shop
www.styriabooks.at

Covergestaltung: Emanuel Mauthe
Coverabbildungen: gettyimages / wiratgasem (Bäume);
gettyimages / Hein Nouwens (Affen)
Buchgestaltung und Layout: Birgit Mayer / Extraplan

Druck und Bindung: CPI
Printed in the EU
7 6 5 4 3 2 1